KB048342

팀, 리더 그리고 문화

플랜비디자인을 쓰다

최익성, 임주성, 홍국주, 김선영, 신현아, 이순미, 임동건,
임정혁, 강송희, 송준기, 류호택, 이긍호 & 플랜비프렌즈

플랜비디자인을 쓰다

들어가는 글

플랜비디자인은 항상 새로운 도전을 합니다. 그리고 그 도전은 일관성을 가지고 진화됩니다. 2018년부터 특별한 일을 해보기로 했습니다. 말은 흩어지고 글은 남는다는 신념 아래 우리의 생각을 기록으로 남기기로 결정했습니다.

처음 "칼럼을 쓰겠습니다." 라고 말했을 때 멤버들은 "그걸 저희가 할 수 있을까요? 저희가 해야 하나요? 지금 우리에게 중요한 것이 칼럼은 아니지 않나요?" 라고 질문했습니다. 모든 사람들이 그러하듯이 새로운 일은 언제나 부담과 두려움을 가지는 것은 우리에게도 마찬가지였습니다. 그러나 플랜비답다는 것은 두려움을 이겨내는 것이라는 우리는 잘 알고 있기에, 포기하지 않고 1주일에 한 편씩 글을 썼습니다. 그렇게 1년 동안 쓴 글을 모아보니 한 편의 책이 되었습니다. 참으로 감사한 일입니다.

우리가 글을 쓰는 이유는 세 가지 입니다.

첫째, 말은 흩어지고 글은 남는다는 것을 알기 때문입니다. 우리가 생각한 것, 우리가 경험한 것, 우리가 알게 된 것들을 정리하지 않으면 시간이 지나 우리의 생각의 발자취를 돌아볼 수 없다는 것을 알기에 우리는 생각하고, 기록하는 것을 계속하게 되었습니다.

둘째, 구성원의 성장이 중요하고, 회사는 구성원의 성장을 통해서만 성장할 수 있음을 알기 때문입니다. 회사의 사회적 책임 중 하나는 '구성원이 날개를 달고 조직을 떠나는 것'이라고 생각합니다. 플랜비디자인의 멤버가 최고의 인재가 되어야 합니다. 우리가 성장하지 않는다면 다른 누군가의 성장을 도울 수 없다는 것을 잘 알고 있습니다.

셋째, 플랜비디자인의 전진을 알리기 위해서입니다. 플랜비디자인은 철학이 큰 회사입니다. 하지만 아직 규모면에서 작은 회사입니다. 그래서 우리는 우리가 무엇을 생각하고, 무엇을 연구하고, 앞으로 무엇을 할 것인지 알려야 합니다. 우리가 고객을 위해서 무엇을 준비하고 있는지? 진정한 고객 가치를 어떻게 진행하고 있는지 세상에 알려야 할 책임과 의무를 가지고 있기 때문입니다. 그것은 우리의 미션을 증명하는 일이기 때문입니다.

플랜비디자인의 미션은 사람과 조직이 더 중요한 일을 발견할 수 있도록 돕고, 그 일을 집중할 수 있도록 돕고, 그 일을 잘 해낼 수 있도록 돕는 것입니다. 플랜비디자이너의 글과 플랜비디자인의 다양한 프로그램들은 우리가 추구하는 미션에 다가는 과정의 기록입니다. 이 기록이 조직과 조직의 구성원들에게 도움이 되길 바라는 마음입니다.

고맙습니다.

저자 모두를 대신하여

플랜비디자이너와 함께 함을 삶의 축복이라 생각하는 다니엘 씀

목차

리더십에 대해 무엇으로 돕고자 하는가?

플랜비디자인에 대하여

플랜비디자인의 사명

플랜비디자인은 조직과 개인이

더 중요한 일을 발견할 수 있도록 돕고 있습니다.

더 중요한 일에 집중할 수 있도록 돕고 있습니다.

더 중요한 일을 잘 해낼 수 있도록 돕고 있습니다.

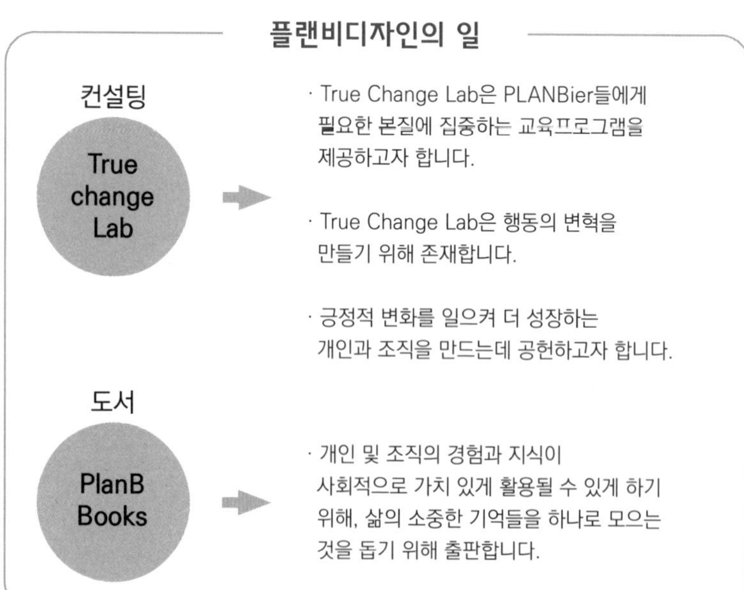

컨설팅 | True Change Lab

플랜비디자인은 매번 프로젝트, 교육을 진행할 때마다
새로운 프로그램을 개발하고 운영합니다.

Leadership

- 진짜 리더십
- 일상 리더십
- 팀장 리더십
- 임원 리더십
- 차세대 리더 프로그램
- 핵심인재 프로그램
- 셀프리더십

Culture

- 진짜 회의
- 회의문화
- 수평 조직 만들기
- 세대공감
- 조직다움 만들기
- 일하는 방식의 변화

Team

- 팀 관계 강화 워크샵 (AS ONE, 최고의 하나)
- 미션-비전 수립 워크샵
- 조직 문제 해결 워크샵

도서 | PlanB Books 저자모집

True Change Books

- 책 출간, 교육프로그램화를 동시에 진행하여 HRD콘텐츠를 강화하고 HRD담당자들의 PlanB를 돕기 위한 목적으로 진행합니다.
- 다년 간의 HR경험을 보유하시고 저술, 강연, 컨설팅에 관심 있는 분들, 특정 HR 분야의 전문가 분들 환영합니다.

삶 그리고 선물 시리즈

- 모든 사람의 삶은 가치 있고 소중하다는 작은 생각에서 출발합니다.
- 구조화된 인터뷰 기법을 활용하여 본인의 삶을 기록하는 저자가 될 수 있게 도와드립니다.

[플랜비디자인은 플랜비다운 철학을 가지고 있습니다]

플랜비디자이너, 플랜비프렌즈와 함께하는 플랜비디자인은 플랜비다운 철학을 가지고 있습니다. 다음 내용은 구성원들과 함께 공유하며 외부에 공개하고 있는 플랜비디자인 다움에 대한 글입니다. 1) 플랜비디자인은 어떤 회사인가?, 2) 기업의 철학은 어떻게 정리되고 연결되어져야 하는가? 라는 관점으로 읽어보시면 좋을 듯 합니다.

플랜비디자인의 사명은 세상과 사람을 향합니다. 플랜비디자인은 회사의 규모가 작을 뿐 철학이나 사람이 작은 회사는 아닙니다. 플랜비디자인은 세상에 긍정적 영향을 미치는 기업을 지향합니다. 그래서 우리는 우리에 대해서 정의하고, 우리가 하는 일에 대해서 정의하고, 우리가 일하는 방식에 대해서 정의하는 것에 한 치의 소홀함이 없을 것 입니다.

[플랜비디자인은 왜 존재하는가?]

우리는 이 질문에 답할 수 있어야 합니다.

플랜비디자인은 개인과 조직이 더 중요한 일을 발견할 수 있도록 돕기 위해 존재합니다.

플랜비디자인은 개인과 조직이 더 중요한 일에 집중할 수 있도록 돕기 위해 존재합니다.

플랜비디자인은 개인과 조직이 더 중요한 일을 잘 할 수 있도록 돕기 위해 존재합니다.

[플랜비디자인의 비전은 무엇인가?]

비전은 현재 우리의 모습이 아닙니다. 우리가 되었으면 하는 모습입니다. 지금 우리는 그 길을 향하고 있습니다. 리더십, 문화, 팀에 대한 일을 가장 잘하는 회사가 되고자 합니다.

<구성원 관점의 비전>

플랜비디자인은 멤버들이 '좋은 회사'라고 다른 사람에게 자랑스럽게 말할 수 있는 회사가 되고자 합니다.

플랜비디자인은 '인생에 한 번 쯤 이런 회사에서 일하고 싶다'라는 말을 듣는 회사가 되고자 합니다.

플랜비디자인은 '직장인 연봉 상위 1%'를 아깝지 않다는 생각을 가지고 지급하는 회사가 되고자 합니다.

<고객 관점의 비전>

플랜비디자인은 '그들과 일하면 확실히 다르다'라는 말을 듣는 회사가 되고자 합니다.

플랜비디자인은 '사람과 조직에 대한 고민이 시작되었을 때 가장 먼저 떠오르는 회사'가 되고자 합니다.

플랜비디자인은 '프로젝트를 가장 잘 수행하는 회사'가 되고자 합니다.

이를 통해 플랜비디자인은 '천년기업'이 되는 초석을 갖출 것입니다. 단기적으로는 최고의 교육 프로그램을 설계/개발하여 2021년 미국에서 열리는 ATD에서 발표할 예정입니다. 이 때 플랜비디자인 멤버 모두가 함께 참여하고, 해외 워크샵을 가질 예정입니다.

[플랜비디자인의 목적이 있는 전진]

스타트업에게 있어 현금은 산소와 같습니다. 비즈니스가 유지되려면 수익을 내야 한다는 말은 옳은 것입니다. 그렇다고 비즈니스의 목적을 수익이라고 할 수는 없습니다. 살기 위해서는 공기와 물, 음식 등이 필요합니다. 하지만 인생을 사는 목적이 숨을 쉬고, 물을 마시고, 음식을 먹는 데 있는 것은 아닙니다. 인간에게는 기본적인 생존의 행위를 넘어 더 풍부하고 심오한 삶의 이유가 있습니다. 마찬가지로 비즈니스도 의미있는 목적이 있어야 합니다.

플랜비디자인은 미션에 집중하고 있을까요? 사업은 이루고자하는 목적을 잊지 않는 것과 유지를 위해 어쩔 수 없이 해야하는 것 사이에서 열심히 줄타기를 하는 행위라고 생각합니다 .이루고자하는 목적만 생각하고 달렸다가 무산소증에 걸려 갈수록 발걸음이 무거워지고 어느새 멈추게 되겠죠. 반면에 어쩔 수 없이 해야하는 것만을 하다보면 처음 생각했던 바와는 너무 다른 방향으로 가고 있는 플랜비디자인을 보게 될 것 입니다. 수영하고도 비슷합니다. 가끔 나와서 숨을 쉬지 않으면 물속으로 영영 가라앉지만 위로 올라와서 숨만 쉬다가는 앞으로 나갈 수 없이 숨만 쉬는 게 되버리니 말이죠. 그래서 플랜비디자인은 균형을 잡으면서 앞으로 나아가야 합니다.

[플랜비디자인은 어떤 문화를 가지고 있는가]

플랜비디자인은 수평적이고, 플랜비디자인은 자율적이며, 플랜비디자인은 원칙을 지키는 문화는 가지고 있습니다. 우리가 얘기하는 수평은 인간을 인간답게 대하는 것을 의미합니다. 우리는 상대의 나이, 경험, 지식을 떠나 인간의 현명함을 믿습니다. 우리는 어느 누구도 상대에 의견을 막을 권리를 가지고 있지 않다는 것을 믿고, 그렇게 행동하기 위해 노력합니다. 이것이 우리가 말하는 수평입니다.

우리가 자율적이라는 것은 판단과 의사결정을 본인이 할 수 있다는 것을 의미합니다. 우리는 철저하게 본인의 판단과 결정을 존중합니다. 어떤 일의 오너가 정해지면 우리는 오너의 판단과 결정을 따르기 위해 노력합니다. 우리가 말하는 자유로움은 개인 존재 자체를 인정하는 것이며, 개인이 스스로 많은 것을 할 수 있고, 해낼 수 있도록 하는 것이며, 결국 해내야 한다는 것을 의미합니다.

우리가 원칙을 지킨다는 것은 변하지 않는 가치와 기본들을 중요하게 생각하고 지켜나가기 위해 노력한다는 것을 의미합니다. 우리는 일을 대하는 방식에 대한 원칙, 사람을 대하는 방식에 대한 원칙을 가지고 있습니다. 이 기본 원칙을 기반으로 우리의 약속과 행동규범은 더욱 견고하고, 강력해지기 위해 노력합니다. 이것은 우리를 옥죄는 것이 아니라 우리를 더 자유롭게 하는 것임을 잘 알고 있습니다.

다시 말해, 권한과 책임이 플레이어에게 있고, 철저하게 원칙을 지키는 것이 우리가 말하는 수평적이고, 자유로우며, 원칙을 지키는 문화입니다. 우리는 수평, 자율, 원칙이 말만 좋은 허울에 지나지 않게 만들기 위해 노력합니다. 우리는 각자의 일에서 최선을 다하는 것이 우리의 수평과 자율 그리고 원칙을 지키는 것이라는 것을 잘 알고 있습니다. 지금 우리의 노력은 플랜비디자인의 문화를 유지하게 만들고, 10년 후, 20년 후 그리고 우리가 없을 100년 후에도 플랜비디자인이라는 위대한 조직을 존재하게 만드는 기반이 될 것입니다. 이를 통해 많은 조직에 본이 되고, 많은 사람들이 우리를 통해 배우고 성장하게 될 것입니다. 그것이 우리가 수평, 자율, 원칙의 문화를 소중하게 생각하는 이유입니다. 우리는 사람과 조직이 더 중요한 일을 발견할 수 있도록 돕는 사람이고, 조직이기 때문입니다.

[플랜비디자인이 조직으로써 가지고 있는 핵심역량]

1. 플랜비디자인은 연결에 강합니다. 사람과 사람, 사람과 조직, 조직과 조직, 일과 일을 연결하여 새로운 가치를 창출합니다.
2. 플랜비디자인은 뛰어난 수용력을 가지고 있습니다. 고객의 니즈에 부합하고, 훌륭한 콘텐츠와 좋은 파트너를 발굴하기 위하여 다양성을 존중하고 빠르게 수용합니다.
3. 플랜비디자인은 빠른 실행력을 가지고 있습니다. 한 발 빠른 실행력으로 더 큰 성과를 창출합니다.

[플랜비디자이너는…]

플랜비디자이너는 자신 가지고 있는 다양한 경험과 지식, 정보와 네트워크를 계속적으로 활용할 수 있는 능력을 가진 사람입니다. 따라서 우리는 각자가 가진 다양성을 존중합니다. 플랜비디자인은 플랜비디자이너 개인의 정서적 행복과 물질적 행복을 얻도록 하는 것을 가장 중요한 지향점으로 두고 있습니다. 플랜비디자인은 투쟁적 치열함으로 사회에 기여할 것이나 이 과정에서 플랜비디자이너 개인의 행복과 안정을 담보로 희생을 강요하지 않을 것입니다.

[플랜비디자인이라는 기차에 함께 타는 사람들은 이래야 합니다.]

무언가(교육)를 제공하는 것으로 인재상이 갖춰지지 않습니다. 이미 그래야 하는 것 입니다. 그래서 우리는 다음 5가지를 가지고 있는 사람와 함께 가는 것을 중요하게 생각합니다. 만약 흔들림이 있다면 정중하게 '내려주시겠어요?'라고 말할 수 있는 조직을 지향합니다. 이건 근로자 보호나 노동법을 의미하는 것이 아닙니다. 다양성을 존중하지 않는다는 것도 의미하지 않습니다. 단지 우리가 가장 중요하게 생각하는 것에 대해서 공감하고, 이해하고, 그렇게 행동하기 위해 노력하는 것을 의미합니다.

이것은 우리의 핵심가치이며, 핵심가치를 품은 사람은 우리의 인재입니다. 우리의 핵심가치를 믿고, 행동으로 옮기는 사람 그것이 가장 플랜비디자이너 다운 사람입니다. 가장 플랜비디자이너 다운 사람은 우리가 모두 존경하는 사람입니다. 그 사람을 우리는 플랜비디자인의 핵심인재라고 부릅니다.

[진정성] 플랜비디자이너는 선한 사람입니다. 인간에게는 선함이 있고, 선함이 악함을 이긴다는 사실을 믿기 위해 노력하는 사람입니다.

[인간가치존중] 플랜비디자이너는 사람의 가능성을 믿는 사람입니다. 다른 사람의 생각, 행동에 대해서 관대함을 가지기 위해 노력하는 사람입니다.

[자율성] 플랜비디자이너는 자율적인 사람입니다. 스스로 판단하고, 결정하고, 행동하기 위해 노력합니다. 자신의 행동에 대해 책임을 다할 줄 아는 어른입니다.

[도전] 플랜비디자이너는 도전하는 사람입니다. 안 하던 행동, 안 하던 생각, 안 가지던 느낌을 가지기 위해 노력하는 사람입니다. 하던 행동, 하던 생각, 익숙한 느낌을 안 하고, 안 가지기 위해 노력하는 사람입니다.

[열정] 플랜비디자이너는 열정적인 사람입니다. "해보겠다"가 아니라 "행동하는" 사람입니다. 꾸물대지 않고 움직이는 사람입니다. 시작하면 그 행동이 다음 행동을 결정해 준다는 것을 믿고 움직이는 사람입니다.

[플랜비디자인에서 함께할 사람을 모시는 방법]

1차 면접은 지원자가 대표에게 다섯 가지의 질문을 하고 대표는 지원자의 질문에 대해서 답변합니다. 90분 동안 진행합니다. 이 때 질문은 가장 중요한 질문을 1번으로 해야 하며 그 후에도 중요도에 따라 질문을 배치해야 합니다. 질문 이후 대표가 답변을 합니다. 마지막으로 질문 내용 중에 부족한 것이 있으면 추가 질문 1개를 더 할 수 있는 기회를 드립니다. 플랜비디자인이 질문을 받고 답변을 하는 방식을 활용하는 것은 지원자가 대표의 답변을 통해 회사의 철학, 스타일, 일하는 방식을 이해하고 함께 하고 싶은 회사인지 판단할 수 있는 기회를 제공하기 위함 입니다. 또한 지원자에게 2차 면접 참여 결정권을 드려 지원자의 시간낭비를 최소화하는 배려이기도 합니다.

2차 면접은 함께 일할 멤버들과 90분 정도 자유롭게 대화를 나누는 미팅 방식으로 진행됩니다. 함께 팀을 이루어 일할 수 있는 사람인지 서로 생각할 수 있는 기회를 제공합니다. 이때 실무적으로 본인이 역량을 어필해주셔야 합니다. 왜냐하면 2차 면접에서는 팀워크, 실무전문성, 빠른 업무 적응 가능성을 판단하기 때문입니다. 2차 면접 이후 구성원들의 의견을 들어서 최종 합류 결정을 합니다. 물론 진짜 최종 결정은 언제나 지원자가 하는 것 입니다.

함께 할 기간을 미리 말씀해주셔야 합니다. 예를 들면 다음과 같습니다. "저는 5년 동안 플랜비디자인과 함께 할 계획입니다. 이 기간동안 ~~에 공헌하겠습니다. 1년차에는 OO을, 2년차에는 OO을, 3년차에는

OO을, 4년차에는 OO을, 5년차에는 OO을 공헌하고 플랜비디자인을 떠날 수 있도록 노력하겠습니다. 그리고 저는 플랜비디자인을 통해서 OOO, OOO, OOO 능력을 길러서 나가고 싶습니다. 왜냐하면 5년 후에 ~~~ 어떤 일을 할 계획이기 때문입니다. 5년 후 저의 플랜비를 위해서 회사가 많이 도와줬으면 합니다."

[플랜비디자이너에게 일과 공간에 대한 원칙]

플랜비디자이너에게 일이란 특정시간에 특정 장소에서 있는 것이 아니라 어떤 결과를 만들기 위해 무언가를 하는 것을 의미합니다.우리는 때로 카페에서 일하고, 때로는 집에서 일하고, 때로는 다른 회사의 사무실에서 일하고, 때로는 공원에서 일하고, 때는 길 위해서 일합니다. 일은 시간과 공간의 개념이 아니기 때문입니다. 우리는 자유롭게 일하고 결과에 대해 책임을 집니다. 우리는 자율과 책임의 가치를 믿으며, 상대방의 자율과 책임에 대해서도 믿으려 노력합니다.

* 주 30시간 근무: 계약서상 출퇴근 시간은 10시 ~ 5시입니다. 철저하게 자율로 운영됩니다. 자율은 과정과 결과에 대한 책임을 의미합니다. 우리는 전문가 VS. 전문가로 일합니다. 전문가는 과정과 결과로 자신을 증명하는 사람입니다. 회사에 출근하는 것을 의미하는 것이 아닙니다. 온전히 집중해서 자신의 일을 하고, 결과를 만드는 것, 그리고 그 결과에 책임을 지는 것을 의미합니다.

** 무조건 7일 휴가 제도 운영: 연차는 7일을 연속으로 사용해야 합니다. 그래야 제대로 쉬니까요. 나머지 연차는 필요시 사용할 수 있습니다. 휴가는 승인 받는 것이 아니라 통보하는 것 입니다. 휴가의 권리는 휴가자 본인에게 있으니 누구의 허락도 받지 않습니다. 본인 쉬고 싶을 때 팀 캘린더에 자연스럽게 입력하면 됩니다. 그냥 입력하면 됩니다. 대표나 리더에게 말하지 않습니다. 본인 일정은 본인이 관리하는 것입니다. 입력만 최소 1개월 전에 하면 됩니다. 7일 연속 휴가는 2개월 전에 입력합니다. 단, 그날 아침에 일어났는데 회사 가고 싶지 않다 싶으면, 아프면 휴가 사용해도 됩니다. 철저하게 본인이 판단합니다.

[플랜비디자이너의 일하는 방식]

1. 플랜비디자이너는 숫자로 말합니다.

   무엇을, 언제까지, 얼만큼에 대해서 명확하게 말합니다.

2. 플랜비디자이너는 다른 사람을 궁금하게 하지 않습니다.

   궁금하게 만들었다면 이미 진 것입니다.

3. 플랜비디자이너는 무조건 약속을 지킵니다.

   지키지 못할 약속은 하지도 않습니다.

[플랜비디자이너는 회의를 할 때]

회의를 컨설팅하는 회사다워야 합니다. 그러기 위해서

1. 우리는 더 좋은 아이디어가 이긴다는 것을 믿습니다.
2. 우리는 의견과 싸우지 사람과 싸우지 않기 위해 노력합니다.

3. 우리는 인간의 현명함을 믿기 위해 노력합니다.

4. 우리는 어느 누구도 타인의 생각을 막을 권리를 가지고 있지 않다는 것을 잊지 않기 위해 노력합니다.

5. 우리는 생각하고, 적고, 표현하고, 들어야 할 책임감과 의무감을 가지고 행동해야 함을 알고, 그렇게 행동합니다.

[플랜비디자이너들의 행동에 대한 구체적인 약속]

작은 행동으로 우리는 타인으로 부터 평가받고, 평가하기도 합니다. 플랜비디자이너다운 행동에 대해서 그 때 그 때 구체화 해나가고 있습니다. 아래 내용은 최근까지 작성한 내용입니다.

1. 플랜비디자이너가 일을 할 때 수신여부를 상대에게 알려주는 것은 '수신했습니다. 알겠습니다. 네....' 등이 아니어야 합니다. 플랜비디자이너의 수신여부는 '당신의 의견을 이해했습니다. 내 의견을 이렇고('저는 조금 다릅니다'에 대한 의견 포함), 저는 이렇게 움직일 계획입니다.'라는 앎과 행동, 두 가지를 포함해야 합니다.

2. 플랜비디자이너는 그 사람이 고객이든, 파트너이든, 같은 플랜비디자이너이든 상관하지 않고 사람을 대하는데 차이를 두지 않으려 노력합니다.

3. 플랜비디자이너는 ‘정성에 지나침은 없다’는 생각을 가지고 사람과 일을 대합니다.

4. 플랜비디자이너는 뭔가 문제가 껄끄러워지면 문자나 메일을 보내지 않고 통화 합니다. 문제가 더 껄끄러워지면 얼굴 보고 대화를 합니다.

5. 플랜비디자이너에게 필요하면서 중요한 덕목 중 하나는 긍정입니다. 우리가 지나친 조바심을 가지게 되면 우리가 만나는 조직과 조직의 구성원들을 피폐하게 만들 수 있습니다. 그렇다고 해서 우리의 긍정이 무비판적 낙관을 의미하지는 않습니다. 플랜비디자이너의 긍정은 비판적 낙관입니다. 상황에 대한 깊은 인식과 통찰로부터 나오는 긍정입니다.

6. 플랜비디자이너는 최고의 플레이어입니다. 다방면에 관심을 갖고 거부감 없이 일합니다.

7. 플랜비디자이너는 애매모호한 상황을 개의치 않는 사람입니다. 우리가 하는 일은 깔끔하게 정리정돈되어 처리되지 않는다는 것을 잘 알고 있습니다. 변화구가 날아올 때 당황하지 않고 대응할 수 있는 사람입니다.

8. 플랜비디자이너는 제멋대로 행동하는 사람이 아니라 팀 플레이를 하는 사람입니다.

플랜비디자이너는 다음 7가지 질문에 대해서 답을 해야 합니다.

[플랜비디자이너라면 반드시 답해야 할 일곱가지 질문]

Q1. 플랜비디자이너의 한 사람으로서 당신에게 플랜비디자인의 미션은 어떤 의미인가요?

Q2. 당신이 가장 중요하게 생각하는 가치는 무엇인가요? 그 가치와 플랜비디자인의 철학은 어떻게 연결되어 있나요?

Q3. 일에 대한 질문입니다.

What 당신이 하고 있는 일은 무엇인가요?

How 어떻게 하면 그 일을 잘 할 수 있나요? 비슷한 일을 하는 사람이 당신에 질문한다면 어떻게 말하시겠습니까?

Why 플랜비디자인에서 당신이 하고 있는 일은 어떤 가치를 가지고 있다고 정의하시나요?

Big Question 당신에게 일은 무엇을 의미하나요?(일 자체가 의미하는 바입니다.)

Q4. 플랜비디자이너들이 타인을 대할 때 해야 할 태도에 대한 원칙을 만든다면. 어떤 내용이 포함되어야 할까요? 예) 우리는 상대에게 더 관대해지기 위해 노력합니다. 플랜비디자이너는 사려 깊은 사람입니다.

Q5. 플랜비디자인이 사라졌을 때 우리의 고객들이 슬퍼할 이유를 어떻게 정의하면 좋을까요?

Q6. 플랜비디자이너로서 바로 눈 앞의 목표는 무엇이고, 이를 위해 무엇을 할 계획인가요?

Q7. 당신의 5년 후와 당신의 목표를 위해 지금 당신은 무엇을 하고 있습니까? 그리고 플랜비디자인과 대표를 제대로 활용하고 있습니까? 대표가 도와야 할 것은 무엇입니까?

플랜비디자이너 소개

개인과 조직이 더 중요한 일을 발견하고, 집중하고, 잘 해낼 수 있도록 돕는 삶을 살기로 결심하고 회사를 창업했습니다. 2015년 7월 31 금요일 직장인의 삶을 포기하고, 다음 날(2015년 8월 1일) 플랜비디자인을 시작한 이후 한결같은 마음으로 앞으로 나아가고 있습니다.

1. 어떤 신념과 원칙을 가지고 있습니까?

지키지 않아도 되는 약속은 없다는 것이 삶의 신념입니다. '일은 치열하게 한치의 양보없이, 말은 아끼되 옳지 않은 것에 주저하지 않으며, 관계는 더 겸손하게'를 행동의 원칙으로 하고 있습니다.

2. 어떤 일을 합니까?

플랜비디자이너들이 더 자유롭게, 더 현명하게 일할 수 있도록 돕는 일을 하고 있습니다. 더 좋은 사람, 더 좋은 콘텐츠를 찾아서 세상에 알리는 일을 하고 있습니다. 개인적으로 조직에 가짜 리더가 들끓지 않도록 막는 일, 가짜 회의를 진짜 회의로 바꾸는 일, 진짜 팀을 만드는 일을 좋아합니다.

3. 무엇을 가치 있게 생각합니까?

함께 하는 것의 가치를 믿습니다. 집단이 개인보다 현명할 수 있다는 것을 증명하기 위해 노력하고 있습니다.

4. 어떤 사람으로 기억되고 싶습니까?

말과 말, 말과 행동, 행동과 행동의 일관성을 위해 부단히 노력한 사람으로 기억되길 원합니다. 가운데 서있기 위해 노력한 사람(중립), HRD가 틀리지 않았다는 것을 실제로 증명한 사람이 되고자 합니다.

5. 앞으로의 무엇을 할 계획입니까?

많은 사람들이 자신의 가진 능력을 활용하여 더 자유롭게 일하고, 더 많은 공헌을 하여 수익을 창출할 수 있는 사회적 생태계를 조성해 나갈 계획입니다. 40대에는 현명하게 사업을 하고, 50대에는 정직하게 사회에 공헌하고, 60대에는 따뜻하게 후학을 양성하고, 70대에는 여유롭게 인생을 알아가고, 80대에는 한가하게 마음을 돌아보고, 90대에는 삶을 반추하며 '살아보니...(가제)'라는 책을 한 자 한 자 정성을 다해 쓸 생각입니다.

최익성 | Daniel
대표·경영학 박사

choiicksung@gmail.com
010-2060-4634

외국계 기업과 IT회사, HRD컨설팅에서 일했습니다. 사람 만나는 것을 소중하고 즐겁게 생각합니다. 글 쓰는 것을 좋아하며, 책을 통해 사람은 성장할 수 있다는 것을 믿고 실천하는 플랜비디자이너입니다.

1. 어떤 신념과 원칙을 가지고 있습니까?

겸손함과 매너를 지킨다는 신념이 있습니다. 때로는 침묵, 때로는 깊은 대화, 때로는 글로 사람의 마음이 180도 움직일 수 있다는 믿음이 있습니다. 의리와 믿음이 통하는 관계를 원칙으로 삼고 있습니다.

2. 어떤 일을 합니까?

새로운 일과 사람을 찾고, 아이디어를 만들어 내고, 다양하게 연결하는 일을 합니다. 주어진 일 이외에 다른 일이 생길지라도 함께 고민하고 뛰는 역할을 하고 있습니다.

3. 무엇을 가치 있게 생각합니까?

나의 소신과 지신감이 넘치는 일들 가운데 희노애락을 느끼며, 사람과 사람간의 특별한 우정을 발견하는 것이 진정한 가치라고 봅니다.

4. 어떤 사람으로 기억되고 싶습니까?

루이스는 즐거운 사람, 따뜻한 사람으로 기억되고 싶습니다. 노력하는 사람, 겸손한 사람, 친절한 사람으로 아버지, 어머니 얼굴에 먹칠하지 않는 아들이 되고 싶습니다.

5. 앞으로의 무엇을 할 계획입니까?

Book Distributor로써 다양한 책을 읽고, 함께 글을 써 나아갈 저자를 찾고, 그 책을 세상에 널리 알리는 일을 하고싶습니다. 저 또한 '평생

건강'이라는 주제로 '인간의 삶과 행복'에 관한 책을 쓸 계획입니다.

루이스의 'B'는 첫째, Baptist, 침례교인으로. 둘째, Best Health 건강을 잃으면 모든 것을 잃는다는 소명으로. 셋째, Business man으로서 Book Distributor의 직분을 다하는 것입니다.

6. 당신에게 플랜비디자인은 어떤 회사입니까?

사람과 사람에게 희망을 품고 솔선수범하는 회사입니다. 자녀들에게 자랑스러운 부모가 되도록 도와주고 연결해 준 회사입니다. 글을 쓰고, 저자가 되고, 뿌듯한 일을 연속적으로 할 수 있는 기회가 넘치는 회사입니다. 자녀들에게 자랑스러운 부모가 되도록 도와주고 연결해 준 회사입니다.

7. 플랜비디자인에 관심 있는 분들에게 한 마디를 남긴다면

다니엘(최익성 박사)과 꼭 한번 자리를 가지는 것을 추천드립니다. 지금까지 함께 했던 대표 가운데 가장 진실한 CEO라고 자부합니다. 다니엘은 솔선수범하고, 남탓하지 않으며, 숨김이 없습니다. 다니엘은 늘 인정해주고, 기다려줍니다. 몸을 사리지 않는 리더십이 강의와 행동으로 일치되는 리더임에 존경합니다. 늘 형님같고, 이웃사촌 같은 다니엘입니다. 언제든지 노크해주세요.

임주성 | Luis
수석 컨설턴트

planb.jsl@gmail.com
010-7289-1564

호주 퀸즐랜드대 심리학을 전공하고, Honors과정을 졸업했습니다. 받아온 사랑이 너무나 크기에 값없이 사랑을 나누는 사람이 되길 원합니다. 그 길이 '교육'이라는 믿음으로 플랜비디자인에 합류했습니다.

1. 어떤 신념과 원칙을 가지고 있습니까?

조직에서 일어나는 많은 문제의 해결책은 서로 조금 더 '사랑'하는 것이라고 믿습니다. 사랑이 단순히 떠도는 이상적인 가치가 아니라 행동으로 보여지는 실체가 되기 위해 노력합니다.

2. 어떤 일을 합니까?

조직과 개인이 덜 긴급하지만 더 중요한 일을 발견하고, 집중하고, 잘 할 수 있도록 돕는 일을 합니다. 구체적으로는 조직의 문제를 리더십, 수평적 문화, 관계적인 측면에서 고민하고 교육과정에 반영합니다.

홍국주 | James
책임 컨설턴트

planb.jameshong@gmail.com
010-8871-1681

3. 무엇을 가치 있게 생각합니까?

'사람'을 가치 있게 생각합니다. 사람은 누구나 사랑받을 가치가 있고 성장할 자격이 있으며 변화할 가능성이 있습니다. 교육을 통해 이것을 증명하기 위해 노력하고 있습니다.

4. 어떤 사람으로 기억되고 싶습니까?

듣는 것과 이해하는 것의 차이, 읽는 것과 쓰는 것의 차이, 아는 것과 가르치는 것의 차이, 깨닫는 것과 행한다는 것의 차이를 알고 실천하는 사람, 결국 지식만을 쌓는 사람이 아니라 지혜로운 사람으로 기억되고 싶습니다.

5. 앞으로의 무엇을 할 계획입니까?

더 많이 읽고, 쓰고, 학습하는 과정을 통해 전문가 위의 전문가가 되기 위해 노력할 것입니다.

6. 당신에게 플랜비디자인은 어떤 회사입니까?

조직 안에서도 충분히 가치 있고 의미 있는 일을 할 수 있다는 것을 알게 해 준 회사입니다.

7. 플랜비디자인에 관심 있는 분들에게 한 마디를 남긴다면

더 많은 개인과 조직에게 성장하고 변화하는 경험을 선물하겠습니다.

사회학을 전공했고, IT/SW기업에서 10년간 HR업무수행. 책을 통해 사람의 성장을 돕는 비전을 품고 있습니다. 사람을 만나는 일, 문제의 원인을 찾아 솔루션을 제공하는 일, 글 쓰는 일에 몰두하기 위해 플랜비디자인에 합류했습니다.

1. 어떤 신념과 원칙을 가지고 있습니까?

내 삶을 주도하며 내가 원하는 것을 이룬다. 남을 위하고 스스로 원하는 일에 용기를 내어 최선을 다한다. 타인과 나 스스로에게 정직하며 약속을 지킨다. 내 가족과 친구를 소중히 하며 사랑을 표현한다. 끊임없이 겸손하고 배움에 힘쓴다. 불의와 소수자를 지나치지 않는다. 따뜻하고 부드러운 리더십을 갖는다. 즐겁게, 아름답게, 자유롭게 산다.

2. 어떤 일을 합니까?

플랜비디자인에서 사람을 만나는 일, 문제의 원인을 찾아 솔루션을 제공하는 일, 좋은 컨텐츠를 발굴, 개발하고 소개하는 일, 글쓰는 일을 하고 있습니다.

3. 무엇을 가치 있게 생각합니까?

누군가에게 도움이 되는 것, 특히 그 사람의 성장에 도움이 되는 것을 중요하고 가치 있게 생각합니다. 더불어 나 다움, 행복, 가족을 소중히 합니다.

4. 어떤 사람으로 기억되고 싶습니까?

예리하지만 따뜻한 사람, 밝고 맑은 사람, 언행이 일치하는 사람

5. 앞으로의 무엇을 할 계획입니까?

시민의 리터러시 literacy 능력을 향상시키기 위한 교육 회사를 이끌어나갈 계획입니다. 이를 위하여 필요한 공부와 경험들을 쌓아나가고 계속 정진해나갈 것입니다. 해외 사례 등도 연구하여 성인교육 뿐만 아니라 국내 공교육 개선에도 긍정적 영향을 미칠 수 있도록 준비하고 있습니다.

6. 당신에게 플랜비디자인은 어떤 회사입니까?

진정성 있는 회사, 나와 동료, 고객이 함께 성장할 수 있는 회사입니다.

7. 플랜비디자인에 관심 있는 분들에게 한 마디를 남긴다면

진심으로 여러분의 문제를 해결하고 성장을 돕기 위한 마음을 갖고 있습니다. 실력을 갖고 있습니다. 우리 안에 모든 답이 있지 않더라도 들어드리고 작은 도움이라도 드리고자 합니다.

김선영 | Sunny
수석 컨설턴트

planb.syk@gmail.com
010-4259-7110

사람이 일을 즐겁게 하고 꿈을 실현하는 것을 돕기 위해, 나 스스로도 일을 즐겁게 하고 꿈을 실현하기 위해 플랜비디자인에 합류했습니다.

1. 어떤 신념과 원칙을 가지고 있습니까?

삶의 모든 경험이 나를 만든다는 신념을 가지고 있습니다. 때문에 많은 경험을 하고 직접 느껴보기 위해 노력합니다. 도움을 받은 것에 늘 감사하며 도움이 필요한 사람에게 기꺼이 손을 내밀고자 합니다.

2. 어떤 일을 합니까?

플랜비디자인의 플랜비다움을 널리 알리는 일, 플랜비디자인의 가치와 철학이 잘 전달될 수 있도록 디자인하는 일을 합니다.

신현아 | Sally
선임 컨설턴트

planb.has@gmail.com
010-8413-0056

3. 무엇을 가치 있게 생각합니까?

일상 속의 소소한 행복을 떠올리고 감사하는 것, 사랑하는 사람들과 추억을 공유하는 것, 사람의 지속 성장 발전 가능성을 믿는 것입니다.

4. 어떤 사람으로 기억되고 싶습니까?

감각 있는 사람, 배려하는 사람, 정이 많은 사람, 배움을 좋아하는 사람으로 기억되고 싶습니다.

5. 앞으로의 무엇을 할 계획입니까?

많은 개인과 조직이 긍정적으로 변화하도록 돕기 위해 내가 할 수 있는 것이 무엇인지 찾을 것입니다. 나아가 내가 무엇을 잘하는지, 무엇을 잘 할 수 있는지 끊임없이 생각할 것입니다.

6. 당신에게 플랜비디자인은 어떤 회사입니까?

누가 시켜서 하는 일이 아닌, 내가 하고 싶어서 하는 일을 할 수 있는 회사입니다.

7. 플랜비디자인에 관심 있는 분들에게 한 마디를 남긴다면

플랜비디자인이 더욱 선한 영향력을 펼칠 수 있도록 많은 관심과 응원을 부탁드립니다.

식품영양학Food and Nutrition Management으로 학위를 받고, 해당 분야에서 전문가로 활동했습니다. 결혼, 출산, 육아로 이어지는 과정에서 자연스럽게 전업주부의 삶을 선택했습니다. 나 자신을 발견하고, 나의 능력을 가치있게 쓰기 위해 10년 공백을 깨고 플랜비디자인에 합류했습니다.

1. 어떤 신념과 원칙을 가지고 있습니까?

지나친 확신에 사로잡히지 않아야 한다는 신념을 가지고 있습니다. 신념을 지키기 위해 어떤 일에 대해서 많은 사람들의 이야기를 듣고 판단하자는 원칙을 가지고 행동하고 있습니다.

2. 어떤 일을 합니까?

우리 회사에서 출간하는 도서를 세상에 알리는 일을 하고 있습니다. 훌륭한 저자, 좋은 컨텐츠를 발굴하고, 책으로 만들어내는 과정, 책이 세상으로 나가는 과정 전반을 관여합니다. 한 권의 책이 한 사람의 인생에 중요한 자양분이 됨을 잘 알고 있기에 소홀함이 없기 위해 노력하고 있습니다.

3. 무엇을 가치있게 생각합니까?

믿음, 존중, 공감, 사랑를 가치 있게 생각합니다. 네 가지 가치를 중심으로 사람들과 더불어 살아가는 것을 의미있게 생각합니다.

4. 어떤 사람으로 기억되고 싶습니까?

일을 할 때는 세심하고, 사려깊은 사람으로, 삶 전반에서는 겸손하고, 노력하는 사람으로 기억되고 싶습니다.

5. 앞으로 무엇을 할 계획입니까?

플랜비디자인 출판 영역의 성장을 지원할 것입니다. 더 많은 책들이 세상으로 나올 수 있도록 도울 계획입니다. 출판 전 영역에서 능력을 발휘하기 위해 내가 무엇을 잘 하는지 발견하기 위해 부단히 노력할 계획입니다.

6. 당신에게 플랜비디자인은 어떤 회사입니까?

다시 새로운 도전을 할 수 있도록 기회를 준 회사입니다. 가정을 넘어서 사회에서도 가치있는 공헌을 통해 삶의 활력을 찾게 해준 고마운 회사입니다.

7. 플랜비디자인에 관심있는 분들에게 한 마디를 남긴다면

한 치의 흔들림없이 앞으로 나아가는 회사입니다. 그 과정에서 함께 성장할 수 있는 가능성을 가진 회사입니다.

이순미 | Julia
실장

planb.julia@gmail.com
010-8542-4838

출판 영업일을 20년 가까이 했습니다. 우연한 기회에 다니엘을 만나 출판에 대한 많은 이야기를 나누고 플랜비디자인을 출판 시장에서 신흥 강자로 키우기 위해 합류했습니다.

1. 어떤 신념과 원칙을 가지고 있습니까?

모든 일의 중심에는 사람이 있습니다.

타인에게는 불처럼 뜨겁고 따뜻하게, 나 자신에게는 얼음처럼 차갑게 대하도록 노력하고 있습니다.

2. 어떤 일을 합니까?

플랜비디자인의 출간된 도서들을 독자 곁으로 다가가게 하는 업무를 진행합니다. 주요 서점과 온라인 서점 등에 플랜비디자인의 도서들이 자리 잡을 수 있게 유통과 영업 관리를 진행하고 있습니다.

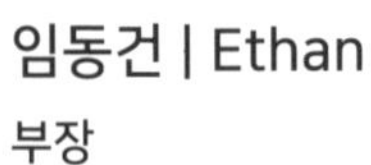

임동건 | Ethan
부장

mir0326@gmail.com
010-3876-5852

3. 무엇을 가치있게 생각합니까?

신뢰와 존중을 가치 있게 생각합니다. 서로간의 확고한 신뢰와 실수를 탓하지 않고 격려와 용기를 주는 조직은 절대 무너지는 일이 없기 때문입니다.

4. 어떤 사람으로 기억되고 싶습니까?

같이 있으면 즐거운 사람, 묵묵히 맡은 바 일에 책임을 다하는 사람으로 기억되고 싶습니다.

5. 앞으로 무엇을 할 계획입니까?

치열한 출판 시장에서 플랜비디자인이 중견출판사로 자리 잡을 수 있도록 하는 게 1차 목표이고 대한민국 출판시장을 선도할 수 있는 출판사가 될 수 있도록 하는 게 궁극적인 목표입니다.

6. 당신에게 플랜비디자인은 어떤 회사입니까?

매너리즘에 빠져 있던 내 삶에 다시 열정을 심어준 회사입니다.

7. 플랜비디자인에 관심있는 분들에게 한 마디를 남긴다면

좋은 사람들이 모여서 좋은 꿈을 꾸고 좋은 계획을 세워 흔들림 없이 나아가는 최고의 조직입니다.

비서학을 전공하고, '많은 사람들과 교류하며 즐겁게 일하고 싶다'는 생각을 갖고 그것을 실현하기위해 플랜비디자인에 합류했습니다.

1. 어떤 신념과 원칙을 가지고 있습니까?

자신에게 떳떳하게 행동하기 위해 노력합니다. 긍정적인 생각을 갖고 긍정적으로 행동할 수 있도록 하며, 작은 것에 행복과 감사함을 느끼며 살고 싶습니다.

2. 어떤 일을 합니까?

다니엘을 옆에서 보좌하며, 그의 시간이 더 중요한 일에 사용될 수 있도록 돕습니다. 조직의 문제를 발견하고 해결할 수 있도록 솔루션을 제시합니다.

3. 무엇을 가치 있게 생각합니까?

어제보다 성장한 나, 서로에 대한 존중, 가족 친구 사랑

4. 어떤 사람으로 기억되고 싶습니까?

말을 잘 들어주는 사람, 선한 사람, 담대한 사람

5. 앞으로의 무엇을 할 계획입니까?

다니엘의 옆에서 그의 피드백을 통해 전문성을 높이며, 긴급하진 않

지만 더 중요한 일을 발견하고, 집중하고, 잘 해낼 수 있도록, 플랜비디자인의 모토를 잘 실행할 수 있도록 돕는 일을 하고 싶습니다.

6. 당신에게 플랜비디자인은 어떤 회사입니까?

다니엘이란 은인을 만날 수 있게 해준 고마운 회사입니다. 또한 선한 마음과 같은 방향을 갖고있는 플랜비 가족들과 함께할 수 있고, 성장에 도움이 되는 회사입니다.

7. 플랜비디자인에 관심 있는 분들에게 한 마디를 남긴다면

플랜비디자인은 조직이 더 중요한 일을 발견하고, 집중하고, 잘 해낼 수 있도록 하여 기업의 목표를 성취 할 수 있게 함께 고민하고 알맞은 솔루션을 제공합니다. HRD전략이나 교육이 필요하시다면 언제든 저희를 찾아주세요.

임정혁 | Henry
주임 컨설턴트

planb.jhl@gmail.com
010-5331-2932

교육학을 전공했으며, 더 많은 사람에게 교육의 가치를 전달하고자 네팔에서 약 1년간 생활하였습니다. 3년 반 동안 경영 컨설팅 회사에서 성과관리, 마케팅 전략 등 다양한 프로젝트를 수행했습니다. 조직에게 목표설정도 중요하지만 목표를 어떻게 달성하느냐는 전략이 중요하고, 전략보다도 전략의 공유와 이해가 더욱 중요하다는 것을 깨닫고 플랜비에 합류하였습니다.

1. 어떤 신념과 원칙을 가지고 있습니까?

"이와 같이 행함이 없는 믿음은 그 자체가 죽은 것이라" - 야고보서 2:17 "교육의 위대한 목적은 앎이 아니라 행동이다" - 허버트 스펜서 나의 믿음, 진정한 변화는 행동으로 증명하는 것이라고 생각합니다.

2. 어떤 일을 합니까?

다른 사람들의 삶을 보다 풍요롭고 행복하게 만드는 교육 전문가입니다. 성과관리 및 데이터 분석 관련 일을 했었으며 이러한 경험을 바탕으로 더 나은 교육, 그로 인한 진정한 변화에 대해 고민합니다.

강송희 | Sophia
책임 컨설턴트

planb.shkang@gmail.com
010-7736-0639

3. 무엇을 가치있게 생각합니까?

나눔.

제가 가진 것(물질 외에도 무형적인 지식 등)을 나누고 함께 성장하는 것을 가치 있게 생각합니다.

4. 어떤 사람으로 기억되고 싶습니까?

말과 삶이 일치하는 사람이 되고 싶습니다.

5. 앞으로 무엇을 할 계획입니까?

교수방법, 설계, 그리고 교육 성과관리에 관심이 많습니다.

교육학을 공부하고, 더 많은 현장 경험을 쌓아 10년 후에는 책으로 이야기들을 담아보고 싶습니다.

6. 당신에게 플랜비디자인은 어떤 회사입니까?

내 삶의 B를 생각하게 하는 곳입니다.

시급하지 않더라도, 중요한 것들을 우선해가며 삶의 속도보다 방향성을 쫓아가게 하는 곳입니다.

7. 플랜비디자인에 관심있는 분들에게 한 마디를 남긴다면

당신의 B를 우선하시기 바랍니다.

교수설계, 심리상담을 전공했습니다. 여러 조직을 다니다가 온전한 결정과 책임을 경험하고 싶어서 때로는 법인도 설립하고, 때로는 프리랜서로 활동했었습니다. 성장을 위한 견딤의 시간을 의미 있게 생각하며, 기법을 뛰어넘는 교육의 본질과 콘텐츠에 집중하기 위해 플랜비디자인에 합류했습니다.

1. 어떤 신념과 원칙을 가지고 있습니까?

사람의 진정한 변화는 사랑을 통해서만 일어날 수 있다고 생각합니다. 신뢰, 배려, 이해, 존중 등의 이름으로도 사용되지만 결국 사랑입니다. 그 실천은 말도 안되게 어렵습니다. 일할 때라도 잘하려고 노력중입니다.

2. 어떤 일을 합니까?

눈에 보이지 않는 것을 보이게 하는 마법을 합니다. 생각과 마음, 말과 인생을 엮어 책을 만드는 일을 하고 있습니다.

3. 무엇을 가치있게 생각합니까?

1%가 아닌 99%의 삶을 가치있게 생각합니다.

4. 어떤 사람으로 기억되고 싶습니까?

저를 알고 있다는 것이 자랑이었으면 좋겠습니다. 가치있는 고민을 하고 나름의 답을 찾아간 사람이었으면 좋겠습니다.

5. 앞으로 무엇을 할 계획입니까?

일단은 Q2의 마법을 좀 더 잘해서 대마법사가 되고 싶습니다.

6. 당신에게 플랜비디자인은 어떤 회사입니까?

내가 나로 있을 수 있는 회사입니다.

7. 플랜비디자인에 관심있는 분들에게 한 마디를 남긴다면

잘 지켜봐주세요.

송준기 | Kwazii
책임 컨설턴트

planb.jgs@gmail.com
010-4732-5269

플랜비디자인이 천년기업으로 성장할 수 있도록 돕고 있습니다. 천년 기업가 과정을 운영하기 위해 사람을 찾던 중 최익성 대표를 만나게 되었고, 그에게서 천년기업가로 성장할 수 있는 잠재력도 발견하였습니다. 최익성 대표는 천년기업가 양성과정인 NYME New Young Millennium Entrepreneur Academy 1기로 과정에 주도적으로 참여했습니다.

1. 어떤 신념과 원칙을 가지고 있습니까?

만권의 책을 읽고 천년기업가를 양성하여 인류사회에 공헌하겠다는 신념과 원칙으로 오늘 하루를 최대한 멋있게 살려고 노력하고 있습니다.

2. 어떤 일을 합니까?

플랜비디자인이 천년기업이 될 수 있도록 고칭과 자문 역할을 수행하고 있습니다. 천년기업가를 발굴하고, 양성하는 일을 하고 있습니다.

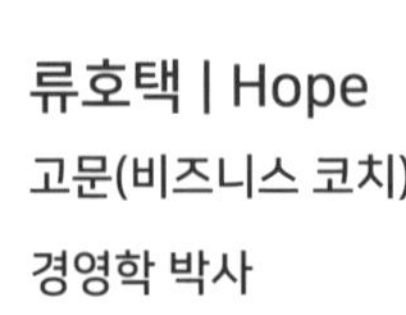

htryu@naver.com
010-9287-6902

3. 무엇을 가치 있게 생각합니까?

진정성을 가지고 사람을 만나고 대하며 시간을 낭비하지 않으며, 나와 이웃이 함께 성장할 수 있는 일을 실천하기 위해 오늘 하루 최선을 다 할 것입니다.

4. 어떤 사람으로 기억되고 싶습니까?

자신의 성장은 물론 다른 사람의 성장을 지원하기 위해 최선을 다했던 사람으로 기억되고 싶습니다.

5. 앞으로의 무엇을 할 계획입니까?

보다 많은 천년기업가를 육성하여 인류사회에 공헌하고, 코칭을 통하여 많은 사람들이 자신의 잠재력을 최대한 활용할 수 있도록 지원 할 것입니다.

6. 당신에게 플랜비디자인은 어떤 회사입니까?

플랜비디자인은 천년기업이 될 잠재력을 가진 회사입니다. 그 중에서도 최익성 대표의 경영철학과 실천력은 천년기업이 되는 데 큰 빛을 발휘 할 것입니다.

7. 플랜비디자인에 관심 있는 분들에게 한 마디를 남긴다면

플랜비디자인은 고객의 성장과 발전에 획기적인 도움을 드릴 것입니다.

HRD 한 분야로 짧지 않은 길을 걸어온 결실을 글과 책으로 맺고싶고, 후배들에게 그간 고민한 흔적을 공유하기 위해 플랜비디자인과 함께 하고 있습니다.

1. 어떤 신념과 원칙을 가지고 있습니까?

기업은 사람이 우선이며 결국 당장의 이익보다 사람을 키우는 Plan B에 투자하는 기업이 결국 성장하고 발전하는 사례를 수십 년간 보아왔습니다. 개인적으로는 진정 가슴 뛰는 일을 하면 몰입하는 삶이 되고 만족한 인생을 만든다고 믿습니다.

2. 어떤 일을 합니까?

플랜비디자인 고객사들에게 그간의 조직생활과 강의 경험에서 쌓여진 Customer Oriented한 내용을 제공합니다. 플랜비디자인 핵심분야에 대한 미국, 캐나다의 최신 Trend와 각종 발간 서적등에 대한 정보를 현지에서 회사에 제공합니다.

3. 무엇을 가치 있게 생각합니까?

항상 감사, 끝까지 실천, 작은 것에는 대범, 불필요한 것은 절제.

4. 어떤 사람으로 기억되고 싶습니까?

따뜻하고 배려심많고 미소짓게 만드는 사람

5. 앞으로의 무엇을 할 계획입니까?

캐나다 현지에서 한국에서 쌓은 전문지시과 경험을 가지고 남보다 반 발자국만 앞선 정보와 서적 등을 찾아내어 회사에 제공합니다. 그 중에서 시장성있고 유익한 책을 직접 번역합니다. 오랜세월 쌓인 지식과 경험을 밀레니얼 세대에 맞는 언어로 리더십과 업무성과 등에 대한 책을 저술합니다.

6. 당신에게 플랜비디자인은 어떤 회사입니까?

다니엘의 진정한 경영철학에 깊은 공감을 느꼈기에, 제 인생 마지막 몰입으로 신나게 놀 수 있는 멋진 Field라고 믿습니다.

7. 플랜비디자인에 관심 있는 분들에게 한 마디를 남긴다면

외형적으로는 작지만 제가 아는 플랜비디자이너들은 엄청 큰 사람들입니다. 이들과 함께 하시면 크게 성장하실 것입니다.

이긍호 | Victor

고문(비즈니스 코치)

리더십 연구소장

geungho1@gmail.com

PLANBDESIGN COLUMN

1장
리더십 칼럼

변하지 않는 가치와 기술에 주목하라
스스로 일 하게 하는 리더
떨림이 울림을 만든다
저는 대표님을 믿습니다. 함께 하겠습니다
애니플 리더
새해 인사하셨습니까?
리더로 산다는 것
천년기업가의 스트레스 조절
성취를 향한 추진력을 갖춘 애니플 리더
인풋이 아웃풋을 결정한다
리더는 먼저 자기 자신을 믿어야 한다
이상이 일상이 되려면
리더의 글쓰기, 애자일 쓰기
진보 향한 동인(Drive)갖춘 탁월한 리더
인생이라는 여행에서 관광객과 여행가
의사결정력 넘어 분별력 갖춰라
이렇게 사소한 것까지 가르쳐야
강점리더십의 네 가지 영역
퍼포먼스 향상 원칙과 방법
글쓰기의 시간관리
리더와 팔로워의 경계를 허무는 시간
백지라는 '쓸거리' 자유 앞에서
팀 리더를 위한 실천 팁
글이 가지는 한계
내적 성장(Internal Growth)에 집중하라
상생적 파트너십의 등장

리더의 글쓰기:
변하지 않는 가치와 기술에 주목하라

Sunny
김선영 수석 컨설턴트

11월초 이틀 간 서울 워커힐 호텔에서 글로벌인재포럼이 진행됐다. 세계유수 기업의 대표, HR담당 및 정부관계자, 교육계 종사자들이 연사로 올라 '미래를 여는 도전'을 주제로 불확실성에 능동적으로 대처하는 인재양성에 대해 각자의 생각과 경험을 펼쳐보였다. 이 포럼 전체를 정리하자면 크게 다음 두질문에 대한 답이라고 볼 수 있다. 첫째 새로운 기술을 사용해야 하는 인간에게 어떤 교육이 필요한가, 둘째 인재육성과관리에 어떻게 기술을 활용할 것인가.

'새로운기술을 사용해야 하는 인간에게 어떤 교육이 필요한가?'에 대한 납은 다시 두 가지 측면으로 나눠볼 수있다.

한 가지는 새로운 기술을 빠르게, 그리고 지속적으로 교육하는 것이다. 급변하는 IT기술 및 환경을 지금의 교육계는 쫓아가지 못하고 있을뿐더러, 앞으로도 제도화된 교육이 쫓아갈 수 없을 만큼 기술은 빠르게 변화할 것이다. 산업화 시대에 하나의 숙련 기술로 평생을 살 수 있었던 노동자는 재숙련reskilling 및 신기술학습upskilling을 하지 않으면 살아남을 수 없게 되었다.

그러나 이렇게 습득할 수 있는 기술은 큰 경쟁력을 갖지 못한다. 단순 반복적인 작업을 기계에 양보해야하는 블루 칼라 노동자 계층이 높지 않은 난이도의 기술을 습득하고 활용하길 반복할 것이다. 기업의 성패는 신기술에 더해 이 기술을 이용해 어떠한 서비스를 제공하는지를 두고 갈릴 것이다. 결국 노동자와 기업 모두 경쟁력을 갖기 위해서는 신기술 외에 무언가가 필요하다. 기술이 서비스화 되는 모습을 생각해보면, 인간에게 필요한 교육의 두번째 영역을 발견할 수 있다.

서비스 전체의 컨셉과 큰 그림을 그리는 기획 단계가 시작점이다. 사람과 사회에 대한 관심과 통찰이 새로운 서비스를 그리게 할 것이다. 서비스가 기획되고 프로젝트가 진행되어 제품이 나올 때까지 다수의 사람이 한 팀으로 일을 한다. 팀 구성원은 서로의 생각과 정보를 교환한다. 리더는 이 의견들을 모으고, 팀을 이끌어야 할 것이다. 급변하는 기술에도 변하지 않는 영역, 기술 인력이 늘어날수록 더 경쟁력을 갖추는 영역은 바로 이 지점이다. 커뮤니케이션, 협업, 리더십, 기획력, 창의력이 4차산업혁명 시대에 중요한 역량으로 기재된 이유도 같다.

두 번째 질문, '인재육성과 관리에 어떻게 기술을 활용할 것인가'도 앞선 질문과 마찬가지로 기술을 적극 활용하는 부분과 변화하는 기술에도 변하지 않는 영역으로 나누어 생각해볼 수 있다. IBM의 커리어코치 '왓슨'이 기술을 적극 활용한 모습이다. 빅데이터를 활용하여 실시간, 맞춤형으로 새로운 일자리와 필요 학습자료를 제공한다. 포스코는 VR를 이용하여 직무훈련을 진행한다. 학습자는 빠르고 생생하게 원하는 정보를 습득할 수 있을 것이다.

그러나 동영상 활용이 확대되고 가상체험으로 교육방법이 다양해진

다해도, 가장 고전적인 교육 방법인 읽고 쓰는 것은 계속 존재할 것이다. 현란한 기술이 또 다른 기술과 정보의 습득을 도울 수는 있어도 사람을 사유하게 할 수는 없기 때문이다. 생각의 흐름과 속도에 따라 읽는 텍스트, 그리고 내 생각을 정리하고 이루어가는 과정의 글쓰기는 그런 의미에서 유의미한 학습 방법으로 계속 남을 것이다.

모두가 빠르게 변화하는 기술에 기대와 두려움을 가질 때, 오히려 '변하지 않는 가치와 기술'에 주목해야 한다. 비즈니스도 결국 사람에 대한 연구와 결과다. 시대는 인간이 사용하는 시간의 흐름이자, 인간의 판단에 의해 분절된 시간의 개념이다. 변하지 않는다는 것은 가장 인간을 인간답게 만들고 인간만이 사용할 수 있는 것이다.

인간이 자신의 발자취를 남겨온 이래 글은 인간에게 가장 중요한 도구이며 글쓰기는 사회의 상부구조를 형성하는 주요 기술이었다. 사회나 조직의 목표를 명시하고 관련된 규칙이나 정보를 적어 구성원이 혼란 없이 받아들이게 하는 것, 목표를 이루어가는 과정에서 소통의 명료함이 중요하다는 것은 역사에도 기술되어 있고, 오늘의 연사들도 이야기했으며 앞으로도 변하지 않을 것이다.

스스로 일 하게 하는 리더

Sally
신현아 선임 컨설턴트

최근 인기 예능 '전지적 참견 시점'에서 20대 매니저들이 큰 인기를 끌고있다. 이들이 사랑받는 이유 중 하나는 숙련된 모습보다 서툴더라도 항상 성실한 모습을 보여주고 업무를 주도적으로 한다는 점을 꼽을 수 있다. '왜 이런 직원은 우리 회사에 없는 거지?'라는 생각이 들만큼 그들이 요즘 보기 드문 열정적인 청년인 것일까? 그렇지 않다. 그들이 스스로 일을 찾아서 하는 이유는 그 매니저와 함께 하는 연예인의 행동을 관찰해보면 알 수 있다. 연예인은 매니저를 존중해주고 먼저 그들의 의견을 묻고 챙겨주는 모습을 보여준다. 매니저들은 그에 보답하고 싶은 마음을 가지며 함께 고민해서 결정한 일에 책임을 다하기 위해 노력한다. 그만큼 구성원이 주도적으로 일하기 위해서는 리더의 역할이 중요하다. 업무시작부터 마무리까지 리더는 팔로어의 입장에서 구성원이 스스로 일할 수 있도록 도움을 주어야 한다.

먼저 업무를 배분할 때에는 일방적으로 업무를 지시하는 것이 아니라 함께 고민해야 한다. 시작 단계에서 어떤 결과물이 나오기를 바라는지, 기대하는 바가 무엇인지, 해당 일의 앞, 뒤 프로세스가 어떻게 진행되는지를 설명하고 "이 방향에 대해 어떻게 생각하세요?" "이 결과를 통해 무엇을 기대할수 있을까요?" 와 같이 구성원이 어떻게 생각하는지 의견을 묻고 반영해야 한다. 이 단계에서 구성원은 리더에게 존중 받고 있다는 느낌이 들고 업무에 대해 주체적으로 생각하고 기획할 수 있다. 또한 질문을 통해 구성원은 자연스럽게 시야가 넓어지고 리더는 생각하지 못했던 아이디어를 얻을 수 있다.

실행단계에서는 구성원에게 적절한 권한을 위임해야 한다. 주의할 점은 위임없이 지시만 하는 것처럼 무조건적인 위임도 좋지 않다는 것이다. 리더가 구성원의 역량을 고려하지 않고 업무의 난이도가 높은 일을 위임했을 때 리더는 불안한 마음이 들고 구성원 역시 부담감을 느끼게 된다. 그렇기 때문에 구성원의 역량에 맞는 업무의 권한을 위임하는 것이 중요하다. 업무의 시작 단계에서 함께 기획하고 방향을 잡았기 때문에 리더가 권한위임 후 불안한 마음이 들거나 구성원이 부담을 가지고 수행하지 못하는 일은 줄어들 것이다. 진행 중 막히고 어려워 하는 부분에 대해서는 리더가 곧바로 정답을 제시하는 것보다 스스로 생각하고 답을 낼 수 있도록 질문하는 것이 좋다. “이런 상황에서는 어떤 방법이 효과적일까요?” “이렇게 진행했을 때 생길 수 있는 문제는 어떤 것이 있을까요?” 와 같이 스스로 생각을 확장할 수 있는 질문을 해야 한다.

일의 마무리 단계에서는 피드백을 실시한다. 피드백은 가능한 구체적으로 하며 개선사항 뿐만 아니라 강화를 위한 피드백도 해야 한다. 강화를 위한 피드백은 잘한 일을 강화하여 지속성을 촉진시킨다. 이때는 말했거나 행한 것이 무엇인지, 왜 그것이 효과적이었는지를 알려주어야 한다. 개선을 위한 피드백은 개선이 필요한 부분을 파악하고 대안을 제시하는 것이 중요하다. 개선해야 하는 말이나 행동이 무엇인지 설명하고 그에 대한 대안을 제시한 후에 그 대안이 효과적인지 말하는 것이 필요하다. 또한 초기에 설정한 목표와 결과물을 비교하여 구성원이 스스로 개선 방법을 찾을 수 있도록 도움을 주어야 한다.

이 모든 것에 앞서 가장 중요한 것은 구성원과 신뢰를 쌓는 것이다. 밀레니얼 세대는 다양한 소통방식으로 스스로를 표현하고 직접 행동하기를 좋아한다. 그러나 신뢰가 없다면 아무리 좋은 말을 하고 질문을 하더라도 진심이 담긴 좋은 답변을 받기는 어렵다. 리더의 영향력은 신뢰가 있을 때 올바르게 작용한다. 권위에서 오는 신뢰가 아닌 소통을 위한 신뢰를 쌓기 위해 노력하고 구성원 스스로가 원석을 보석으로 가꿔나갈수 있도록 인재를 양성하는 리더가 되기를 바란다.

떨림이 울림을 만든다

James
홍국주 책임 컨설턴트

알바트로스라는 새가 있다. 큰 이 새는 멀리 난다. 한 번 날개를 펴면 길이가 4m나 된다. 한 번 날기 시작하면 지구의 반 바퀴를 돈다. 폭풍 속에서 대부분의 새가 날기를 포기할 때, 이 새는 위대한 비상을 시작한다. 알바트로스는 그냥 새가 아니다. 흔하지 않지만 모든 새의 귀감이 되는 훌륭한 새다. 이처럼 모든 기업은 그냥 리더를 원하지 않는다. 훌륭한 리더를 원한다.

똑같은 마음을 가진 한 회사가 있었다. 우리는 이 회사의 리더가 알바트로스와 같은 훌륭한 리더가 되기를 진심으로 바랬다. 태평양을 쉬지 않고 건널 수 있는 알바트로스와 같이 이 회사가 태평양을 쉬지 않고 횡단하는 글로벌 회사로 성장하길 바랬다. 그렇게 지난 1월부터 알바트로스 리더십 교육은 1년간의 비행을 시작했다. 그리고 드디어 지난주 여정의 마지막 시간에 교육에 참여했던 리더들이 구성원과 한자리에 모였다. 리더가 자신의 1년간의 소회를 '리더를 바꾼 시간'이라는 주제로 구성원들 앞에서발표하는 자리를 마련한 것이다.

리더십 교육의 주제는 동기부여와 실행력이었다. 리더가 훌륭한 리더로서 비행할 수 있는 동력(동기부여 &실행력)을 얻는 것이 교육의 목표였다. 매달 한 번 모여 해당 주제를 학습하고, 관련된 과제를 현업으로 가지고 돌아가 실행하고, 다시 돌아와 공유하는 형태의 교육이 반복되었다. 왜 어떤 사람은 동기가 충만하고 어떤 사람은 그렇지 못한지, 리더에 의한 동기부여는 어떻게 이루어지는지 치열하게 고민했다.

또한, 실행력이 높은 사람과 낮은 사람의 차이는 어디서 오는지, 리더에 의한 실행력 강화는 어떤 행동들이어야 하는지 논의했다. 이러한 논의는 리더의 고민에 깊이를 더했다. 우리가 동기부여에 먼저 집중한 이유는 행동만이 성과를 만들 수 있는데 행동은 동기로부터 출발하기 때문이다. 그리고 리더들은 다양한 동기에 대해 이해해야만 한다. 동기는 구성원마다 다르기 때문이다. 그리고 동기가 부여된 리더만이 동기를 부여할 수 있기 때문이다.

이 교육을 들었던 리더라면 동기부여와 실행력에 관해 고민하는 누군가에게 다음과 같이 조언할 것이다. "구성원을 동기부여 시키기 위해서는 세 가지를 기억하십시오. 첫째, 일의 의미를 부여해야 합니다. 둘째, 업무의 비전을 제시해야 합니다. 셋째, 자율적으로 일할 수 있는 분위기를 조성해야 합니다. 구성원의 실행력을 높이기 원하는 리더라면 다음 세 가지를 기억하십시오. 첫째, 세밀한 일 관리를 통해 구성원의 핵심 업무를 점검해야 합니다. 둘째, 구성원의 업무 실행을 지원해야 합니다. 셋째, 구성원들이 못 보는 리스크를 예측하고 대비해야 합니다." 이와 똑같은 메시지들이 리더를 바꾼 시간에서 리더의 입을 통해 구성원들에게 전해졌다.

필자는 리더십 교육 중 이 시간이 가장 의미 있는 시간이었다고 생각한다. 리더의 작은 내면의 떨림이 구성원의 마음에 울림을 선사하는 것을 보았기 때문이다. 떨리는 목소리로 고백하는 리더의 목소리가 종일 교육장을 가득 메웠다. 리더는 자신이 얼마나 부족한 리더였는지 깨닫게 되었다고 고백했다. 또한 자신의 이런 모습을 마주하게 되어서 당황스러웠고 힘들었다고 고백했다. 그리고 미안한 마음을 구성원에게 전했다. 자신의 앞으로의 다짐을 전했다. 떨리는 것은 리더의 목소리뿐만이 아니었다. 리더의 내면 또한 마찬가지였다. 리더십 교육의 핵심은 성찰이라고 많은 사람이 말한다. 자신을 돌아보는 1년간의 성찰이 리더의 내면에 수많은 떨림을 만들었고 결국 많은 사람의 마음을 울리게 되었다. 우리는 이것을 그 자리에 모인 사람들의 눈물을 통해 확인할 수 있었다. 마치 종이 자신의 몸을 부딪쳐 떨림을 만들때 아름다운 소리의 울림을 만드는 것과 같이 리더십 또한 그러했다. 아픈 성찰이었지만 분명 더 아름다운 소리였다.

저는 대표님을 믿습니다. 함께 하겠습니다

Daniel
최익성 대표·경영학 박사

기업을 경영한다는 것과 책임진다는 것은 동의어이다. 만약 CEO인 그 사람이 경영에 깊숙이 경영에 들어가 있는 사람이라면 그가 느끼는 책임의 무게, 그가 짊어지고 있는 짐의 무게, 그가 감당하고 있는 부담의 무게는 우리가 생각하는 것 이상이다.

그런데 많은 조직의 구성원들을 만나면서 회사의 대표에 대한 신뢰 지수가 높지 않다. 그들은 냉정하다 못해 냉혈한이라고 보여진다. 인정 사정도 없고, 사람들은 기계나 부품처럼 생각한다는 얘기를 듣기도 한다. 그들은 말하는 '사람이 중요하다.', '사람들의 성장이 우선되어야 한다.'는 말은 공허한 메아리가 되거나 말로만 그렇고 실제는 그렇지 않다고 비아냥거리는 사람도 있다.

나는 그들을 위한 변호를 하고 싶다. 필자가 조직을 회사를 경영해서 그런 것이 아니라 실제 현장에서 만나는 수없이 CEO들의 모습이 곡해되는 것이 안타까워서이다. 그들은 선하고, 그들은 구성원들을 생각하고, 그들은 모든 것이 잘 되는 바라는 마음을 가지고 있다. 그래서 우리가 가진 오해에 대해서 잘못된 것이라 말하고 있는 중이다. 물론 아닌 사람도 있다. 갑질 논란, 도저히 인간이 할 수 없는 쓰레기 같은 행동을 하는 그런 사람들도 있다. 그들을 대변할 생각은 없다. 악의를 가진

CEO, 악의적으로 행동하는 CEO는 옹호하고 변호해야 할 대상이 아니다. 그들에게 가려져서 '좋은 사람은 아니다. 존경할 만 하지는 않다.'는 평가를 받거나 받을 수 밖에 없는 상황에 있는 CEO들을 위한 변호이다.

연말, 연초에 몇몇 회사의 CEO들과 인사를 나누고 일대일 미팅의 시간을 가졌다. 함께 이야기를 나누면서 그들이 가진 진지함과 그들의 신념, 원칙 그리고 그것을 지키기 위한 노력의 스토리에서 많은 가르침을 얻었다. 내가 아는 대부분의 CEO들은 옳음을 위한 노력(철학/ 신념/ 원칙), 책임을 감당하기 위한 노력(포부/ 목표/ 비전), 사람에 대한 신뢰를 잃지 않기 위한 노력(지원/ 육성/ 신의)을 하고 있다.

특히 그들이 구성원에 대해서 가지고 있는 관심과 바람의 수준은 구성원이 말하는 이상이다. CEO는 당신이 생각한 것 이상으로 당신에게 더 많은 관심을 가지고 있고, 당신이 잘 되길 바라고, 당신과 오래 함께 하고 싶어한다. 그들은 늘 질문하는 사람이다. '나는 사람들의 삶을 책임질 수 있는 사람인가?'라고 말이다.

그들은 신년사에서 또는 신년 메세지에서 분명 무언가를 말했을 것이다. 또는 말하고 싶었을 것이다. 희망찬 2019년이라고 말하지만 사실 예상되는 경제지표는 좋지 않다. 어려운 일들이 계속될 것이다. 그래서 그들도 두렵고 걱정된다. 지난 밤 신년사를 준비하면서, 신년 메세지를 준비하면서 그들은 분명 희망, 열정, 변화, 주인의식 같은 단어를 적거나 적고 싶었은 마음을 가졌다.

외로우면 그건 그 사람이 잘못한 거라고 말한다. 아니다. 외로우니까 CEO다. 아니다 CEO니까 외로울 수밖에 없다. 그들은 늘 열정에 넘치고, 무엇이든 해낼 수 있는 것 같다. 그들은 지치지 않는 체력을 가지고 있는 것 같다. 아니다. 그들도 지친다. 그들은 가슴으로 지친다. 그들은 체력이 강한 것이 아니라 책임이 강한 것이다. 어려움을 이겨내려는 의지가 강한 것이다. 그들도 사람이다. 그들은 지금도 당신의 노크를 기다리고 있다.

플라톤이 말했다. "남에게 친절하라. 그대가 만는 모든 사람은 현재 그들의 삶에서 가장 힘겨운 싸움을 하고 있다" 지금도 책임의 무게를, 짐의 무게를, 부담의 무게를 온전히 이겨내기 위해서 노력하는 당신의 CEO를 마음으로 안아주고, 지지해주고, 따뜻하게 대해 주기 바란다. 그들에게 내밀어주는 손이 필요하다. 그들은 지금 당신의 진심을 기다리고 있다. "저는 대표님을 믿습니다. 함께 하겠습니다" 이 한 마디에 그들은 용기를 얻을 것이다.

애니플 리더

Victor
이긍호 고문·리더십 연구소장

2019년 경영의 화두는 단연 '애자일'이다. IT업무를 기반으로 하는 조직에서부터 10여 년 전부터 시작된 애자일 기법은 이제 모든 업종의 기업에까지 확산일로에 있다. 이제는 예측이 어려운 것이 아닌 불가능한 경영환경이기에 더욱 애자일에 관심을 갖는 것은 당연한 추세다. 물론 모든 회사나 조직을 애자일로 바꾸는 것이 능사는 아니며 창의력이 요구되는 업무와 기존의 운영이 요구되는 업무와의 공존을 통해 애자일의 효과를 극대화시켜야 하는 것이 중요하다. 이러한 조직운영에서 애자일 리더십과 운영리더십을 아우르는 능력을 갖춘 리더의 확보 여부가 성공의 열쇠 중의 하나임에 틀림없다.

필자는 이러한 능력을 갖춘 리더십을 애니플 리더십Anyplace Leadership이라 칭하려고 한다, 애니플 리더는 기조의 관료주의적 리더십에서 요구되는 능력과 더불어 다른 능력이 요구된다. 즉 애니플 리더는 어느 포지션 즉 애자일 리더십 팀에 근무하든, 기존의 운영 팀에 근무하든 공통으로 요구되는 능력을 갖추고 있어야 한다. 기존의 애자일 조직에서 좋지 않은 결과를 가져왔던 회사들에서 드러난 문제점을 살펴보면 애자일 코치의 개인과의 상호작용, 고객과의 협업 등으로 업무를 추진하려던 리더십이 운영조직 리더들의 드러나지 않은 무관심과 비협조로 인한 내부 갈등으로 인한 문제가 큰 걸림돌이었던 것이 밝혀졌다.

따라서 쉼 없이 조직을 바꿔야 하는 조직문화가 대세로 자리잡게 됨에 따라 애자일 코치이든 스크럼 마스터이든 운영조직의 리더이든 간에 모든 리더가 공통의 자격요건을 갖추고 있어야 회사 전체가 일관성 있는 얼라인먼트를 갖추고 고객의 요구에 똘똘 뭉쳐 즉각 대응하며 성장해 나갈 수 있는 것이다.

우선 애니플 리더는 성취를 위한 추진력을 갖추고 있다. 불확실한 조직환경에서 업무를 추진하고, 조정하며, 새로운 도전을 받아들이고 익숙하지 않은 환경에서도 기꺼이 성취해 나간다. 완전히 드러나고 다른 사람에 의해 받아들여지기 전에 먼저 선제권을 가지고 최일선에서 행동해 나가기 때문에 팀원들에게 존경을 받는다. 타인이 머뭇거릴 때 그 영향력을 상상하고 먼저 받아들이는 얼리 어답터이고 기꺼이 총대를 매고 앞장서서 실행해나간다.

애니플 리더의 두 번째 특징은 감각적인 호기심을 갖고 있다. 애니플 리더의 호기심은 단순히 why를 의미하는 것이 아니라 통찰력과 이해를 가치 있는 것으로 이끌어내는 것을 의미한다. 애니플 리더는 무엇이 잘못이지? 문제는 어디에서 시작되었지? 어떻게 여기까지 왔지? 하는 것까지 호기심을 가지고 파고 들어간다. 애니플 리더는 새로운 역할이나 팀을 맡았을 때 재빠르게 사람들과 조직의 특징과 문화, 비즈니스 프로세스를 통해 유의미한 영감을 발휘하여 모든 가용한 자원을 찾아내고 극대화할 수 있는 능력을 발휘한다.

애니플 리더의 세 번째 특징은 풍부한 가용자원으로 무장되어 있다. 즉 많지 않은 자원으로 많은 일을 할 수 있는 능력을 말한다. 모든 환경이 완전히 갖추고 업무를 추진한다는 것은 모든 것이 불확실한 경영환경에서는 불가능하다. 평소 향후 업무환경에 필요한 폭넓은 지식이나 스킬을 쌓아놓아 필요시에 꺼내어 활용할 수 있는 풍부한 가용자원을 확보하고 있어야 한다. 자신의 고유업무를 넘어서는 넓은 지식기반을 쌓고, 머뭇거리는 조직에 불을 붙이며, 비즈니스를 직접 세일즈하고, 운영에 필요한 효율적 방법을 창안해 나간다. 학습된 장점으로 무장한 애니플 리더는 변화가 필요한 사람에게 실질적 도움을 주며 다양한 니즈에 따른 어떠한 환경에서도 결과를 성취해 나간다. 애니플 리더는 스스로가 동기부여 되어 있으며 자원이 유한한 억압적인 위협 속에서도 폭넓은 재주와 스킬로 최선의 기회를 찾아 적용하는 민첩한 실행력을 갖추고 있다.

요약하면 불확실한 환경에서 변화를 받아들이고 다양한 니즈에 따라 어떠한 환경에서도 성취를 이루어내는 능력은 애자일조직이든 운영조직이든 어느 장소에서 발휘해야 할 능력인 것이다.

이러한 성취를 위한 추진력, 감각적인 호기심, 풍부한 가용자원은 애니플 리더의 필수요소이며 앞으로 한 가지씩 살펴보고자 한다.

리더의 글쓰기: 새해 인사하셨습니까?

Sunny
김선영 수석 컨설턴트

연말연시 새해인사를 보내고 받느라 평소보다 휴대폰을 보는 시간이 잦아지고 길어졌습니다. 오랜만에 건네는 인사가 반갑기도 하고, 형식적인 메시지 홍수에 피곤하기도 합니다. 새해가 20여일 지난 지금, 여러분은 누구의 새해 인사가 기억에 남습니까? 그리고 여러분은 누구에게, 어떻게 새해 인사를 전했습니까?

많은 사람들에게 주목받는 새해 인사가 있습니다. 바로 신년사입니다. 대통령, 대기업의 수장, 각기관의 리더는 신년 인사를 공식적인 자리에서 낭독하거나 게재합니다. 신년사를 보면 리더가 다가오는 일년 동안 무엇에 중점을 두고 조직을 이끌고자 하는지, 구성원에게 무엇을 당부하고 싶은지 알 수 있습니다.

자기 리더의 신년사는 자신의 삶에 직접적 영향을 미칠 중요한 메시지이기에 누구나 관심을 갖습니다. 언론은 국민들의 관심을 대표해 주요 리더들의 신년사를 종합하고 분석합니다. 글의 표면에 드러나지 않은 숨겨진 의미를 해석하는 다양한 글을 쏟아냅니다. 분야 별 리더들의 신년사를 종합하여 한 해를 전망하기도 합니다.

국가적으로 주목받는 리더들에게 신년사는 관례적인 의무 사항입니다. 만약, 대통령이 신년사를 발표하지 않는다면 어떨까요? 국민들은 대통령의 안위에 어떤 문제가 있는지, 국정이 제대로 운영되고 있는지 걱정이 될 것이고, 부정적 추측이 난무할 것입니다. 정도의 차이는 있겠지만 주요 기업과 기관의 대표가 신년사를 내어놓지 않는 경우, 그 조직의 구성원들이 우려할 것은 당연합니다.

며칠 전, 모 기업의 직원이 계열사 대표의 신년사를 보여주며 부러움을 표했습니다. "여기 대표님은 이런 거 참 잘해. 우리 대표님은 왜 안 하나 몰라. 주위 직원들도 대표님이 무슨 생각 하시는지 궁금해 한다고." 사내 이메일을 통해 전 직원에게 전달되었다는 신년사의 형식은 일반적이었습니다. 지난 해 구성원의 수고에 감사를 전하고, 전년도 성과에 대해 정리합니다. 그리고 새해 강조하고 싶은 사항과 주요 방향성과 함께 새해에도 노력을 부탁하는 것으로 마무리합니다. 진솔하고 쉬운 말들로 적은 문체가 직원에게 가까이 다가가고자 하는 대표의 마음을 잘 드러내고 있었습니다.

그런데 이야기를 나누다 보니, 그 직원의 대표 또한 나름의 메시지를 전달했다는 것을 알게 되었습니다. 직원들 앞에서 신년전략을 직접 프리젠테이션 했다는 것입니다. 말하고자 하는 바도 앞선 계열사 대표 신년사와 크게 다르지 않았다고 합니다. 감사의 인사로 시작해 올해 중점을 두고자 하는 사안을 이야기하고, 감사와 당부의 인사로 마무리했다는 것입니다.

비슷한 메시지라도 어떻게 전달하느냐에 따라 구성원이 받아들이고 이해하는 것은 이렇게 차이가 있습니다. 말은 흩어지고 글은 남습니다.

앞서 글로 전한 신년사 메시지는 글자 그대로 구성원에게 남았지만, 전략발표에서의 대표 인사말은 흩어지고 전략 키워드만 구성원에게 남았습니다.

그나마 어떤 메시지라도 전달이 되었다면 다행입니다만, 아직 아무 말이 없는 리더도 있습니다. 신년 인사 운영 계획을 구상 중인 담당자를 만났을 때입니다. 담당자는 저에게 좋은 아이디어가 없는지, 다른 회사는 주로 무엇을 하는지 물었습니다. 저는 담당자에게 CEO의 주요 메시지는 무엇인지, 회사의 현안은 무엇인지 물었습니다. 담당자는 CEO의 공식적인 발표도, 자신의 상사에게 전달받은 메시지도 없다고 했습니다. 그 날 미팅은 서로 답답함을 안고 끝났습니다. 니즈가 무엇인지 알 수 없는데 아무 솔루션이나 드릴 수는 없었습니다.

새해 인사를 글로 전한 리더, 말로 전한 리더, 아무 메시지가 없는 리더가 있습니다. 한 해 동안 어떤 조직이 더 나아갈 수 있을까요? 어느 조직의 리더가 구성원에게 더 영향력을 끼칠 수 있을까요? 아니, 여러분이 구성원이라면 누구에게 더 신뢰가 가겠습니까?

여러분은 새해 인사 하셨습니까? 구정이 남았습니다. 미처 인사를 못 전한 리더들은 남은 시간과 기회를 잘 활용하시기 바랍니다.

리더로 산다는 것

Luis
임주성 수석 컨설턴트

늑대의 무리는 우두머리 대장늑대가 팀을 통솔하고 리드한다. 팀워크가 상당히 좋은 평가를 받는 늑대무리는 늘 리더의 탁월한 자질을 요구한다. 사람도 마찬가지로 이 세상 모든 리더들은 한결같이 비슷한 '책임과 역할'이 있다.

역할은 요구, 인식, 수행 등 3가지로 분류해 볼 수 있다. 요구하는 역할은 회사, 구성원, 동료, 고객들이 리더들에게 요구하는 역할을 의미하고, 인식하는 역할은 해당역할에 대해서 리더가 스스로 중요하다고 인식하고 관심을 기울이고 있는 정도를 말할 수 있다. 수행하는 역할은 실제 리더들이 각 역할에 대해서 시간과 에너지를 할애하는 정도로 볼 수 있다.

리더는 탁월한 자질을 가져야 하고 행동해야 한다. 리더십을 발휘할 자신감이 있어야 하고, 리더십 발휘 동기를 갖고있어야 한다. 좋은 자질은 전문성과 품성을 말하기도 하는데 기본 품성이 올바른 사람을 리더의 자리에 배치해야 한다. 리더십 발휘 동기는 감성적 동기, 계산적 동기, 규범적 동기로 구분되는데 감성적 동기는 있어 보이기 때문, 계산적 동기는 뭔가 이익이 되기 때문, 규범적 동기는 조직의 기대와 지시에 때문에 생겨난다. 좋은 자질을 갖추고 있다고 하더라도 리더십 발휘 동기가 낮은 사람은 리더의 자리에 배치하지 않아야 한다. 좋은 자질과 리더십 발휘 동기를 갖고 있다면 학습과 훈련을 통해서 충분히 육성하고 지속적으로 개발 관리할 수 있는 시스템을 갖춰야 한다.

리더는 일을 완벽하게 만들어야 하고, 조직의 사람도 관리해야 한다. 또한 미래의 가치를 만들고 기준을 세워 준비하고 제시하여야 한다. 구성원이 스스로 성장하고 있다는 것을 느껴가며 일을 해야 하는 분위기도 마련해줘야 한다. 그러기 위해서는 전문성과 품성을 갖춰야 하는 것은 기본이지만 필자는 '책임'을 강조하고 싶다. 필자가 속한 조직의 리더는 모든 것을 책임진다. 심지어 실수까지도 모두 본인의 책임으로 돌린다. 그렇기 때문에 일을 허투루 할 수 없는 조직문화가 배어있다. 자주하는 표현중에 "저의 리더십에 문제가 있거나 수정할 것이 있다면 서슴없이 말씀해주세요." 라는 말을 자주 듣는다. 수용할 수 없다면 들을 수 없는 이야기임에 틀림없다. 리더는 귀를 열고, 가슴도 열어야 한다. 때로는 냉철하고 객관적이어야하지만 관대함이 늘 따라다니지 않는다면 아군보다는 적이 많을 수 있다. 사람을 성장시키고, 일을 완벽하게 만들어 미래를 준비하는 역할이 유지될 때 인정받는 리더로 자리할 것이다. 리더가 반드시 해야 할 일은 약속을 반드시 지키며, 중복과 낭비된 일을 제거하여 더 가치있는 일에 집중해야 한다. 그속에 사람에 대한 활용과 피드백, 조치와 배치가 중요하다. 조직의 미래방향과 일을 연결시켜 정보를 공유하고, 협력하며 니즈를 발견하고 최적의 솔루션을 찾아 제안하는 것이다. 그 중심에 리더는 그런 역할을 해내야 한다.

리더로 산다는 것은 외로울 수 있다. 한편으로는 리더의 권한이 불필요한 낭비를 초래하거나 불편함과 저성장을 이끌 수 있다는 점을 명심해야 한다. 권한이 아닌 책임이다. 집안의 가장은 가족을 돌보는 책임이 있고, 교회의 목회자는 교회와 성도를 올바르게 지도하는 책임이 있고, 군인은 나라를 굳건히 지키는 책임이 있다. 조직의 리더는 리더의 책임이 있다. 리더로 산다는 것은 참으로 쉽지 않다. 하지만 어렵지 않다. 해야 할 일을 해내야만 하는 자리가 리더의 자리이다.

모든 조직에는 리더가 있다. 나라, 군대, 학교, 계모임, 동호회, 동문회, 회사 등 수많은 조직에는 그 조직을 이끄는 리더가 해야 할 일이 있다. 운동선수들 조차도 팀웍을 도모하고 승리를 위해 앞장서는 리더의 역할과 책임이 있다.

리더의 본분을 잊어서는 안된다. 리더로 산다는 것은 그런 것이다. 대한민국의 모든 리더들이 각자 맡은 자리에서 활약해주기를 기대한다.

리더의 책임, 그 소명을 다할 때 명예가 있다.

천년기업가의 스트레스 조절

Hope
류호택 고문·경영학 박사

스트레스가 나쁘다는 사실을 모르는 사람은 없다. 스트레스는 만병의 근원이라고도 한다. '행복의 조건'의 저자 조지 베일런트는 그의 종단연구에서 스트레스를 잘 관리하는 사람과 그렇지 못한 사람의 수명 차이가 최소 10년 이상이라고 주장했듯이 스트레스는 건강은 물론 수명에도 영향을 준다.

약간의 스트레스는 긴장을 주고 활력을 주는 데 도움이 된다는 연구도 있지만, 과도한 스트레스는 건강에 좋지 않다. 스트레스는 면역기능도 약화시킨다는 '한국교육심리학회'의 보고도 있다.

스트레스는 왜 발생할까? 과중한 목표 때문에 발생하기도 하지만 갈등이 원인이 되기도 한다. 갈등은 왜 일어나는가? 차이를 인정하지 않기 때문이다. 가치의 차이, 성격의 차이, 욕망의 차이, 일하는 방식의 차이, 생각의 차이 등을 인정하지 않고 자기를 고수할 때 갈등이 일어난다.

스트레스는 어떻게 줄이는 것이 좋을까? 최근에 전 세계적으로 명상이 스트레스를 줄여준다는 연구와 함께 유명인들이 명상을 통해 스트레스를 해소하고 있다.

심신의학과 명상분야의 세계 권위자인 디팩 초프라Deepak Chopra 박사에게 명상 지도를 받은 사람들로는 마이클 잭슨, 마돈나 등과 같은 톱 가수와 리처드 기어나 클린트 이스트우드, 휴 잭맨 등과 같은 할리우드 스타도 명상을 생활화하고 있으며 비틀즈의 멤버들이 명상에 심취해 있었음은 이미 널리 알려진 사실이다. 경제 분야에서는 스티브 잡스와 빌 게이츠, 이나모리 가즈오 회장이 있으며, 정치 분야에서는 클린턴 전 대통령 내외, 앨 고어 전 부통령이 있고, 스포츠 분야에서는 스즈키 이치로 등이 명상을 꾸준히 실천하고 있는 유명인들이다.

명상은 어떤 효과가 있을까? '세계의 엘리트는 왜 명상을 하는가?'의 저자 와타나베 아이코는 ①스트레스 축소 ②체력 향상 ③집중력 향상 ④평온 유지 ⑤업무 효율 향상 ⑥결단력 향상 ⑦직감 발달 ⑧용이한 목표 달성 ⑨창의력 발달 ⑩원활한 인간관계 ⑪안정감 유지 ⑫만족스러운 일상 등을 명상의 효과라고 주장하고 있다.

한국의 숭산 스님으로부터 명상을 전수 받은 메사추세스 대학병원의 존 카밧진Jon Kabat-Zinn은 이를 쉽게 재구성하여 스트레스 감소 프로그램인 MBSRMindfulness Based Stress Reduction program를 창시했는데, 우리나라는 물론 세계 많은 곳에서 스트레스 조절 프로그램으로 활용하고 있다.

명상은 집중명상 사마타samatha와 통찰명상 위빠사나vipassana로 크게 구분된다. 명상은 불교에서 유래했다고 하지만 유대교에서의 '까발라', 기독교의 '묵상기도' 또는 '관상기도법', 중국 도교의 '단전호흡', 이슬람교와 유교에서도 명상법이 있었다는 것을 보면 특정 종교의 전

유물이라고 하기는 어렵다. 명상의 구체적인 방법은 유튜브 등에서 동영상을 참고하면 좋다.

명상이 좋은 점만 있는 것은 아니다. 심신 허약자나 자아 구조가 취약한 사람은 근육 경련이나 일시적 흥분상태가 되기도 하고 황홀경에 빠지거나, 억압된 감정의 갑작스런 분출 등 부작용도 있다는 주장도 있다. 명상 외에 다른 스트레스 조절 방법을 사용한 오바마 대통령은 가족과 함께 시간을 보내면서 편안함을 느꼈으며, 아놀드 슈왈츠제네거는 운동을 통하여 이완했고, 안젤리나 졸리는 취미 생활로 기분을 전환했다.

또 다른 스트레스 해소 방법으로는 음악, 그림, 붓글씨, 춤, 봉사, 스트레스 감정 적기, 좋은 향 맡기, 독서, 산책, 낮잠, 수다, 마사지, 수공예, 조각, 뜨개질 등 다양한 방법이 있는데 스트레스 해소 기제로 사용할 수 있는 것들은 어떤 것에 집중했을 때 금방 시간이 30분 이상 지나갔다고 느꼈던 것들이면 된다.

스트레스가 없는 사람은 없다. 단지 스트레스를 온몸으로 받아들이면서 괴로워하느냐, 조절하느냐로 구분될 뿐이다. 스트레스는 건강도 악화시키지만, 집중력이나 의욕, 판단력도 흐려지게 한다. 기업가는 사람 문제로 스트레스를 받지만, 자금문제로 회사가 망할 것 같은 걱정으로도 스트레스를 받는다. 스트레스를 조절하지 못하면 모든 걸 다 잃을 수 있다. 천년기업가도 마찬가지다. 명상이 아니더라도 반드시 자신만의 스트레스 조절 방법을 찾아 긴장에서 이완하는 방법을 찾아야 한다. 그중에서 명상은 좋은 스트레스 조절 방법으로 적극 권장하고 싶다.

성취를 향한 추진력을 갖춘 애니플 리더

Victor
이긍호 고문·리더십 연구소장

앞에서 애니플 리더는 성취를 향한 추진력, 감각적인 호기심 그리고 풍부한 가용자원의 활용능력을 갖추어야 한다고 했는데 우선 성취를 향한 추진력에 대해 살펴보겠다.

애니플 리더는 성취에 대한 본능적인 욕구를 통해 새로운 주도권을 바탕으로 일의 추진과정을 통해 기회를 포착해나가면서 목표를 성취해 나간다. 전문가와 구성원들의 통찰력과 의견을 수렴해 가며 과업을 수행함과 동시에 과감한 행동과 진보적인 발걸음으로 그들보다 앞서서 정착시켜 나간다. 이러한 성취를 위한 추진력은 세 가지의 요소로 구성되는네 이는 분별력과 과감함 그리고 결단력이다.

우선 분별력을 갖춘 리더는 어떠한 경험이라도 학습의 기회로 삼는 평생학습자다. 어떠한 것이라도 깊게 응시하며 가능성에 대해 심사숙고 하며 관계없어 보이는 것도 어려운 과정을 통해 연결시키는 눈을 크게 뜬 리더다. 평범한 사람이라면 별 생각 없이 지나칠 사건이나 사물에 대해 지나치지 않고 세심하게 관찰하여 의미를 찾아내기에 본인에게는 어려운 과정을 거치는 시간 여행자다. 분별력을 갖춘 사고방식을 위한 학습은 어떻게 전개해 나갈 것인가에 대한 올바른 의사결정을 가능케 한다. 그의 경험과 자기인식을 통해 '조심해야 한다'라는 걸 알아차리게 된다. 가치가 있는 것에는 투쟁해야 하고 피해야 할 상황은 미련 없이 떠날 수 있는 판단력을 가지게 된다. 분별력을 갖춘 리더는 미리 알아차리기에 놀라거나 허둥대지 않고 사태를 수습해 나갈 수 있다.

애니플 리더는 보통 리더에 비해 좀더 과감한 리더다. 성취에 대한 주도권을 가지고 있기 때문에 크게 보이는 문제도 극복할 준비가 되어 있고 이를 바탕으로 과감하게 실천해 나갈 수 있다. 기꺼이 추진해 나가면서 큰 가능성을 찾아내어 실제로 실천해 나가는 리더다. 보통 커다란 도전이 오면 숨거나 회피하는 것이 아니라 애니플 리더는 용기를 가지고 한 스텝 그리고 또 한 스텝씩 해결해 나간다.

이들은 안전한 곳에 머무는 것이 아니라 성취를 향한 개척자인 것이다. 잘 알려진 바와 같이 1982년도에 존슨&존슨Johnson & Johnson사의 CEO였던 짐 버크Jim Burke가 보여준 위기 대처능력은 바로 애니플 리더의 좋은 예다. 그는 전문가들이 예상했던 위기대처 방법을 뛰어넘는 방법 즉 기존의 모든 제품을 폐기처분하고 새로운 안전한 제품을 공급하는 결정을 하였다. 대다수는 버크가 잘못된 결정을 하였다고 예측하였다. 그러나 그는 변함없이 밀어붙였다. 그의 과감한 행동과 결정력은 불과 10주 후에 시장점유율을 회복하는 성과를 보여주었다.

다음으로 성취를 위한 추진력을 가진 애니플 리더의 특징은 결단력이다. 다양한 접근과 제안은 수용해 갈지라도 일단 결정된 근본적인 올바른 아이디어는 쉽게 포기하지 않는다. 오늘날과 같이 급변하는 경영환경하에서는 많은 리더가 좋은 아이디어를 쉽게 포기하는 경향이 있다. 물론 환경에 민감하게 대처하는 애자일이 중요한 건 사실이다. 그렇다고 하여 일관성 있게 추진해야 할 전략이 떠들썩하게 시작한 후 힘없이 지게 됨으로써 야기되는 조직의 혼란은 범하지 말아야 한다. 많은 리더들이 기대하는 결과를 가져올 때까지 밀어붙이지 못하고 일시적으로 유행하는 경영도구에 쉽게 흥분하였다가 가시적 성과가 바로 안 나오면 책임은 실무진에게 돌리면서 쉽게 다른 전략으로 갈아타는 잘못을 범하게 된다. 결단력 있는 애니플 리더는 결정된 것에 대해 어떻게 대처해야 하는지 그리고 그 전략하에서 현실적인 과업을 수행해 나가면서 어려움에 봉착하더라도 그 속에서 또 다른 기회를 포착하고 그 가치를 확실히 인식시켜 결단력을 가지고 추진해 나가는 특성을 보여준다.

이상의 세 가지 특질을 지닌 성취를 향한 추진력을 갖춘 애니플 리더는 무엇이 가치가 있고 추구해야 할 것인지를 잘 알고, 무엇이 시간을 낭비할 뿐인지를 잘 분별한다. 그들은 잘못에 직면했을지라도 높은 회복 탄력성을 가지고 결단력을 발휘하여 기어이 성공시킨다. 자신들이 결정하여 추진하는 것에 대한 정당성이 있기에 비록 리스크가 클지라도 두려워하지 않고 기회를 포착하여 밀고 나간다. 이러한 행동은 주위 사람들에게도 동기부여를 주게 되는 부수적인 효과를 가져온다.

리더의 글쓰기: 인풋이 아웃풋을 결정한다

Sunny
김선영 수석 컨설턴트

투입이 산출을 결정한다는 건 만고의 진리다. 글쓰기도 마찬가지다. 콘텐츠를 생산하려면 재료를 넣어주어야 한다. 재료는 경험이다. 우리는 경험을 통해 정보와 깨달음을 얻는다. 그런데 이미 살아온 시간과 경험은 어쩔 수 없고, 지금의 환경을 변화시키기도 어렵다. 이럴 때 가장 좋은 대리 경험은 바로 독서다. 글을 출력하기 위해 글을 입력하는 것이다.

우선 많이 읽어야 한다. 들어가는 만큼 나온다. 결국 글이란 내가 가진 언어를 나열하는 것이다. 내가 가진 언어자체가 적으면 쓸 것도 적다. 비트겐슈타인은 '언어의 한계가 내 세계의 한계'라고 했다. 경험(독서)의 폭이 작으면 딱 그만큼만 세상을 이해할 수 있다.

우리는 대화 속에서 너무 쉽게 '안다'고 말하고 퉁치며 넘어가는 경향이 있다. 어떤 사물, 개념을 '안다'라고 하면 그것을 정의하고 설명할 수 있어야 하는데, '안다'고 말한 사람에게 설명을 요구하면 얼버무리거나 화를 내거나 하는 식이다. 말이라면 가능하지만, 글은 대충 넘어갈 수가 없다. 글이 잘 써지지 않을 때는 글재주가 없는 것이 아니라 내가 쓰고자 하는 바를 잘 모르는 경우가 많다.

리더십 교육을 진행하며, 리더들에게 각자 생각하는 '리더십'에 대해 적어보라고 한다. 어려워하는 리더들이 많다. 리더십이 중요하다고 말하면서도 정작 무엇이 중요한지 모르는 것이다. 그래서 '리더의 책상에 리더십 책 한 권은 있어야 합니다'는 메시지를 드린다.

좋은 글을 읽어야 한다. 여기서 좋은 글은 적당히 길고 나에게 맞는 글을 말한다. 먼저 의도적으로 긴 글을 읽을 것을 권한다. 적어도 칼럼 정도의 글밥이어야 한다. 짧은 글만 읽으면 그런 글만 나온다. 모바일 콘텐츠의 길이는 점점 짧아지고 있다. 간단한 정보와 짧은 소회의 나열이다. 이런 글들은 의미 없는 시간낭비보다, 나의 뇌를 그 정도 호흡에 맞게 트레이닝 시킨다는 문제가 있다. 사람들은 긴 글을 점점 읽기 어려워하고, 잘 못 읽는다. 빨간펜 선생님으로 조롱받는 리더들이 많다. 후배 직원이 아무리 훌륭한 보고서를 올려도 리더가 그것을 이해하지 못한다면 문제다. 맥락을 못 읽고, 형식이나 문법 트집만 잡아서는 곤란하다. 이런 리더가 좋은 글을 쓴다는 것은 어불성설이다.

나에게 맞는 것을 읽어야 한다. 특히, 비즈니스 글쓰기라면 더욱 읽기가 중요하다. 에세이나 소설 등은 경험만으로도 좋은 글을 만들 수 있다. 반면, 비즈니스에서의 글쓰기는 일상의 경험보다 업에 맞는, 선택적이고 조작적인 읽기가 필요하다. 낭만적인 소설이나 영웅심 가득한 무협지를 읽으면서 간결하고 논리적인 글을 기대하긴 어렵다. 단순히 길고 재미있는 글은 '책 읽는 뇌'를 훈련하는 과정이나, 취미로서 적합하다. 비즈니스 글쓰기의 가장 큰 특징은 '특정 분야'에서 '목적'이 있는 정보와 의견으로 상대방을 '설득'시켜야 한다는 점이다. 이 관점에서 의미 있는 인사이트와 정보를 함유하는 글을 읽어야 한다.

잘 읽어야 한다. 그래야 내 것이 된다. 우리는 예전보다 더 많은 글을 보며 생활한다. 그러나 그것은 '본 것'이지 '읽은 것'이 아니다. 지나치듯 보지 말고 꼼꼼히 읽어야 한다. 좋은 문장을 발견하고 행간을 이해하도록 노력해보자. 글의 구조를 살펴보자. 어떤 전개로 자신의 논리를 펴고 있는지 살펴보자. 이런 노력을 반복하다보면 내 글을 쓸 때 자연스럽게 활용할 수 있게 된다. 읽은 글에 대한 나의 의견과 소감을 정리해 본다면 금상첨화겠다. 쓰지는 않더라도 생각하는 연습을 해두면 좋다.

당연한 소리를 정성스럽게 길게 했다. 누구나 아는 것을 이렇게 까지 풀어서 말한 것은 첫째, 안다면서 잘 모르는 경우가 많기 때문이고, 둘째, 알고 있으되 그 문제를 외면하고 있기 때문이다. 바로 알고 바로 보는 리더, 글 앞에서 당당한 리더가 많아지길 바란다.

리더는 먼저 자기 자신을 믿어야 한다

Hope
류호택 고문·경영학 박사

“제 부하들은 열정이 없습니다. 시키는 일만 합니다. 믿고 맡길만한 놈이 한 놈도 없습니다.” 라고 말하는 리더라면 먼저 자신에게 “이런 조직문화는 누가 만들었습니까?” 라고 질문해 보라.

히딩크 감독은 약체로 평가받던 한국축구팀을 월드컵 4강에 올려놓은 후 국민 영웅이 되었다. 박항서 감독은 아시아 축구에서 명성을 얻지 못하던 베트남 축구팀을 이끌고 스즈키컵 우승을 차지해서 베트남의 영웅이 됐다. 이들 두 감독은 하위 팀으로 평가받던 선수를 이끌고 기적을 만들어냈다. 이런 리더는 먼저 구성원들의 가능성을 믿는다.

파워풀의 저자이며 넷플릭스의 인사담당 중역이었던 패티 맥코드는 “리더는 직원들에게 권한을 부여하는 것이 아니라 구성원들이 충분한 역량을 보유하고 있다는 사실을 상기시키고, 그들이 실제 힘을 행사할 수 있는 상황 조건을 만들어 주는 것이다” 라고 했다. 그는 구성원들이 얼마나 엄청난 힘을 발휘하는지 경험해 보라고 하면서 “회사가 직원들을 어른으로 대할 때, 직원들도 어른으로서 행동한다.” 고 주장한다.

구성원들을 어른으로 대하려면 리더 스스로 먼저 자신의 가능성을 믿어야 한다. 자신은 조직을 잘 이끌 수 있는 충분한 잠재력이 있으며,

구성원들의 장단점을 객관적으로 파악하고 그들의 장점을 살릴 수 있는 리더라는 믿음을 가져야 한다. 이런 믿음을 겉으로만 피상적으로 표현해선 안 된다. 마음 깊은 곳에서 울림이 있어야 한다.

어떤 리더라도 자기감정을 완벽하게 숨기지 못한다. 자신의 내면의 마음은 얼굴에 나타난다. 관심을 기울이지 않더라도 직관적으로 알 수 있다. 우리는 이미 어렸을 때 이를 경험했다. 부부싸움을 하던 도중 어린 자녀가 들어왔을 때 싸움을 멈추고 싸움을 안 한 것처럼 연극을 하더라도 애들이 금방 알아차리고 자기 방으로 조용히 사라진다. 여러분도 이런 경험이 있지 않던가.

부하에게 열정이나 비전 없음을 비난하기 전에 먼저 리더 자신이 자기 일에 대한 열정과 비전을 가지고 있어야 한다. 반드시 이뤄진다는 확고한 신념의 비전을 열정적으로 추진해야 한다. 이런 태도가 구성원들에게 전달된다. 구성원들이 비전 달성의 가능성을 믿게 된다. 구성원들이 열정이 없다고 말하기 전에 "나는 이 일에 열정을 가지고 있는가? 성공을 믿고 있는가?" 라는 질문에 확실하게 대답할 수 있어야 한다. 리더 자신이 열정을 느끼지 못하면서 구성원들에게 열정을 기대하는 것은 '죽은 자식 불알 만지기'이다.

리더의 역할은 구성원들의 재능을 발견해서 개발해 주는 것이다. "어느 부분에 재능이 있는지 발견하지 못할 뿐, 인간의 가능성은 무한하다" 라고 한다. 우리는 평생 자기 뇌의 10%를 사용한다고도 한다. 자신의 재능을 발견한 후 지금의 두 배인 20%의 자기 뇌를 사용한다면 우리는 모두가 천재가 될 수 있다는 말이다.

조직문화는 외부에서 망쳐 놓은 게 아니다. 리더 자신이 그렇게 만든 것이다. 리더가 자신을 의심하고 부하도 의심하면 의심하는 일이 현실이 된다. 알렉산드로 뒤마는 "자신을 의심하는 사람은 마치 적군에 가담하여 자신에게 총을 겨누는 사람과도 같다." 고 했다. 존 하첸은 "단순한 진흙이라도 뛰어난 도공의 손에 들어가면 아름답고 유용한 것이 된다." 고 했다.

탁월한 업적을 이룬 리더는 절망 속에서도 희망이 있다는 자기 믿음으로 무장하고 행동하면서 성공담을 만들어낸다. 훌륭한 리더는 깊은 절망 속에서 우리의 가슴을 저미게 하는 난관을 극복한 성공신화를 만들어낸다. 몰입의 저자 황농문은 며칠 동안 고민하던 수학 문제가 어느 날 아침에 풀리듯, 어떤 문제라도 깊게 집중하면 반드시 해결책을 찾을 수 있다고 주장했다.

성공한 사람들의 공통점은 '그 사람은 어떤 일을 하더라도 성공할 것이다.'라는 말을 듣는다. 성공 경험을 한 사람은 자신은 어떤 일을 해도 성공할 것이라는 믿음으로 일을 한다. 그러니 성공할 수밖에 없다.

실패할 것이라고 믿는 사람은 실패할 수밖에 없다. 부정적 생각이 실패의 기운을 빨아들이기 때문이다. 구성원들도 이를 감지한다. 실패를 암시하면 실패를 느낀다. 성공을 믿는 사람은 성공에 도움이 되는 해결책을 발견하지만, 실패할 것이라는 믿음을 갖게 되면 밝은 생각이 들어오지 못한다.

한 명 이상의 부하를 거느린 리더라면 자기의식을 천년기업 사장 수준으로 끌어 올린 후 이미 천년기업가가 됐다는 자기 믿음을 가지고 조직을 이끌어보라. 보이지 않던 것들이 보이기 시작한다. 지금과는 전혀 다른 리더십을 발휘하게 된다. 새로운 돌파구가 보인다. 이런 자기 믿음을 통해 성공스토리를 만들면 사람들을 감동하게 할 수 있지 않겠는가.

이상이 일상이 되려면

James
홍국주 책임 컨설턴트

"조직은 리더의 크기를 넘어설 수 없다." 한 명의 훌륭한 리더가 조직에서 얼마나 중요한지를 단적으로 보여주는 문장이다. 먼 역사를 살펴봐도 그렇다. 멀지 않은 과거를 되돌아봐도 마찬가지다. 리더가 가지는 영향력이 얼마나 큰지, 한 명의 최상의 리더가 조직을 살리기도 하고 한 명의 최악의 리더가 조직을 망하게도 한다. 조직이 꿈꾸는 이상을 실현시킬 수 있는 존재가 바로 리더이다.

리더가 중요하다는 것만큼 설득하기 쉬운 것이 있을까? 뒷받침하는 어떤 증거를 제시하지 않아도 대부분의 사람은 이 사실에 수긍한다. 그 이유는 우리 모두 이미 각기 다른 리더들을 경험했기 때문이다. 데어나서는 부모라는 리더를, 학교에서는 교사라는 리더를, 조직에서는 다양한 이름으로 불리는 리더들을 말이다. 수많은 리더와의 만남 속에서 우리는 자연스럽게 리더가 가지는 영향력과 중요성을 이해하고 받아들인다.

리더가 조직에서 이렇게 중요하다면, 리더에게 중요한 것은 무엇일까? 물론 리더십이다. 이것은 너무나 당연한 이치이다. 리더가 리더십에 대해서 생각하고 배워야 하는 이유는 단 하나이다. 리더에게 리더십이 중요하기 때문이다.

그런데 참 아이러니한 사실이 있다. 조직에게 리더가 중요하고 리더에게는 리더십이 중요한데, 리더는 중요하게 생각하면서 리더십을 함양시키는 리더십 교육은 중요하게 생각하지 않을 때가 있다는 것이다. 이미 교육은 충분히 받았기 때문에 더 이상의 리더십 교육은 필요 없다고 주장하는 리더가 있다. 시간도 자금도 여유가 없는데 무슨 리더십 교육이냐면서 실적 올리기에 급급한 조직도 있다. 이들은 마치 리더십이 리더의 자리에 오르면 저절로 생기는 것으로 생각한다. 오래 리더의 자리에 있으면 저절로 함양되는 것으로 여긴다. 양치질을 40년 동안 했다고, 걷는 것을 40년 동안 했다고 양치질의 전문가가, 걷기 전문가가 되는 것은 아닌데 말이다. 정말로 당신이 속한 조직의 리더들은 성장하고 있다고 생각하는가?

누구나 리더가 될 수는 있지만 아무나 리더십을 발휘할 수 있는 것은 아니다. 조직이 리더에게 아무것도 하지 않으면 결국 아무것도 일어나지 않는다. 훌륭한 리더를 원한다면 그들의 리더십을 변화시킬 수 있는 리더십 교육이 수반되어야 한다. 그리고 리더십 교육의 지향점은 행동의 변화여야 한다. 리더를 단순히 생각하게 만들고, 계획하게 만들고, 목표를 세우게 하는 것만으로는 불충분하다. 생각도, 계획도, 목표도 결국 행동이 아니기 때문이다. 결국 실행하는 행동만이 리더십을 만든다. 따라서 리더십 교육은 리더들의 일상의 행동에 집중해야 한다. 그리고 구체적인 how-to에 집중해야 한다. 단순히 리더십에서 무엇이 중요하다는 것으로 끝나는 것이 아니라, 구체적으로 무엇을 어떻게 행동해야 하는지를 제시해야 한다. 무엇보다도 단발성으로 끝나는 단순 이벤트가 되어서는 안 된다. 리더십 교육은 길고 깊게 장기적 관점에서 지속되어야 한다.

그럴 때, 리더는 비로소 훌륭한 리더로 성장할 수 있다. 무엇이 과연 훌륭한 리더인가? 사람들의 마음을 움직여서 목표를 달성하고 조직의 미래를 준비하는 리더가 훌륭한 리더이다. 더 좋은 방향으로 차이를 만드는 리더가 훌륭한 리더이다. 그리고, 간극의 차이를 좁히는 리더가 훌륭한 리더이다. 성장만을 추구하지도, 안정만을 추구하지도 않고 둘 사이의 간극을 좁힘으로써 균형을 맞추는 리더. 구성원이 기대하는 역할과 스스로가 인식하는 역할과 실제로 수행하는 역할 사이의 간극을 좁히는 리더. 마지막으로 조직이 꿈꾸는 이상과 현재의 일상 사이의 간극을 좁히는 리더가 정말로 훌륭한 리더이다. 당신의 조직이 꿈꾸는 이상이 일상이 되도록, 우리가 꿈꾸는 이상적인 리더의 모습 또한 일상이 되도록 리더십 교육을 다시 점검해 보길 바란다.

리더의 글쓰기, 애자일 쓰기

Sunny
김선영 수석 컨설턴트

경영계에 애자일 열풍이 거세다. SW개발 방법론인 애자일은 좀 더 빠르고 유연하게 시장과 고객에 대응하기 위해 2000년대 초반부터 모습을 드러냈다. 2001년 발표된 애자일 선언에서 드러나듯 '상호작용, 작동하는 제품, 고객과의 협력, 변화의 대응'에 가치를 둔다. 이것은 VUCA(변동성Volatility, 불확실성Uncertainty, 복잡성Complexity, 모호성Ambiguity)시대의 경영에 중요한 전략지침이 된다. 그래서 애자일을 자기 조직의 구조와 문화, 프로세스에 담고자 경영자의 관심과 노력이 몰리는 것이다.

이런 애자일 방법론은 이 시대의 경영 뿐 아니라 글쓰기에도 많은 영감을 준다. 특히 개인의 창작물이 아닌 비즈니스 글쓰기에 그렇다. 단순히 경영의 흐름과 전략에 발맞춰 쓰이는 것이 비즈니스 문서이기 때문이기도 하거니와, 비즈니스 문서가 갖는 본래 속성 상으로 유의미하다. 첫째 비즈니스문서는 개인이 아닌 팀의 결과물이라는 것, 둘째 고객-독자의 피드백에 빠르게 반응해야 한다는 것, 셋째 결과물이 독자를 설득시켜야 한다는 것이다.

그러나 실제 현장에서는 매우 단편적인 함께 쓰기가 존재할 뿐이다. 각자 파트를 나누어 작성한 후에 합치기만 한다든가, 글 잘 쓰는 한 명이 펜잡이를 하고 팀장이 훈수를 두는 식이다. 이런 결과물은 '집단 지성의 힘이 반영된, 부서원 전체 의견을 대표하는 글'이라고 보기 어렵다.

그렇다면 독자의 피드백을 반영하며 변화에 대응하는 함께 쓰기는 어떻게 가능할 것인가? 이것은 상반되어 보이는 개념 중 하나를 취사선택하는 것이 아닌, 둘다 끌어 안아야 하는 작업이다. 상호 존중하면서도 가감없이, 혼자인 동시에 함께, 짧지만 길게 해야 한다.

함께 쓰는 멤버 간에 존중과 동시에 사탕발림 없는 솔직함이 필요하다. 지위고하를 불문하고 한 사람, 한사람의 의견을 귀중하게 생각해야 한다. 모든 의견에 나름의 이유가 있음을 받아들여야 한다. 동시에 각자의 의견을 모아 하나의 글로 만들 때는 치열한논쟁이 필요하다. 이 때는 양보 없이 좋은 결과를 위해 나아가야 한다. 인신 공격을 하라는 것이 아니다. 논리와 논리로서 대면해야 한다. 이 과정에 상처를 주지도 않아야 하지만 받지도 않아야 한다. 의견과 싸우지 사람과 싸우지 않아야 한다.

혼자 쓰기와 함께 쓰기를 동시에 해야 한다. 함께 한다고 해서 개인이 힘을 빼면 안된다. 각자의 공헌이 중요하다. 결국 쓴다는 작업은 혼자 대면해야 하는 과제이다. 무임승차는 허용되지 않는다. 가치와 설득이 필요한 사항은 합의과정에서 충분히 논리와 동의가 생겼을 것이다. 담당이 그것을 글로 옮기면 된다. 어떤 부분은 나누어 혼자 쓰기를 할 수 있다. 그러나 여기서 끝나지않는다. 탈고 과정에서 내가 보지 못한 지점을 동료가 보완해줄 것이다.

피드백 주기는 짧게, 그렇지만 사이클은 계속, 길게 지속되어야 한다. 피드백은 크게 두 가지로 볼 수 있다. 함께 쓰는 사람들간의 상호작용으로서의 피드백과 고객에게 받는 피드백이다. 이두 피드백 모두 주기가 짧아야 하고 빠르게 반영해야 한다. 글을 다 보여주기 전에 상사에게 짧은 말로 의견이나 방향성을 확인해 보자. 그리고 이 과정을 꾸준히 계속 해야 한다. 보통 문서를 마감일 직전에 제출하는 경우가 있는데 여러 번의 피드백이 오간 것에 비하면 결과물이 좋을 리 없다. 애자일은 사이클을 계속 반복하는 것, 그리고 앞선 프로세스의 결과물을 그 다음에 반영해 성장해 나갈 때 의미가 있다.

무엇보다 애자일의 핵심은 수용이다. 변화에 대한 수용, 모호함에 대한 수용, 다름에 대한 수용. 특히 팀을 이끄는 리더의 수용성이 중요하다. 기존의 성공 경험만 생각하고 새로움을 받아들이려 하지 않는 리더, 멋진결과와 성공보다 자기 자리를 중요하게 생각하는 리더, 독선적인 리더가 팀을 망치고 글을 망친다.

리더여! 본인을 의심하고 집단의 힘을 믿어라. 달콤한 과거보다 미지의 세계로 나아가라. 멀리 가려면 함께 가라.

진보 향한 동인(Drive) 갖춘 탁월한 리더

Victor
이긍호 고문·리더십 연구소장

오늘날의 경영환경에서 모든 면에서 남보다 탁월한 리더에게는 다른 특징이있다. 이것을 알아보기 전에 약간의 인지심리학에 대해 이야기 해보자. 심리학에서 가장 파악하기 어려우면서도 오래된 질문 중의 하나가 '왜 어떤 사람들은 일반적인 사람들보다 더욱 동기부여가 될까?' 하는 질문이었다.

하지만 어떤 한 가지의 이론도 탁월한 리더의 동인drive 뒤에서 발휘하는 동기부여에 대해 만족한 답을 주지는 못했다. 루즈벨트Rusbelt의 투자이론과 같은 경우 이미 우리 내부안에 투자되어 있는 요소 때문이라고 말하고 인지적인 평가이론은 우리의 동인은 우리의 생존을 조절하기 위해 필요한 니즈로부터 나온다고 제안하며, 기대이론은 개인의 능력과 기대되는 보상과의 혼합이라고 주장한다.

필자가 보아온 탁월한 리더들은 성취를 향해 내재화되어 있고 어떠한 도전도 감수하고 성취하기 위한 스스로의 능력에 자신감을 갖고 있다는 걸 보여준다. 애니플 리더는 금전적 이득이나, 지위 그 자체를 얻거나, 자신들이 쏟은 시간이나 노력에 대한 투자의 회수를 바라거나 하는 것으로 동인이 발휘되지는 않는다. 그들은 올바른 목표를 추구하며 어떤 것을 만들어 가는 것에 대해 동기부여를 일으킨다. 그들은 동인 그 자체를 갖고 있는 것이 아니라 성취 또는 진보를 향한 동인을 갖고 있다.

결과 자체가 아니라 업무 속에서 진보를 찾아낸다. 새로운 도시로 이사하게 되면 새로운 친구를 사귀기 위한 동인이 발휘되어 친밀감 동인을 가지고 행동하게 된다. 그러나 몇 년후 그 사회에 적응하게 되면 우리의 동인은 생존을 넘어 남보다 더 나은 업적 달성이 동인으로 전환된다. 그후 성공을 하게 되면 우리의 동인은 파워포지션을 확보하는 쪽으로 전환될 수 있을 것이다. 한 리더가 어떻게 권한을 차지하는냐 하는 것 자체는 탁월한 리더가 권한을 차지하는 것에 대해 전부 설명해 주지는 못한다.

물론 탁월한 리더도 막강한 포지션을 추구한다. 파워포지션을 갖기 위해 애쓰는 것은 다른 리더와 같지만 차별점은 어떻게이다. 파워플레이어는 때때로 타인을 억눌러서 스스로를 높이며 자신의 위치에 도전할 가능성이 있다면 지체없이 제거한다. 탁월한 리더는 그렇게 행동하지 않는다. 그의 비전은 개인적 파워의 저 너머에 있다. 그는 실행에 불을 붙이며 좀 더 큰 어떤 것을 창조하고 자신을 향상시켜 나간다. 애니플 리더는 가치있는 인간이 노력할 만한 자신의 커뮤니티를 만들기를 원한다. 때때로 높은 곳에서 눈에 띄거나 선두에 서기도 하지만 항상 그렇게 행동하지 않기도 한다. 다른 파워플레이어가 다가와서 방해라도 하게 되면 바로 대응하는 것이 아니라 자신만의 목표를 확실하게 결정하고, 더 열심히 그리고 더 빠르게 일을 해나간다. 이러한 점 때문에 사람들이 이들을 존경하고 사랑하게 된다. 그들의 동기는 순수하고 정당하며 솔직하고 자신에 탐닉하지 않으며 진솔한 특징이 있다.

그는 올바른 과업을 바라보며 자신의 이익을 추구하는 과업을 바라보지 않는다. 또한 인간적인 노력에 격려를 받고 타인을 동기부여시키며 안전지대를 넘어서서 과감한 성취를 향해 동인을 발휘한다. 탁월한 리더는 영혼을 공유하며 올바르고 거기 있기 때문이며, 결과적으로 진보를 갖고 오는 보상이 있기 때문에 기꺼이 위험을 감수하며 도전해 나간다. 긍정적인 태도를 바탕으로 실천적인 성취를 향한 동인을 결정짓는 요소들이 있는데 이것은 문화적인 충격, 심리적인 신념 그리고 육체적인 에너지의 3가지이며 이것을 얼마만큼 크고 절박하게 갖고 있느냐에 따라 동인이 긍정적으로 발휘되느냐를 결정짓는다.

문화적인 과거의 삶에서 삶을 바꾸어 놓을만한 개인적인 경험 중에서 자신이 잘 겪어냄으로써 좋은 결과를 가져왔던 충격을 말한다. 결국 이러한 충격적인 경험이 여러번 축적되면 긍정적인 자기확신을 바탕으로 안정적인 자기신념을 갖게 된다. 인간의 감정을 관장하고 있는 뇌의 대뇌변연계와 동인drive를 관장하고 있는 부분이 같다는 것이 밝혀졌다. 우리의 신념으로부터 동인이 나온다. 이렇게 발휘되는 육체적인 에너지가 뒷받침되어야 지속적으로 지치지 않고 실천해나가는 동인이 작동하게 되는 것이다.

리더의 글쓰기:
인생이라는 여행에서 관광객과 여행가

Sunny
김선영 수석 컨설턴트

누구에게나 시간은 한정되어 있다. 그 시간 안에 최대한 많은 것을 이루고 싶은 것이 자연스러운 인간의 욕심이다. 많은 것을 이루기 위해 많은 일을 하면 되는 것일까. 한 분야에 매진해서 높은 경지에 오르면 되는 것일까. 어떻게 하면 나에게 주어진 시간, 인생을 잘 살 수 있을까.

며칠 전 여행을 다녀왔다. 이번 여행은 이틀이라는 시간 외에 정해진 것이 없었다. 첫 번째 드는 질문은 '어디로 갈 것인가', 행선지를 정하는 것부터다. 그런데 이 질문에 답을 하자니, '내가 이틀 동안에 얻고자 하는것이 무엇인가'에 먼저 답을 해야만 했다. 목적지를 정하고도 '가방에 무엇을 챙길까' 고민한다.

이 질문에 답을 하자니 '도착해서 무엇을 할 것인가'라는 질문이 따라왔다. 하고 싶은 것은 많았으나 당연히 이틀 안에 모두 다 할 수는 없는 노릇이었다. 이틀 동안 한적한 곳을 찾아, 바람을느끼고, 파도소리를 듣고, 하늘을 보고자 했다. 늦잠을 자고 느긋하게 먹고 마시고자 했다.

그런데 돌아오는 비행기에서 작은 후회가 밀려왔다. '더 천천히 움직일 것을. 다른 곳 보지 말고 한 군데에만 머무를 것을. 차 렌트를 괜히 했네.' 그러다 문득, 인생이 여행과 같다는 생각이들었다. 인생을 관광

하는 사람과 여행하는 사람들이 떠올랐다.

관광觀光은 '빛을 본다'는 뜻으로 타국의 풍광 등을 관람하는 것을 뜻한다. 영어에서는 라틴어의 Tornus(회전)가 짧은 동안의 여행을 뜻하는 Tour로 변해, 여기저기 돌아다니는 것을 의미한다. 짧게, 이곳저곳을, 둘러보며 즐기는 것이다.

여행旅行은 나그네가 길을 떠난다는 비교적 평의한 단어다. 그러나 지금처럼 문명이 발달하기 전에 길을 떠나는 것을 떠올리면 그리는 이미지가 달라진다. 집 떠나면 고생이다. 영어 Travel의 어원 또한 맥을 같이 한다. 라틴어 Travail은 고생, 그것도 아주 힘든 고생을 의미한다. 그 힘든 고생을 굳이 할 때는 이유가 있다. 가고자 하는 방향이나, 이루고자 하는 바가 있을 때 길을 떠나기 마련이다.

관광에는 손님客이 붙는다. 여행에는 객客도 쓰지만 가家를 붙일 수 있다. 우리가 흔히 집 가家로읽는 이 한자는 한 분야에 정통한 사람, 전문가를 칭할 때 붙이기도 한다. 똑같은 장소에 가본다 해도 손님과 전문가의 입장은 다를 것이다.

나는 늘 더 많은 것을 경험하고 이루고 싶어 종종거렸다. 스케줄이 없는 날이 없었다. 바쁘다는 말을 입에 달고 사는 것을 즐겼다. 그러나 무엇 하나 뜻대로 되는 바가 없었다. 여러 경험을 통해 다양성을 수용할 수 있는 넓은 관이 생겨 좋기는했으나, 딱히 무엇을 이루었다고 말하기는 어려웠다.

후회와 아쉬움이 남았다. 성격 상, 감정의 찌꺼기를 남겨두지 않으니 앞으로 나아가는 데 문제는 없으나 같은 방식으로 계속 나아가는 것은 발전 없는 반복일 뿐이라는 생각이들었다. 그동안 단체 관광객 같이 인생을 살지 않았나 돌아보았다. 더 많은 곳을 보기 위해 버스에 타고 내리고, 남들이 좋다는 곳을 가보고 싶어하고. 짧은 시간 동안 슥 보고 이내 떠나 버리고.

숨 한 번 크게 쉬고, 눈 크게 뜨고, 마음과 몸을 열어 상황을 그대로 보고 느끼고 받아들이는 데 고작 몇 분이면 충분하다. 달리다 잠깐 멈추어 주위를 둘러보고 나를 돌아봐도 아무일 일어나지 않는다. 쫓아오는 사람 없고 앞질러 갈 사람도 없다. 모두 각자의 길을 가고 있으니 나도 나의 길을 내 속도대로 가면 그만이다. 그러다 마음에 드는 곳이 있으면오래 머물러도 좋을 것이다. 방향성 없이 빨리 가기만 한다고 그 끝에 뭐 없다. 모든 것은 과정일 뿐. 지금 이 순간을 즐기자. 가는 길 한 걸음 한걸음이 즐겁고 충만하도록.

의사결정력 넘어 분별력 갖춰라

Victor
이긍호 고문·리더십 연구소장

분별력은 즉각적인 올바른 의사결정을 할 수 있는 판단력보다는 상위개념으로서 다양한 변화 속에서도 일정한 원칙하에서 실천 가능한 방안을 도출해 낼 수 있는 능력이라는 의미다. 즉 타협하지 않는 가치와 타협할 수 있는 행동을 동시에 실천해 나갈 수 있는 능력을 갖추어야 한다. 기민한 의사결정이 필요한 애자일 조직에서 자칫하면 바쁘게 허둥대다가 기회를 놓쳐버리는 잘못을 범할 가능성이 많다. 이러한 잘못된 의사결정을 하지 않기 위해서는 리더 자신이 새로운 우선순위와 비즈니스 변화를 받아들일 기본적인 능력을 바탕으로 불확실한 주위 환경 속에서도 변화를 이끌어 나갈 수 있는 분별력 있는 리더가 되어야 한다.

이 속에 역설이 숨어있다. 일관성을 가지고 확고한 위치 속에 있으면서도 변화에 능동적으로 대처해 나가는 것이다. 분별력을 갖춘 리더는 이 역설을 잘 관리해 나간다. 다시 말해 가치와 생각은 일관성을 갖되 행동에 있어서는 변화에 개방적으로 대처해 나가는 것이다. 여기서 한 예를 살펴보자.

요트는 빠르게 움직이는 배이다. 바람을 사용하여 돛을 조종함으로써 물살을 밀어내며 앞으로 나간다. 돛을 재빨리 그리고 공격적으로 돌리기도 하고 갑판 위에 있는 많은 로프를 당겼다가 놓기도 하면서 배를 효과적으로 조종해 나간다. 뱃머리에서 바라보면 수많은 로프와 각종 부품들을 잽싸게 조절해 나가는 과정이 매우 흥미롭기까지 하다. 바람은 일정하지 않기에 이 많은 부품들은 당연히 필요한 것이다. 어느 때라도 항상 잘 조종할 준비가 되어 있어야 한다. 만약 준비되어 있지 않거나 할 줄 모른다면 항해코스를 이탈하여 어찌될 줄 모르기 때문이다. 요트의 또 다른 매우 중요한 킬(용설)이라 불리는 파트가 있는데 이것은 선체 밑바닥에 붙어있는 매우 견고한 구조물이다. 킬은 수면 깊이 들어가서 요트의 균형을 잡아주고 전복하지 않도록 지지하며 바람에 저항하면서 항해하도록 도와주는 파트이다. 선체의 기초를 이루며 매우 견고하기에 배가 크면 클수록 킬도 커진다.

일관성과 용인성을 모두 갖춘 분별력있는 리더는 이 요트를 조정하는 것과 같이 행동한다. 표면적으로는 받아들이고 행동도 재빠르며 바람의 기울기에 따라 적절하게 상황을 변화시키나 내부적으로는 일관성 있고 견고하다. 분별력을 갖춘 애니플 리더는 강력한 개인적인 킬을 가지고 자신을 일관성 있게 지켜나간다. 깊게 자리잡은 핵심가치와 원칙을 가지고 강한 바람이 닥칠 때 자신을 견고하게 세워나간다. 변화하는 상황에서 즉각적으로 적응할 수 있는 장비들 즉 광범위한 스킬과 재능, 유용하게 사용할 수있는 자원들과 신속한 액션이 가능한 도움을 주는 많은 사람들을 갖추고 있다.

당신 자신이 아무리 큰 변화가 닥쳐도 당신을 똑바로 세울 수 있는 당신만의 가치가 무엇인가를 아는 것이 매우 중요하다. 당신의 의사에 반하는 결정을 해야 할 시점에서 당신의 견고한 흔들리지 않는 가치를 가지고 토론하고 논쟁하며 결국 변화를 이끌어 낼 수 있게 되는 것이다. 핵심가치는 당신의 신념으로부터 나온다. 아울러 확고한 신념과 가치 속에서도 기꺼이 조정하고 변화를 줄 수 있는 자신만의 리더십 작동방법을 갖고 있어야 한다. 애니플 리더는 자신의 손을 내밀어 타인을 도우며 전면에 나서서 후배의 손목을 끌어당기며 기꺼이 같이 문제를 해결해나간다. 한 집단만을 생각하는 것이 아니라 전체를 위한 결정이 무엇인가 하는 것에 가치를 두고 이를 실천해나가며 결국에는 모두에게 이익을 가져오게 된다.

아울러 과도한 의심이나 과도한 확신의 두 극단에 치우치지 않는다. 진보를 향한 열망은 스스로를 과도한 의심을 하는 상황으로 몰아넣기 전에 객관적인 판단기준으로 확실히 좋은 선택방안을 포착하는 기회를 찾아내게 된다.

결과적으로 시기적절하고 사려깊은 의사결정이 가능하게 되는 것이다. 분별력을 갖춘 리더가 되기 위한 조건을 요약하면, 당신의 핵심가치와는 타협하지 않는 의사결정을 하라. 주어진 상황에서 좋은 결과를 가져오기 위해 조정해 나가면서 의사결정을 해라. 전체 다수를 위해 결정을 해라. 진보와 성장을 위해 과도한 의심이나 과신하지 않는 결정으로 접근하라는 4가지로 요약할 수 있다.

리더의 글쓰기:
이렇게 사소한 것까지 가르쳐야

Sunny
김선영 수석 컨설턴트

평소 알고 지내던 사업부장님께 연락이 왔다. 부서원들에게 기본적인 이메일 작성법에 대해 교육을 했으면 좋겠다는 내용이었다. '문제다'라고 느꼈던 실제 이메일 작성 건을 사전에 보내달라고 요청했다. 어떤 부분에서 개선이 필요하다고 느꼈는지 확인하고, 현재 부서원들의 수준에 따라 교육을 준비하기 위해서. 받아본 메일들은 형편없지는 않았지만 확실히 기본기가 없어 보였다.

우리는 업무 중 상대방의 커뮤니케이션 방식에 따라 '일을 잘한다, 못한다'를 이야기한다. 특히 이메일, 기획서 등의 텍스트 커뮤니케이션은 대충 넘어갈 수 있는 비언어적 요소(표정, 몸짓, 어투 등)가 없고, 명확하게 사물로서 남아있기 때문에 그 사람의 업무 능력을 파악하는 중요한 증거가 된다.

비즈니스 문서의 구성 요소를 형식과 내용으로 나누어 보자. 형식은 작성자, 혹은 작성자의 일하는 방식을 볼 수 있다. 형식은 조직의 관습과 문화에 영향을 받는다. 따라서 비즈니스 문서는 그 조직의 수준을 보여준다고도 할 수 있다. 내용은 작성자의 논리력, 문제해결력을 보여준다. 당면해 있는 비즈니스 현안과 고객에 대해서 작성자가 어떻게 생각하고 있고, 어떻게 해결해 나가려고 하는지 볼 수 있다.

처음에 '한 부서'라는 교육 대상이 어렵게 다가왔다. 신입사원 교육이라면 편하게 이야기 할 수 있을텐데, 신입부터 경력 10년이 넘는 부서원이 함께 있는 경우는 처음이기 때문이다. 이렇게 이메일 작성법 강의를 할 예정이라고 했을 때, 주위에서 '그렇게 사소한 것까지 알려주어야 하는가'라는 반응이었으나, 그럴수록 나는 '기본'에 집중하기로 했다.

이메일 작성 순서부터, 첨부, 수신자 설정은 어떻게 하는지와 좋은 제목은 어떤 것인지 이야기했다. 본문의 구조와 인사말과 마무리에 대해서도 함께 살펴보았다. 내용은 단순히 설명하는 것이 어렵다. 내가 받았던 이메일 예시들을 조별로 재작성하도록 실습하고, 이후 피드백 했다. 이어서 꼭 한 번 마지막에 다시 읽어볼 것을 강조했다. 맞춤법, 폰트, 가독성 등을 점검하고, 독자 입장에서 이 글이 타당한지, 설득력 있는지 살펴보도록.

교육 후 피드백을 통해 내가 어렴풋이 갖고 있던 생각이 맞았음을 확인할 수 있었다. '회사 다니면서 아무도 알려주지 않았다', '알았다면 지금까지 수 많은 실수들을 줄일 수 있었을텐데', '교육 하루 만에 문제 많던 직원 이메일 작성이 개선되었다'

이메일 작성 법은 '사소한 것'일수 있다. 그런데, 이 사소한 것이 업무 중에 계속 쓰이는 매너 및 스킬이라는 것. 그리고 사소하다는 이유로 아무도 알려주지 않는다는 것이 문제다. 그런 것쯤은 알고 회사에 들어왔으면 좋으련만, 그렇지 않다면 누가 알려줘야 할까? 당연히 조직과 리더의 몫이라고 생각한다. 조직에서 성과를 내기 위해 필요한 기술이라면 사소하더라도 확실하게 알려주고 가는 것이 맞다.

작년에 사소한 생활예절을 알려주는 도서가 화제가 되었었다. 주위에 예의 없는 친구들이 많아 열 받아 썼다는 책이다. 주위의 친구들이 나빠서 예절이 없었을까? 아니다. 밀레니얼 세대는 핵가족에서 자라, 조직 경험이 없는 채로 직장생활을 시작하게 된다. 따라서, 기성세대가 '당연히' 알고있는 사소한 것들을 밀레니얼 세대는 '의외로' 모른다. 이유는 단순하다. 아무도 알려주지 않았기 때문에.

미국의 유명 컨설턴트인 사이먼 사이넥Simon Sinek은 밀레니얼세대의 다양한 특성들을 언급한 동영상에서 조직과 사회에 이런 것들을 알려줄 책임이 있다고 말한다. 부족한 부분들을 서로 채워 나가야지 어떻게 하겠는가? 우리가 새로운 세대의 등장을 선택하거나 부정할 수 없다. 단순히 그들을 위해서가 아니라, 우리가 함께 나아가기 위해.

강점리더십의 네 가지 영역

Victor
이긍호 고문·리더십 연구소장

갤럽연구소에서 수년간 경영자를 대상으로 심층면접을 실시하였다. 면접에 응한 수많은 최고경영자들의 강점을 분석해 본 결과 각기 독특한 강점을 갖고 있었지만 이 특성들을 분류하고 구체화하여 다음의 네 영역으로 강점리더십 요소를 정리하였다.

실행력, 영향력, 관계 구축력 그리고 전략적 사고 이상 4가지 영역이다. 여기서 전제되는 것은 한 개인이 모든 영역을 가질 수는 없으나 팀의 차원으로 보면 네 영역에 속한 각 특성들을 골고루 갖추어야 한다는 것이다. 다시 말해 팀원 개개인의 능력을 모으면 위의 영역에 속한 특성들이 드러나야 한다는 것이 중요하다. 선발과정에서 경영자는 선발과정에서 자신도 모르게 자신과 비슷한 성향의 사람을 선택하는 경향이 있는데 이는 한쪽에 치우친 능력만을 가진 팀이 만들어질 수 있기 때문이다. 한 영역씩 특성을 살펴보자.

실행력이 그 첫 번째 영역이다. 여기에는 성취자, 조정자, 신념, 일관성, 신중함, 규율, 집중력, 책임감, 복원력이 강한, 이상 9가지의 특성을 말한다. 실행력 영역에 속한 강점 리더들은 사업을 어떻게 만들어가는지 알고 있다. 일이 완수될 때까지 쉼 없이 일한다. 좋은생각을 'Catch'하고 이것을 실현시킬 능력을 갖고 있다. 예를 들어 한 팀원이 신중하면서 규율적인 특성을 발휘하여 품질관리프로세스의 개선안을 제시하면, 다른 조정력을 가진 팀원이 타 부서와의 조정을 완성시키고, 다시 성취자가 끝까지 지치지 않고 최적의 프로세스를 완성시킨다.

다음은 영향력 영역이다. 행동가, 명령, 소통, 경쟁, 최적화, 자기확신, 의미부여, 지지 호소 이상 8가지의 특성을 말한다. 영향력 강점 영역 리더는 팀의 아이디어를 항상 조직의 내·외부에 판매하려고 한다. 명령과 자기확신이 강한 리더는 말은 많지 않지만 권위를 가지고 프로젝트를 지속해 나감으로써 결국 지지자들을 확보하며, 반대로 소통과 지지를 호소하는 리더는 개인적으로 도움을 주어서 편안함을 느끼게 해줌으로써 더불어서 일을 추진해 나간다.

다음은 관계 구축력 영역인데 여기에는 수용성, 개발자, 유대감, 공감력, 조화, 포용자, 개인집중, 적극성, 연결자 이상 9가지 특성이 여기에 속한다. 이것이 팀을 하나로 묶는 강력 접착제이다. 이 특성을 갖지 못한 팀은 팀이 아니라 개인의 집합일 뿐이다. 적극성과 조화를 발휘하여 방해요소를 최소화하여 팀의 집중적인 에너지를 고양해 일을 추진해나가면서 한편으로는 좀더 작은 단위의 업무목표에 접근하도록 개인별로 집중해 나간다.

마지막 영역은 전략적 사고인데 이 영역에는 분석, 전후맥락, 상상, 관념, 인풋, 개념, 학습자, 그리고 전략 이상 8가지가 이 영역에 속하는 특성이다. 전략적 사고의 강점을 가진 리더는 팀원들이 온 신경을 모아서 무엇이 가능할 것인지를 계속 찾게 만들도록 한다. 정보를 분석하고 흡입하여 더욱 나은 의사결정이 가능하도록 돕는다. 불확실한 환경

속에서도 팀원들의 생각이 계속해서 미래를 향해 뻗어나가도록 강점을 발휘한다. 이들은 전후맥락과 전략적인 특성을 발휘하여 과거의 사건이 어떻게 현재의 상황에 영향을 미쳤는가를 설명하고 미래의 가능성에서 최선의 루트를 찾아 길을 찾아 나간다. 성장가능성에 대한 무한한 기회들을 고찰할 수 있는 여러 정보들을 잘 엮어서 하나의 관념을 정리하여 인풋시켜 나가면서 계속 끄집어 내어 비즈니스 가능성을 제시해 나간다. 그러면 분석적인 요소를 가진 리더가 개략적인 그림으로 만들어 내고 팀은 드릴로 뚫어나가는 것같이 원인과 결과의 디테일을 완성시켜 나가는 것이다.

앞에서 언급한 것처럼 리더라면 위의 영역에 자신이 어느쪽이 강한지를 먼저 살펴보는 것이 중요하다. 한 조직이나 팀을 구성할 때 자신이 부족한 영역에 강점이 있는 인재를 골고루 섞어서 능력을 발휘하게 하면 조직목표 달성은 물론 개개인의 업무 만족도도 당연히 높아질 수 밖에 없는 것이다.

퍼포먼스 향상 원칙과 방법

Victor
이긍호 고문·리더십 연구소장

퍼포먼스 향상 원칙은 다음과 같다. 피드백은 모든 관계의 기초이며 팀원들의 사고방식, 느낌, 행동 그리고 반응에 영향을 미친다. 또한 성과는 지속적인 피드백을 요구받는다. 팀원들은 교정이나 시정보다는 격려받는 것을 더 선호하며 조직 안에서의 실질적인 파워와 에너지는 이러한 피드백의 관계를 통해 고양된다.

코칭의 가장 중요한 프로세스인 피드백이 결여되면 결코 개인의 능력을 최대한도로 끌어내어 최상의 퍼포먼스를 얻을 수 없다는 것을 확실히 믿어야 한다. 팀원들은 리더의 인정과 격려에 따라 자신의 성과를 위해 주고받는 거래가 형성된다. 어느 조직이든 신뢰와 소통 이 두 가지는 팀원 의견조사에서 항상 부족하다고 열거되는 조직의 문제이므로 어떠한 퍼포먼스 향상 프로그램도 이 두 가지에 초점을 맞추어야 한다. 리더가 제공할 수 있는 팀원의 삶에 가장 가치가 있는 것 중의 하나는 심리적인 안심을 보장하는 것이 가장 중요한 역할인데, 피드백이 결여된 조직은 팀원들이 스스로 피드백을 생산해 내고 그중 대부분은 자신들의 공포심에 기초한 내용이 대부분이다. 매일 출근하는 곳에서 이러쿵저러쿵 떠드는 내용 중에서 추측해내는 리더에 대한 내용들은 대부분 팀원들을 좌절시키는 내용이다.

리더가 팀원들을 의식적이든, 무의식적이든 무시할 때, 그들은 당신이 팀원들에 대해 전혀 관심없거나, 무시하거나, 오만하다고 생각하고 있다고 지레 짐작한다. 리더로부터의 비평만큼 팀원들의 야망을 죽이는 것은 없으며 능력은 비평이라는 빛으로 시들고 좌절이라는 꽃을 피운다. 아무리 좋은 의도로 하는 비평이라도 대부분 분노, 의기소침, 화 그리고 태업 등을 야기하게 되므로 팀원들이 고립되어 있거나 저평가 받고 있다고 느낀다면 그들은 당신의 리더십을 따르지 않을 것임은 자명하다. 결론적으로 직책에 관계없이 당신의 직무는 퍼포먼스 향상 코치임을 명심해야 한다.

이러한 퍼포먼스의 원칙에 의한 퍼포먼스 향상 방법은 다음과 같다. 우선 비평하기 보다 직접적인 기술된 서류나 보고서에 기초한 확실한 근거를 가지고 대화를 나누는 것이 좋다. 또한 팀원간의 무가치한 긴 대화보다는 고객과 함께하여 현장의 의견까지 수렴하는 양질의 소통이 가치가 있다. 피드백 실시할 때 주변의 모든 방해요소에 대응하기보다 개인별로 특화된 향후 퍼포먼스 향상 방법과 애로사항 해결방법에 집중하여 실시한다. 팀원들은 피드백을 받으면 항상 모르니 양해해달라는 어리광을 부리기보다 역량을 높일 수 있는 자기계발에 힘써야 한다. 비생산적이고 불필요한 미팅보다 포커스가 분명한 고성과 활동에 집중해야 하고 집단 퍼포먼스의 저평가의 결과에 대해 서로 비난하기보다 각 개인이 새로운 스킬을 개발하고 실습하는 데 서로 도와야 한다.

문장화되지 않은 각자의 해석이 다른 원칙을 설득시키려 하지말고, 시간이 걸려도 세세한 부분까지 분명한 원칙과 규칙을 만들고 계속 유지, 보완해나가야 한다. 전혀 다른 분야에 관심이 있는 사람들과의 대화로 불필요한 잡동사니로 채우기보다 같은 목표를 가진 조직안의 소통에 더 많은 시간을 할애하는 것이 필요하다. 공포를 감싸안고 감정에 치우치는 생각에서 탈피하여 매일에 기초한 데이타에 의지하는 사고방식을 선호해야 한다. 가정적이고 불확실한 소통보다 현실적인 소통궤적에 충실하게 판단해 나간다. 적절히 과업을 위임하고 시간분석으로 나타난 결과를 바탕으로 많은 시간을 소비하는 영역에 초점을 맞추어 개선해 나가며 한번에 한 가지만 할 수 있으므로 현재의 업무에 몰입한다. 몇몇의 목표들을 한 가지의 행동으로 통합하여 에너지를 절약하거나 때로는 덩치 큰 과업을 여러개의 수행 가능 과제로 쪼개어 적절히 배분하고, 업무단계의 단순화를 모색하여 유사한 액티비티를 그룹화하여 최적의 업무흐름이 가능한 시스템을 구축한다. 결론적으로 완벽함이 목표는 아니고 탁월함이 목표이다. 리더의 시간을 보다 생산적으로 사용하기 위해서는 탁월함을 추구하는 자신에게 엄격해야 한다. 매일의 시간중에 적은 시간이라도 투자해서 스스로를 평가한 후 낮은 가치활동을 없애고 높은 가치 창출을 위해 과감히 바꿔나가는 지혜가 필요하다.

리더의 글쓰기: 글쓰기의 시간관리

Sunny
김선영 수석 컨설턴트

비즈니스 문서 작성에는 늘 마감기한이 있기 마련이다. 이 마감기한의 위력은 대단한데, 첫 문장을 적어 내려가기도 막막하던 것이 데드라인이 다가오면 어떻게든 쓰게 되니 말이다. 이렇게 쫓기듯이 써서 기한 내에 잘 제출하면 다행인데 그렇지 못한 경우를 많이 본다. 문서의 품질도 좋을 리 없다. '좋은' 글에 대한 것은 뒤로 두고 글의 마감을 지키는 중요성과 방법에 관해 이야기해보고자 한다.

글은 마감 내에 못 쓰면 안 쓴 것이나 다름없다. 내가 노력해서 문서의 90%를 써 놓았다고 하더라도 마감을 지어 제출하지 못했다면 그것은 90%를 한 것이 아니라 그냥 0이 되고야 마는 것이다. 쓰다 만 글을 독자에게 보여줄 수도 없을뿐더러, 설령 보여준다 하더라도 결국 마저 써오라는 이야기만 들을 뿐이다.

비즈니스 문서는 문서로 끝나지 않는다. 비즈니스 문서는 협업을 위한 커뮤니케이션이다. 그러므로 문서 이후에 문서 내용을 실행하거나, 디자인하거나, 또 다른 문서를 작성하거나, 상사가 의사결정을 내려야 하는 등 다른 사람의 과업으로 연결된다. 내가 앞에서 시간을 잡아 먹으면 함께 일하는 사람의 시간을 그만큼 뺏는 것이 된다. 함께 일하는 것에 있어서 중요한 것은 상대방이 나를 예측할 수 있어야 한다는 것이다.

내가 어디까지 작업하고 있는지 수시로 공유하고, 마감 시점을 예측할 수 있도록 해주어야 한다.

그렇다면 어떻게 해야 마감 내에 글쓰기를 마무리 지을 수 있을까?

우선, 내가 얼마나 쓸 수 있는지 알아야 한다. 사람마다 글을 쓰는 방식이나 속도는 다르다. 글쓰기에 왕도는 없지만, 적어도 내가 어떻게 얼마나 쓰는지는 알고 있어야 시간을 계획하고 마감을 예측할 수 있다. 같은 사람이 쓰더라도 어떤 글을 쓰느냐에 따라 진행 속도가 달라지긴 하지만, 많이 써 본 사람은 자신의 작업량을 어느 정도 예측할 수 있다. 그러니, 당연한 이야기지만 평소에 글을 많이 써본 사람이 글쓰기의 시간관리도 잘할 수 있다. 단련된 경험을 이길 묘책은 세상에 없다.

빨리 쓰기 시작해라. 비즈니스 문서는 글의 내용과 구조를 먼저 정하고 시작해야 한다. 그런데 이렇게 틀을 잡아두고 난 후라도 첫 문장을 시작하기가 쉽지 않다. 썼다 지우기를 반복하기 일쑤인데, 우선은 생각나는 대로 마구 쓸 필요가 있다. 고치는 것은 차후에 하고 우선 머리에 있는 것을 다 쏟아내야 한다. 그 다음 정리를 하면 쓰는 나도 편하고, 글의 완성도도 높일 수 있다. 첫 문장부터 정성 들여 고민하고 써봐야 글 전체를 놓고 다시 봤을 때 버려야 되는 문장이 될 수도 있다. 또한 마감기한에 임박해서 쓰게 되면 실수도 있기 마련이거니와 탈고할 시간이 충분하지 않다. 글은 처음부터 정성 들여 쌓는다고 생각하지 말고 내 생각의 뭉텅이를 깎아내 조각한다는 느낌으로 접근해야 한다.

글쓰기의 시간관리에서 가장 중요한 것은 '독자의 니즈를 미리 파악하는 것'이다. 글쓰기 주문을 받아서 본인만의 뇌피셜(객관적인 근거가 없이 자신의 생각만을 근거로 한 추측이나 주장을 이르는 요즘 말로 뇌와 오피셜official의 합성어)로 열심히 작성해 봐야 잘못된 방향이었다면 삽질한 것이나 다름 없다. 처음부터 다시 쓰거나 대부분 내용을 수정해야 하는 고난을 겪고 싶지 않다면 미리 글을 주문한 사람과 충분한 커뮤니케이션을 해야 한다. 가장 분명한 방법은 '작은 글'을 써서 미리 보여주는 것이다. 글의 전체 구조와 주요 내용을 간단하게 적어 먼저 의견을 구한다. 이렇게 합의를 하고 글쓰기에 들어가면 적어도 '다시 써오라'는 이야기는 듣지 않을 것이다. 미리 합의를 하기 어려운 경우(대중이나다수의 직원에게 글을 쓰는 경우 등)에는 독자의 페르소나를 구체적으로 생각해보고 그 독자에게 말하듯이 쓰면 좋다.

이렇게 쓰고 있는 나 또한 매번 여러 마감에 쫓겨 급하게 글을 쓰는 경우가 허다하다. 반성하고 다짐하는 마음으로, 나와 같은 실수를 독자들이 조금이라도 피해 가길 바라며 적었다.

리더와 팔로워의 경계를 허무는 시간

James
홍국주 책임 컨설턴트

조직의 구성원을 단순하게 우리는 리더와 팔로워로 나눌 수 있다. 리더가 이끌면 팔로워는 따른다. 그런데 생각해보면 리더라고 이끌기만 하는 사람은 별로 없다. 팔로워라고 따르기만 하면 되는 사람 또한 별로 없다.

누군가를 이끄는 리더도 자신이 따라야 하는 리더가 또 있기 마련이다. 아무리 직급이 낮은 팔로워도 사수의 역할을 하기 마련이다. 신입사원도 스스로를 이끌어야 한다는 셀프리더십 관점에서 본다면 마찬가지다. 결정적으로 리더와 팔로워 모두가 때로는 동료를 이끌기도 따르기도 해야 한다. 이것이 의미하는 바는 리더십과 팔로워십은 결국 모두에게 해당되는 것이면서도 필요한 것이라는 것이다.

또한, 리더와 팔로워의 관계는 결국 서로에게 배울 것이 있는 상호보완적인 관계라는 것이다. 리더십에 대한 이야기가 팔로워에게 도움이 될 수 있고, 팔로워십에 대한 이야기가 마찬가지로 리더에게 도움이 될 수 있다. 리더, 팔로워 등의 위치와 역할을 떠나서 모두가 조직의 구성원으로서 함께 고민해야 하는 문제들이 있다. 조직의 구성원이라면 모두가 갖추어야 할 것들이 있다.

이는 모두가 리더이자 팔로워인 기러기의 비행을 생각해보면 쉽게 이해할 수 있다. 기러기는 바다를 건너 약 4만㎞를 비행하는데 무리를 지어 V자형으로 비행을 한다. 맨 앞서가는 기러기가 공기저항을 줄이고 여러 기러기가 모여 편대를 이룸으로써 비행에 필요한 에너지의 30%를 절약한다. 때문에 기러기 한 마리가 비행할 때보다 70% 이상 더 먼 거리를 비행할 수 있다. 이때 주목해야 할 점은 선두 기러기가 항상 리더 기러기이어야 하는 것이 아니라는 것이다. 리더 기러기가 선두에서 편대를 이끌다가 지치면 후미 기러기와 교대를 한다. 그렇게 돌아가며 비행을 하면서 리더 기러기와 팔로워 기러기는 자신들의 강점은 극대화하고 서로의 약점은 최소화한다.

선두에서 비행하는 기러기를 위해 뒤에서 비행하는 기러기는 끊임없이 소리를 내는데 이는 선두에서 비행하는 기러기에게 응원의 신호를 보내는 것이다. 때로, 지치거나 다친 기러기가 발생하면 두 마리의 기러기가 함께 이탈해 동료 기러기의 죽음을 지키거나 회복해 함께 다시 무리로 합류한다고 한다. 이처럼 한 조직에서 일하는 구성원은 리더와 팔로워이기 이전에 모두가 한 목표를 향해 비행하는 동료인 것이다.

물론 리더에게는 업무 지시나 조정 같은 역할이, 팔로워에게는 보고와 같은 더 중요한 역할들이 상대적으로 있을 수 있다. 하지만 조직을 이끄는 사람의 힘을 올바르게 해석하기 위해서는 리더십과 팔로워십 모두를 균형 있게 바라보아야 하며, 리더와 팔로워 모두가 함께 고민하고 노력해야 하는 영역이 분명히 있다는 것을 이해해야 한다. 예를 들어, 리더가 팔로워에게서 최선을 이끌어낼 책임이 있듯, 팔로워도 리더에게서 최선을 이끌어낼 책임이 있다. 책임에 대한 고민은 역할에 상관없이 직원 모두에게 필요한 것이다. 따라서, 혹자는 리더십과 팔로워십을 합쳐서 팀십Teamship, 파트너십Partnership, 펠로우십Fellowship 등으로 부르기도 한다.

이처럼 리더십과 팔로워십의 프레임에서 우리는 때로는 벗어나야 한다. 나는 훌륭한 리더 혹은 팔로워인지의 고민하는 것보다 우리 조직이 한 조직으로써 어떻게 나아가고 있는지를 고민하는 시간이 필요하다. 그리고 이러한 고민은 기대 이상의 깊은 성찰을 준다. 사람은 개인에게 집중할 때 자신의 잘못을 직면하기보다 외면할 때가 많지만, 누구의 무엇이 잘못되었는지를 가리기 보다 우리의 무엇이 잘못되었는지에 집중할 때 더 진솔해질 수 있기 때문이다. 이처럼 리더와 팔로워의 경계를 허무는 시간을 가져 보는 것은 어떨까?

리더의 글쓰기: 백지라는 '쓸거리' 자유 앞에서

Sunny
김선영 수석 컨설턴트

비즈니스 문서를 작성하는 경우 대부분 주제와 목적이 명확하기 때문에 시작은 어려움이 없다. 관련된 사실과 정보들을 취합하면 된다. 이후 그것들을 정리해 논리적으로 나열하고, 그러면서 떠오르는 내 생각과 주장을 보태면 된다.

오히려 어려운 것은 쓸거리를 본인이 선택할 수 있는 '자유'가 주어졌을 때이다. 우리는 자유를 절대적인 선善으로 생각하지만, 실제로 자유도가 높아질수록 불안감을 느끼거나 매 순간의 결정을 어려워하는 경우가 많다. 자유가 주어지면 그만큼 책임지고 감내해야 할 부분도 커진다.

필자는 자율근무를 하고 있어 출퇴근 시간이나 근무장소의 제약이 없다. 10년을 일반 직장에서 생활했던 터라 처음에는 자유로운 삶 앞에 설레임이 컸고, 주위의 호기심이나 부러움도 많이 샀다. 막상 하루하루를 지내보니 모든 하루를 내가 만들어간다는 사실이 큰 부담과 어려움으로 다가왔다. 언제, 어디서, 어떻게 지내도 좋지만 결국 '결과'는 만들어야 하기 때문이다. 항목이 주어지고 빈 칸을 채워 넣으면 되는 삶이 아닌, 백지 위에 펜 하나 주어진 막막하고 짜릿한 자유의 삶이 시작된 것이다. 괜찮은 날도 있었고, 무기력한 날도 있었고, 컨디션은 좋지만 결과가 안좋은 때가 있는가 하면, 일은 정신없이 흘러가는데 내가 없는 날도 많았다. 제대로 백지를 채우지 못하는 느낌에 주위 자유지식노동자 선배들의 조언을 구하러 다니기 시작했다.

글쓰기도 처음에는 선지자에게 지혜를 구하는 방법 밖에 없다. 스스로 창의적인 무엇을 발현해 내는 것은 많은 경험과 오랜 훈련을 거치고 난 후에야 가능하다. 소설가 김훈 선생은 작은 섬에 사전 외에 단 한권의 책도 없이 주위를 거닐고 관찰하고 사색하며 원고를 써내려 간다고도 했건만, 나 같은 사람은 긴 시간을 끙끙대봐야 나오는 것은 한계가 있어 책을 펼치고 만다. 거인의 어깨 위에 올라서야 조금이라도 내다볼 수 있는 작은 지혜의 키를 가진 때문이다.

주제를 정할 때에는 평소 읽었던 중에 기억에 남는 책의 제목이나 문장이 있으면 다시 찾아보면 좋다. 기억에 남았다는 것은 그 만큼 생각을 많이 했기 때문일 것이다. 그마저도 생각이 나지 않는다면 나란히 서 있는 책 앞에 서서 제목들을 훑어봐도 좋다. 그리고 마음이 가는 제목이 있다면 펼쳐서 목차를 보고 마음이 가는 곳부터 읽어보면 된다.

좋은 책이라면 그 무엇을 읽더라도 읽는 글 속에서 저자(주인공)의 생각이 보이고, 그것에 내 생각들이 꼬리에 꼬리를 물고, 또 그 생각들을 따라가다 보면 어느새 하고 싶은 말, 쓰고 싶은 글들이 생겨난다.

결국 거인의 어깨를 빌리기는 했으나 모든 단계마다 나의 생각이나 판단이 들어간다. 어느 거인의 어깨 위에 올라설지, 어느 방향을 바라볼지, 그렇게 내가 발견한 것은 무엇인지. 그리고 매 순간 이렇게 내 생각을 해야 '나의 글'을 쓸 수 있다. 그렇지 않으면 내가 올라선 거인의 모습을 흉내 내거나, 거인의 크기를 자신의 크기인 것처럼 착각하게 된다.

평소 자주 백지 앞에 나를 두고 훈련을 시키는 것도 중요하다. 자유 안에서 건강한 습관을 만들고 유지해야 한다. 어디든 떠돌아 다니는 유목민도 해가 뜨고 지고, 계절이 지나감에 따라 해야 하는 일들이 있기 마련이다. 시간도 글도 자유가 주어졌을 때 그 안에서 최소한의 일정한 규칙을 만들고 지켜나가야 완벽한 자유-방종보다 나은 결과를 만들 수 있다. 결국 꾸준히 써야 한다는 이야기다.

중국 송나라 시절의 유명 문인인 구양수歐陽脩가 글을 잘 쓰려면 '많이 보고, 많이 쓰고, 많이 생각해야 한다'고 했다. 이 삼다설三多說은 글쓰기에 대한 글에 흔히 인용이 되거니와 '글 잘 쓰는 법'에 대한 대부분의 주장과 생각들은 크게 여기서 벗어남이 없다. 나 역시도 늘 이야기하는 것은 결국 이 세가지다.

팀 리더를 위한 실천 팁

Victor
이긍호 고문·리더십 연구소장

현재 팀 내에서 다음과 같은 징후가 보이면 팀 리더는 어떻게든 시간을 내서 팀 운영에 대한 기본을 다시 되짚어 보든지 새로운 방법을 시도해야 한다. 그 징후는 팀 내 갈등과 스트레스, 과도한 자기방어, 잦은 업무 회의, 낮은 생산성, 태업과 결근의 증가, 업무 목표의 혼동, 소수의 의견에 다수가 무조건 동조, 안전에 대한 이슈, 새로운 아이디어 제시가 없음, 팀워크의 결여, 잦은 업무 데드라인 무시 등이 그 예이다.

징후는 향후 보다 더 큰 잘못된 결과가 오기 전에 미리 경고를 주는 사인이다. 팀 리더가 고려해야 할 첫 번째는 목표를 성취하기 위해 필요한 자원들을 분명히 하는 것이다. 목표와 기대치를 분명히 정의하는 것이 효과적인 팀워크와 최선의 결과를 위한 본질이다. 구체적인 목표와 기대치가 구체적인 결과를 가져오기 때문이다. 책임과 일관성을 위해 팀 구성원들이 확신을 가지고 받아들여야 기대치를 확실히 인식할 수 있다. 그 속에서 개인과 팀의 직무별 우선순위를 분명히 하고, 글로 표현하여 그것들을 가지고 코칭해 나가면서 가장 적합한 곳에 팀원들을 배치한다. 업무 중 적절한 사람들에게 알려야 할 것은 알려서 소통을 향상시켜야 사후 해명을 위한 불필요한 소통의 과정이 필요없게 된다.

새로운 직무에 대해서는 상호 학습을 기꺼이 할 수 있는 분위기를 조성한다. 팀 리더로서 직무기술서 이상을 볼 수 있는 큰 시야를 가져야 한다. 그러면 프로세스와 시스템을 향상하기 위한 아이디어가 떠오를 것이며 이것을 과감히 제시해서 향후 성장을 위한 발판으로 삼는다. 타 팀 소속의 동료와 소소한 루머, 불평불만 등을 삼가야 하며 그들의 불필요한 말이나 해결할 수 없는 것들에 대해서는 듣지도 말고 당신에게 불평을 쏟아버리는 것을 허락하지 말라. 그들의 관심에 대해 해결할 수 있는 사람에게 직접 말하라고 제안하라. 직접적으로 팀내 사람들과의 소통에 더욱 관심을 가지며 적극적인 대화를 하게 되면 결과적으로 당신 팀의 생산성이 향상되고 긍정적인 업무환경이 조성되게 된다.

팀원들을 개개인별로 다르게 접근해 나가는 것이 중요하다. 개인에 대해 많이 알면 알수록 보다 효과적인 동기부여 방법을 알 수 있다. 우리는 모두 개인별로 독특한 사고 성격과 잠재능력이 있다. 리더는 팀원의 가족, 취미 그리고 흥미사항 등에 파악하고 있어야 한다. 팀에서 꼭 필요한 존재임을 알려주고 느끼도록 소통을 지속해 나가야 한다. 경청도 매우 중요하다. 항상 향상에 대해 축하해 준다. 작은 결과라도 향상을 보였으면 잊지말고 격려해 준다. 정기적인 코칭기회를 갖는 것도 중요하다. 업무목표와 기대 행동을 달성하기 위한 방법 찾기에 포커스를 맞추어서 대화를 갖는다. 사람들은 자신들이 원하는 그림이 구체적이면 구체적일수록 외부의 보상이나 타인의 간섭없이 스스로 열심히 실천해 나간다.

또한, 가능하면 개개인의 강점을 발휘할 수 있는 업무를 부과하여 집중력을 발휘할수 있도록 지원한다. 이러한 결과에서 나온 구체적인 목표와 지원이 필요한 사항 등에 대한 구체적인 실행계획을 수립해 나간다. 이러한 코칭에서 적절한 피드백이 매우 중요하다. 지나치게 심각한 비평적인 피드백은 오히려 역효과만 가져온다. 긍정적이면서도 구체적인 피드백은 실천의지를 북돋우고 분발의 기회를 가져온다. 코칭에서 긍정적인 강화를 사용하는 것도 필요하다. 즉 성취와 향상된 것에 대해 반복적으로 언급하게 되면 자신감도 향상되며 리더의 기대수준에 부응하기 위해 최선의 성과를 이루어 낼 것이다.

리더의 글쓰기: 글이 가지는 한계

Sunny
김선영 수석 컨설턴트

비즈니스 글쓰기에서 가장 중요한 것은 어떻게 '독자를 설득시키는가'이다. 다른 글과 구분되는 가장 큰 특징 중에 하나도 이 요소다. 비즈니스 글은 적극적으로 글을 읽는 대상에게 생각이나 행동의 변화를 요구한다.

현실에서 종종 이 중요한 목적-설득이 이루어지지 않는 것을 본다. 첫째는 글 자체에 보완이 필요한 경우다. 글 쓰는 사람이 쓰면서 목적을 염두에 두지 않았거나, 생각은 했지만 글쓰기 자체에 어려움을 겪어 안타까운 결과가 나올 때이다. 더 안타까운 것은 두 번째 경우다. 글 자체로만 보면 문제가 없는데 실제 글이 읽히는 상황에서 설득이 안 되는 것.

글은 비즈니스 목적을 이루기 위한 다양한 수단 중의 하나이다. 상황에 맞게 활용하면 된다. 컴퓨터 및 통신 기술이 발달하면서 사람들은 예전보다 더 많이 글로 소통한다. 메신저나 이메일을 통해 대부분 업무를 처리한다. 직접 만나지 않고도 의견 전달이 가능하니 편하다. 기록이 남으니 통화하는 것보다 명확하다.

반면 글은 감정이 없다. 정확하게는 글쓴이의 감정은 남지 않고 읽는 사람의 감정에 따라 읽힌다. 말에는 억양, 소리 크기 등이 있고 대면한 경우 표정과 몸짓으로 더 많은 정보, 특히 감정이 전달된다. 글은 이런 요소들이 없으니 오해를 불러일으키거나 글쓴이의 진정성이 전달되는 데 한계가 있다.

글만 활용하는 가장 안좋은 예는 평가 피드백이다. 리더 입장에서 시간도 부족하고, 얼굴을 마주하기 껄끄러울 수도 있다. 많은 회사가 리더의 피드백 내용을 제출하도록 하기도 하고, 여러모로 리더 입장에서는 글로 보내는 것이 편하게 느껴진다. 자기 평가를 글로 받아본 구성원의 기분은 어떨까? 평가 결과를 통보받은 것으로 느낄 수 밖에 없다. 구성원 역시 글로써 자기 의견을 전달하고 궁금한 점을 물어볼 수 있지만 직접 대화하는 것처럼 자연스럽거나 쉽지 않다. 무엇보다 리더의 진정성이나 느낌이 전달되지 않는다. 피드백은 과거의 성과나 행동에 대한 리더의 의견을 전달하는 것이지만, 진정한 목적은 미래에 있다. 아쉬운 점은 보완하고 강점을 더 살려서 향후 업무 성과가 더 높아지길 기대하는 것이다. 피드백을 글로만 전달해서는 본래의 목적 달성과 구성원의 행동변화를 기대하기는 어렵다.

거꾸로 리더가 글만 받는 상황을 생각해보라. 중요한 결재나 보고가 사전 상의 없이 올라왔다. 글의 내용은 리더의 생각과 일치하고 형식 면에서도 전혀 흠잡을 것이 없다. 그럼에도 리더의 기분은 그다지 좋지 않다. 짧게라도 언질을 주거나 자신의 의견을 물어왔다면 좋았을 것이다. 사람의 마음은 다 비슷하다.

팀이 함께 성과를 내도록 이끌 때에도 글만으로는 한계가 있다. 다양한 아이디어가 필요한 경우는 각자 생각하고 글로 제출하기 보다 대화를 통해 서로 자극을 주고 받는 것이 도움이 된다. 공과 사는 분명히 해야 하지만 사람이 하는 일에 상호 이해와 정서적 교류는 중요하다. 구글에서도 이런 점에서 직원 간의 우연한 소통Serendipity을 촉진하도록 사옥을 구성했다.

갈등 상황일 때도 글로 다가가는 것은 어려움이 있다. 문제를 논리적으로 해결하려는 노력에서 글을 쓸 수 있으나, 다른 커뮤니케이션 없이 글로만 시시비비를 따지면 감정이 상하고 갈등을 촉발시킬 수 밖에 없다. 상대가 어렵고 문제가 복잡할 수록 직접 만나는 것이 도움이 된다.

리더라면 설득해야 할 대상이 더욱 많아지므로 글을 잘 쓰는 것이 중요해진다. 필자는 늘 지금보다 더 많은 리더들이 더 많은 글을 써야 한다고 주장하지만 글이 만능이라고 생각하지는 않는다. 무엇보다 리더의 글 앞, 뒤로 진정성 있는 말과 행동이 함께 하지 않는다면 아무리 유려하고 딕월한 글이라도 아무 소용이 없을 것이다.

내적 성장(Internal Growth)에 집중하라

Daniel
최익성 대표·경영학 박사

기업은 지속성장을 위해 내적 성장 전략internal growth strategy, 외적 성장 전략external growth strategy 두 가지 전략을 구사할 수 있습니다. 내적 성장은 기업이 내부적으로 보유하고 있는 자원과 역량을 강화하는 것을 의미합니다. 외적 성장은 공격적으로 투자하고 확장해 나가는 것을 의미합니다. 혹자는 기업의 지속 가능을 위해서는 두 가지 전략을 동시에 구사해야 한다고 주장합니다. 그러나 두 마리 토끼를 잡는 전략이 성공한 사례가 없습니다. 모든 성장에는 단계라는 것이 있고, 상황과 연결되기 때문에 선택과 집중이 필요합니다.

불확실성不確實性, uncertainty과 복잡성複雜性, complextity이 시대를 관통하는 단어가 되었습니다. 경제의 성장 속도는 둔화되고 있고, '위기'라는 단어는 상시화 되었습니다. 기업이나 연구기관의 전망은 온통 어두운 것이 사실입니다. 전통의 강자들이 역사의 뒤안길로 사라졌거나, 사라지고 있습니다. 전략이란 선택과 집중이며, 선택과 집중이란 결국 무언가를 하기 위해서 무언가를 하지 않는 것입니다. 건강, 물, 에너지, 환경을 미래 성장동력의 핵심과제로 선정하고 한국을 대표하는 글로벌 기업으로 도약하고 있는 웰크론그룹은 내실을 다지는 내적 성장에 집중하는 시기가 되어야 합니다. 그렇다면 내적 성장을 위해서 무엇에 집중해야 하는가? 조직 측면, 리더 측면, 구성원 개인 측면을 중심으로 이야기를 전개하고자 합니다.

관리는 버려야 합니다. 관리는 산업화 시대의 산물입니다. 관리의 시대는 이제 끝났습니다. "관리" 라는 단어는 프랑스의 대표적인 경영학자 앙리 파욜Henri Fayol 의해서 만들어졌습니다. 하지만 관리를 실제로 적용한 사람은 프레드릭 테일러Frederick Taylor입니다. 그는 "과학적 관리법" 이라는 유명한 책을 통해 조직구조의 원칙을 소개했습니다. 테일러는 관리가 사고와 실행을 분리하는 과학의 정수라고 말합니다. 조직의 효율성을 위해 노동자를 '사고'로부터 해방시켜야 한다가 테일러의 주장입니다. 이 생각이 조직론의 표준이 됩니다. 기획과 실행을 분리한 것입니다. 이런 방식이 우리의 사고를 지배하게 됩니다. 세상은 바뀌고 있는데 여전히 우리는 관리라는 방식으로 조직을 지배하고 있습니다. 100년 전의 방식은 복잡성 때문에 유효하지 않습니다. 느리고 경쟁도 없던 대량생산 시장에서 경쟁이 극심한 대량생산 시장으로 변했습니다. 관리의 황금시대는 1970년대에 말을 막을 내렸습니다. 이미 40년전입니다.

세상은 복잡해지고 있지만 우리는 안타깝게도 이미 기존의 방식에 익숙해져 있습니다. 명령과 통제의 조직구조를 바꿔야 합니다. 이것은 이제 선택의 문제가 아니라 당연히 해야 하는 것입니다.

첫째, 의사결정 구조를 탈중앙화 해야 합니다. 적극적으로 중앙집중식 의사결정 구조에서 탈피해야 합니다. 지금 같은 시장 상황에서 조직의 지속가능성을 유지할 수 있는 유일한 방법은 의사결정 구조를 바꾸는 것입니다. 기존의 조직 관리 방식을 제거하고 피라미드로 돌아가려는 힘을 잘 견제해야 합니다.

둘째, 외재적 동기extrinsic motivation가 아닌 내재적 동기intrinsic motivation에 집중한 제도 설계가 필요합니다. 현재의 성과 평가/보상 제도의 근간이 되는 철학은 당근과 채찍입니다. 당근과 채찍 같은 보너스를 통한 동기부여는 인간의 이기적 행동만을 촉발시킵니다. 팀이 어찌되거나 회사가 어찌되는 것은 상관없이 나는 평가 잘 받고 보너스만 받으면 된다는 생각을 합니다. 내부의 동료나 다른 부서를 경쟁자로 생각하게 만들어버립니다. 사람이 잘못된 것이 아니라 시스템이 문제입니다. 내적 성장을 위해서는 내적 성장이 가능한 시스템을 구축해야 합니다. 우리는 가족들과 성과평가를 하지 않습니다. 수평적 관계에서는 평가가 통하지 않기 때문입니다.

셋째, 탈중앙화된 자율조직Decentralized Autonomous Organization을 만들어야 합니다. 자율조직이란 지시와 관리를 버린다는 의미입니다. 구태가 회사의 앞날에 지속되도록 놔 두어서는 안됩니다. 이제 그만해야 합니다. 기능 중심의 조직 구조를 탈피해야 합니다. 기능 조직에서 사일로는 당연하게 만들어집니다. 역시 인간의 잘못이 아닌 구조의 잘못입니다. 기능 중심 조직을 해체하고 다기능팀을 만들어야 합니다. 산업화 시대에는 옳았지만 복잡성의 시대에는 작동하지 않게 되었습니다.

상생적 파트너십의 등장

Victor
이긍호 고문·리더십 연구소장

리더십이란 용어는 수십 년 전부터 사용돼 왔지만, 팀 중심업무 상황에 당연히 인식해야 할 용어는 파트너십이다. 파트너십은 리더십과 팔로워십을 합친 의미로서 팀워크의 중요성 증대와 대인관계 유연성 요구 확대, 이 두 가지 트렌드에 걸맞은 개념이다. 오늘날 팀들이 수시로 형성되고 재형성되는 조직 환경에서 대인관계의 유연성은 팀에서 팀으로, 상사에서 다른 상사로, 프로젝트에서 다른 프로젝트로 적응해 내기 위한 필수 요건이 되었다. 어느 상황에서든 협업을 잘하면서도 동시에 유연하게 관계를 맺기 위한 방법이 바로 팔로워십의 중요성에 대한 인식이다. 물론 기존의 리더십과 맞물려 돌아가는 팔로워십을 의미하며 이는 유전자의 나선구조와 같이 서로 뗄 수 없는 유기체와 같은 것으로서 이러한 구조를 파트너십이라고 정의할 수 있다.

파트너십도 다양한 수준이 있다. 우선 잘못된 파트너십이다. 1+1=0인데 함께 일하는 것이 매우 힘들며, 혼자 일하는 것이 더 낫다. 다음은 양호한 파트너십으로서 1+1=2인데 함께 일하는 것이 그럭저럭 괜찮은 수준으로서 뿌린 만큼만 얻게 되는 수준이다. 우리는 많은 경우 이런 수준의 파트너십으로도 만족하는 경우가 많다. 다음은 시너지가 확보된 파트너십으로서 1+1〉2인 수준이다. 함께 일하는 것이 효과적인 수준이며 더 많은 것을 성취할 수 있다.

기존의 리더십은 이 수준까지만 도달해도 매우 유능한 리더십을 발휘했다고 인정했다. 매년 더 높은 실적을 달성하고자 직원들에게 채찍과 당근으로 관리해 왔던 시절의 리더십의 형태로서 그렇게 하면 또 어떻게든 더 많은 성과는 나타났던 시절에는 적합한 형태의 파트너십이다. 이 수준까지가 리더십은 강조되었으나 그저 지시한 것만 충실히 따르는 팔로워십만 강조되던 수준이다. 이제는 이러한 수준으로는 산업구조의 패러다임이 바뀌고 있는 환경 속에서 살아남을 수 없다.

다음 수준은 혁신적 파트십이다. 1+1=NEW를 만들어 내는 파트너십이다. 즉 함께 일하면서 새로운 것이 창조된다. 나의 능력이 잘 녹아들며, 새로운 통찰력, 아이디어, 제품, 가능성, 기회를 만들어내는 수준이다. 이러한 파트너십은 X세대나 Y세대에게 적합한 파트너십이다. 1970년대에 태어난 X세대나 1980년대에 태어난 Y세대는 그전 세대하고는 다르게 삐삐와 워크맨을 시작으로 스마트폰으로 무장하고 개인주의를 바탕으로 조직에서 창의력도 발휘하며 제4차 산업혁명 즉 빅데이터, 인공지능, 로봇공학, 사물인터넷 등과 같은 새로운 기술혁신을 만들어내고 현재 중추적으로 이끌어가고 있다. 이들에게는 단순한 리더십이 아닌 보다 동등한 파트너십이 요구되는데 이때 필요한 팔로워십의 중요성이 등장한다.

마지막 단계가 상생적 파트너십으로서 1+1〉2+NEW를 의미한다. 함께 일하면 모두에게 생산적이며 또한 모두에게 다 창조적인 결과를 만들어낸다. 모든 구성원이 하나의 팀으로서 최대한의 잠재력을 발휘

한다. 다시 말해 개인의 몰입을 넘어서서 팀 몰입의 단계까지 도달하게 된다. 리더십과 팔로워십은 서로 긍정적으로 작용하며 새로운 것을 창조한다. 1990년대 중반 이후에 태어난 Z세대는 다양성을 중시하고 편견도 없으며 앞에서 언급한 4차산업혁명을 실제로 당연히 누리게 되는 세대이다. 일 자체의 '의미'에 더 큰 가치를 두며 일과 삶의 균형 또한 이들에게는 중요한 가치이다. 이들에게 무언가 자신을 던져 몰입을 끌어내는 동인을 던져주고 같이 팀몰입 수준까지 올릴 수 있는 파트너십이 요구된다. 이 상생적 파트너십은 리더십과 팔로워십이 지속적인 탁월성을 만들어 내는 상호 보완적 관계로 접근해야 한다. 각 개인이 이루어 낼 수 있는 수준보다 더 높은 성과를 도출하며 단순한 총합이 아니라, 더 깊이 있고, 광범위하며, 창의적이면서도 혁신적인 성과물을 도출해 내는 관계까지 도달해야 한다. 요약하면 업무 성과 발생과정에서 모든 팀원 즉 가장 신입사원까지 동등하게 중시되어야 하며 그렇게 인식되고 대우받음으로써 리더십과 팔로워십의 역할이 서로 잘 인정되고, 이해되며, 최적화의 상태까지 달성되는 것이 상생적 파트너십인 것이다.

리더십에 대해 무엇으로 돕고자 하는가?

리더의 힘을 올바르게 사용하는 법 (특강)

최근 자신의 권위를 올바르게 사용하지 못해 발생하는 사회적 문제가 자주 언급됩니다(갑질, 꼰대 등) 어떻게 하면 리더가 자신이 가진 힘을 올바르게 사용하고 훌륭한 리더로서 영향력을 발휘할 수 있을지에 대한 이야기를 나눕니다.

주요내용

· 누가 리더가 되어야 하는가?
· 힘희롱 사례(잘못 사용하는 힘)
· 바르게 힘을 사용하는 방법

리더십을 쓰다 (특강)

진짜 리더의 역할에 대해 함께 고민하고 성찰하는 시간을 갖습니다.

주요내용

· 올바르고 뚜렷한 목표를 제시하며, 동기를 부여합니다.
· 매사에 솔선수범하며, 남 탓하지 않고, 책임을 집니다.
· 진정성을 가지고 소통하며, 육성하고, 지원합니다.
· 하루하루 변화를 꾀합니다.
· 항상 자신을 돌아봅니다.

리더의 일 프로그램

우리 조직의 사례와 실전적 How-to를 제공하여 현업에서 리더가 행동의 변화를 이끌 수 있도록 합니다. 비주얼 퍼실리테이션과 테이블 퍼실리테이션으로 능동적 참여가 가능합니다.

주요내용

· 어떻게 좋은 조직을 만드는가?
· 어떻게 갈등을 이기고 조직을 유지하는가?
· 어떻게 변화와 혁신을 이끄는가?
· 어떻게 성장을 지원하는가?
· 언제, 어떻게 면담하는가?
· 어떻게 권한을 위임할 것인가?

차세대 리더 프로그램

자신의 역할을 바탕으로 차세대 리더로서 미리 대비할 것을 파악하고 준비합니다. 상사에게 긍정적인 영향력을 끼칠 수 있는 커뮤니케이션 역량을 기릅니다. 차세대 리더를 위해 개발한 성찰북 '리더십을 쓰다2'를 활용하여 리더로 성장하는 것을 돕습니다.

주요내용

· 리더와 플레이어는 무엇이 달라야 하는가?
· 리더의 중요한 행동: 동기부여와 실행력
· Effective Follower의 행동
· 상사를 얻어야 상사가 될 수 있다
· 효과적인 자원 확보를 위한 계획
· 학습 민첩성, 정신 민첩성, 대인 민첩성, 변화 민첩성, 결과 민첩성

일상의 리더십 프로그램

'일상의 리더십 The Daily Leadership' 프로그램은 일상의 대화와 관계를 통한 성과 창출이 가능하도록 돕습니다. 일정 시점 중심의 성과 관리가 아닌 과정으로서의 성과 관리를 할 수 있는 역량을 확보할 수 있습니다.

주요내용

· 전통적 성과관리의 한계:
평가 자체에 치중하여 구성원의 성장과 동기부여 관점이 부족

· 구성원에 대한 관심:
기존 방식 피드백과 질문법이 통하지 않는 구성원을 대상으로 한 건설적 피드백 방법론 학습

· 일성적 리더십 행동 구체화:
목표달성에 맞추어져 있는 행동, 일하는 방식에 초점이 맞추어져 있는 행동, 인간관계에 초점을 맞춘 행동

PLANBDESIGN COLUMN

2장
조직문화 칼럼

성공적인 변화를 위한 4개의 정거장

Sally
신현아 선임 컨설턴트

2019년 기해년의 새해가 밝아왔다. 많은 기업이 연례행사로 시무식을 진행하고, 경영자는 신년사를 통해 임직원에게 새해를 축원하고 당부하는 말과 함께 조직의 목표를 제시한다. 신년사를 살펴보면 경영자들이 중요하게 생각하는 것이 무엇인지 알 수 있는데 주로 기업이 속한 산업에서 경쟁력을 가질 수 있는 핵심을 구성원에게 제시한다. 올해 주요기업의 신년사를 살펴보면 몇몇 기업들이 공통적으로 언급한 특징 3가지를 꼽을 수 있다. 첫째, 실패하더라도 새로운 시도를 장려하는 문화를 만들 것. 둘째, 고객과 임직원 모두가 행복할 수 있도록 노력할 것. 셋째, 지속하는 변화에 발맞춰 미래 사업에 투자할 것을 주로 언급하였다.

그중에서 '실패하더라도 새로운 시도를 장려하는 조직문화'를 많이 언급한 이유는 격변의 시대에 위험을 감수해서라도 시장의 변화를 선두로 이끌기 위한 조직의 목표로 보인다. 새로운 시도를 장려하는 조직문화를 성공적으로 변화시키기 위해서는 4개의 정거장을 거쳐야 한다. 변화에 대한 구성원의 인식을 변화시키고 불필요한 것을 폐기하여 올바른 커뮤니케이션 문화를 만들고 변화가 지속되게끔 유지해야 한다.

첫째, 조직의 리더와 구성원이 새로운 도전을 할 수 있도록 인식의 변화가 필요하다. 사람은 본능적으로 변화를 거부하고 안전한 것을 유지하려는 습성이 있다. 조직에서 변화를 위해 다양한 시도를 하지만 '왜 편하게 하던 걸 바꾸지?', '그냥 기존에 하던 대로 하면 안 되나'라고 생각하는 사람들이 생기고 어느덧 원래 조직의 모습으로 돌아오게 된다. 이런 변화에 대한 인식을 바꾸기 위해서는 '퍼스트 펭귄'이 필요하다. '퍼스트 펭귄'은 불확실하고 위험한 상황에서 용기를 내 먼저 도전함으로써 다른 이들에게도 참여의 동기를 유발하는 선발자를 뜻한다. 우리 조직의 퍼스트 펭귄을 선정하여 변화를 지원해주고 도전할 수 있는 분위기를 만들어 가는 것이 중요하다.

둘째, 불필요한 것은 폐기해야 한다. 피터 드러커는 '혁신을 위해서는 폐기의 용기가 필요하다'고 말했다. 우리 조직에서 새로운 도전을 시도할 때 제한이 될 요소가 무엇이 있을지 생각해보자. 수평적인 커뮤니케이션을 어렵게 만드는 권위적인 문화나 보고체계, 실패를 부정적으로 평가하는 것, 새로운 아이디어 없이 보고를 위해 주기적으로 진행하는 공유회 등 새로운 도전에 제한이 되는 것들이 폐기의 대상이 될 수 있다.

셋째, 올바른 커뮤니케이션 문화를 만들어야 한다. 의견제시에 장벽을 두는 것이야 말로 혁신에서 멀어지는 지름길이다. 구성원 모두가 자신의 의견을 용기 내지 않고도 자연스럽게 말할 수 있는 분위기를 만드는 것이 중요하다. 또한 의견을 제시하는 과정에서 상대방의 의견에 동의하지 않는 것은 과감히 말할 수 있는 환경을 조성해야 한다. 의사결정 시에도 상급자의 선호로 결정되는 것이 아닌 구성원 모두의 동의로 이루어지도록 해야 한다. 모두의 동의라고 해서 단순히 투표를 통해 결정하는 것이 아니라 올바른 결정과 행동으로 옮길 수 있도록 설득하는 과정을 거쳐야 한다.

넷째, 변화를 유지해야 한다. 새로운 문화를 정착시키기 위해서는 지속적인 점검이 필요하다. 변화로 나타난 성과가 있다면 그것에 대해 충분히 인정하고 보상해서 구성원에게 동기부여를 하고 지속적으로 노력할 수 있게 해야 한다. 또한 무엇이 잘 되고 있고 잘 되고 있지 않은지 생각하고 어떻게 이 변화과정이 더 향상될 수 있을지 고민해야 한다. 마지막으로 기업 내 핵심 정책이나 시스템에 변화된 내용 반영해 변화가 지속할 수 있도록 한다.

조직 내외부 환경의 빠른 변화와 다양한 기술의 변화로 시장은 예측하기 어렵고 굉장히 빠른 속도로 변화하고 있다. 이에 적응하여 함께 변화하지 못한다면 조직은 도태되고 사라질 수밖에 없다. 조직의 새로운 도약과 혁신을 위해서는 끊임없이 변화를 꾀하고 탈피해야 한다.

조직문화가 변화를 이끈다

James
홍국주 책임 컨설턴트

현대사회를 우리는 흔히 '뷰카VUCA시대'라고 명칭한다. 뷰카란 변동성Volatility, 불확실성Uncertainty, 복잡성Complexity, 모호성Ambiguity의 영어 앞글자를 딴 용어다. 뷰카라는 용어는 어느 때보다 빠르게 변하는 현대 사회의 모습을 잘 보여준다. 하지만 우리가 직면하고 있는 변화의 물결은 빠르기만 한 것이 아니다. 가장 큰 문제는 우리가 그 변화를 예측할 수 없다는 것이다.

과연 이러한 변화의 물결이 가져온 결과는 무엇일까? 우리는 지난 역사를 통하여 그 결과를 엿볼 수 있다. 3차 산업 혁명으로 인해 2000년대 포춘 500대 기업 중 50% 이상이 사라졌다. 세계 필름 시장의 90%를 점유하던 코탁Kodak도, 휴대폰 시장 세계 1위의 자리를 지키던 노키아 Nokia도 그 외 블록버스터, 모토롤라, 야후 등의 회사가 모두 몰락했다. 위에서 언급된 기업들은 말처럼 빠른 변화의 물결에 휩쓸려 보이지 않는 곳으로 사라져 버렸다.

변화 속에서 몰락했던 과거 기업들의 전례 때문일까? 위기감을 느낀 많은 기업들이 변화하는 시대에 맞게 기업도 변화해야 한다며 '혁신'을 외치고 '창의성'을 강조하고 있다. 그렇다면 혁신적이고 창의적인 아이디어는 언제 발휘될까? 신경과학 연구에 의하면 창의적이고 지적인 발견은 오직 16%만이 일상적인 일을 할 때 발견되었다고 한다. 이것이 뜻하는 것은 혁신과 창의성을 위해서도 일하는 업무 환경과 일을 처리하는 방식에 변화가 필요하다는 것이다. 결국 우리는 변화가 요구되는 시대에 살고 있다. 변화하고 혁신하는 것은 이제 기업에 때때로 필요한 것이 아니다. 기업은 이제 변화하고 혁신함으로써 생명을 유지할 수 있다.

그렇다면 조직의 변화를 이끌고 관리하기 위해서 우리는 무엇에 집중해야 하는가? 진정한 변화가 시작되기 위해서 필요한 것은 사람의 의지력이라고 많은 사람이 말한다. 1900년도 중후반의 자기계발 도서들을 살펴보아도 개인의 열정과 의지력 등이 중요하다는 메시지로 가득하다. 그러나 개인의 의지력은 우리가 생각한 것 만큼의 큰 힘을 발휘하지 못한다. 매년 새해가 되면 우리는 영어, 독서, 운동에 대한 새로운 다짐을 끊임없이 하지만 어느샌가 예전의 모습으로 돌아가 있는 자신의 모습을 발견하지 않는가? 하물며 더 범위가 큰 조직을 변화시키는 데 의지력이 얼마나 그 힘을 지속할 수 있을지는 의문일 수밖에 없다.

그렇기 때문에 우리가 조직의 변화를 위해서 집중해야 하는 것은 두 가지다. 첫 번째, 우리는 변화의 이유에 집중해야 한다. 변화가 실패하는 가장 큰 요인은 변화의 과정 중 어떤 문제가 잘 해결되지 못해서가 아니었다. 가장 큰 문제를 일으킨 것은 바로 변화해야 하는 이유를 잘 설명하지 못한 것이다. 글로벌 조직의 조사 결과에 의하면 조직에서 시도하는 변화의 70% 이상이 변화를 시도한 본래 의도를 구성원에게 전달하는 데 실패했다고 한다.

두번째, 조직의 변화를 위해서는 변화를 돕는 환경을 설계하고 조성하는 것에 집중해야 한다. 역사학자 윌 듀렌트는 40년간의 역사 연구를 통해 가장 위대했던 큰 인물들을 분석한 후 역사란 영웅이 남긴 결과물이 아니라 상황의 산물이 바로 영웅이라는 결론에 이른다. 영웅을 탄생시킨 것은 한 사람의 명석함이나 타고난 성향이 아니라 끊임없이 영웅의 모든 잠재력을 요구했던 환경이라는 것이다. 이처럼 어떤 환경에 있느냐에 따라 사람은 변화할 수도 변화하지 못할 수도 있다. 이렇게 조직이 추구하는 가치와 목표에 맞게 직원들이 긍정적인 방향으로 변화할 수 있도록 환경을 조성하는 것이 곧 올바른 조직문화를 형성하는 것이라고 표현할 수 있다. 이것이 많은 기업이 '조직문화'에 관심을 기울이는 이유다. 결국 변화를 위해 필요한 올바른 환경, 즉 조직문화가 없다면 조직은 변화를 이끌 수 없을 것이다.

학습자 중심 교육과 플립러닝

Sally
신현아 선임 컨설턴트

'거꾸로 교실', '역전학습'으로 주목받는 플립러닝Flipped learning은 사전학습(온라인 강의, 이러닝 콘텐츠, 도서 등)을 진행하고 강의장에서는 학습 내용에 대한 토론·실습과 심화학습을 진행하는 학습자 참여 교육을 말한다. 플립러닝은 미국 고등학교의 화학교사였던 존 버그만과 애렌 샘즈가 학생들의 학습을 돕기 위해 동영상 강의를 만들고 학생들이 사전에 동영상을 학습하고 수업 시간에는 동영상으로 배운 내용을 토대로 다양한 학습활동을 진행하면서 심화학습의 효과를 발견하며 시작되었다.

플립러닝의 장점은 기존 일방적인 진달 방식의 강의에서 벗어나 학습자가 학습에 대한 책임감을 느끼고 스스로 탐구하고 발전시키는 방식이기 때문에 학습자 개인의 관점과 의사가 학습활동에 영향을 미쳐 학습효과와 학습자의 효능감이 높다. 그리고 학습자의 주도적인 참여이기 때문에 내용을 이해하고 기억하는 정도 역시 긍정적인 효과를 보인다.

그렇기 때문에 학교뿐만 아니라 기업에서도 근본적인 학습 효과에 대한 고민과 시간, 비용적인 제약의 해답으로 온·오프라인이 유기적으로 결합한 플립러닝을 도입하는 시도가 계속되고 있다. 하지만 사전 교육에 대한 학습자의 태도나 교수자의 교육방식, 교육이 진행되는 환경 등에 따라 학습자의 반응 및 학습 결과가 달라지기 때문에 기업의 기대와 다르게 플립러닝에 대한 성과를 보기 어려운 경우가 발생하고 있다. 플립러닝을 활용하여 효과적인 교육 결과를 내기 위해서는 학습환경 조성과 교육과정 설계, 교수자의 퍼실리테이션 역량을 고려해야 한다.

첫째, 플립러닝을 위한 적절한 학습환경을 조성해야 한다. 기존 교육 방식이 내용 전달의 강의식 학습이 주를 이루었기 때문에 플립러닝은 학습자의 개별적인 노력이 필요한 만큼 사전학습이 잘 이루어지지 않거나 참여가 저조할 경우 플립러닝의 효과를 기대하기 어렵게 된다. 교육담당자는 학습자의 사전학습이 잘 이루어질 수 있도록 학습 목표와 교육방식에 대한 이해를 충분히 도와야 하며 학습자가 온라인 강의를 시청Watching하고, 요약Summarize한 뒤 질문Question할 수 있도록 해야 한다.

둘째, 플립러닝은 교육과정 설계가 중요하다. 온라인에서 오프라인으로 이어지는 교육이기 때문에 학습자의 역량과 학습에 대한 욕구를 고려하여 사전학습과 강의장에서의 교육이 잘 이어질 수 있도록 설계해야 한다. 너무 많은 양을 주지 않으면서도 인사이트가 있는 학습자료를 선정하고 참여에 흥미를 느낄 수 있도록 현업에서 발생하는 문제, 학습자가 궁금해하는 중심의 주제 선정을 통해 학습자의 참여를 유도할 수 있다.

셋째, 학습자가 능동적으로 학습하는 만큼 교수자의 퍼실리테이션 역량이 더욱 중요하다. 액션 러닝, 프로젝트 중심, 문제 중심 학습 등 학습자 중심의 교육을 진행해야 하므로 도움을 줄 수 있는 전문적인 지식이 요구되고 학습자들의 진행 상황을 파악하고 그에 맞는 피드백을 제공할 수 있어야 한다. 적절한 질문을 통해 학습자가 스스로 성찰할 수 있도록 하는 것 역시 중요하다. 온라인과 오프라인 교육의 교수자가 동일할 때 더 큰 효과가 나타나는데 학습 목표에 맞게 처음부터 설계가 되어 사전학습 내용을 강의장에서 중복으로 설명하는 실수를 하지 않고 강의 현장에서 학습자가 사전에 학습한 내용을 심화해 나갈 수 있도록 도울 수 있다.

변화를 예측하기 어려운 융합과 협업의 시대에 학습자 중심의 교육은 계속해서 주목받을 것이다. 교육의 주체가 학습자가 되는 것을 넘어 스스로 역량 개발에 필요한 교육을 선택하고 교육에 책임감을 느끼고 학습할 수 있는 방향으로 발전해야 한다. 개개인의 구성원들이 효과적으로 학습하여 가치를 창출할 수 있도록 돕는 방향이 앞으로 HRD의 역할과 책임이 될 것이다.

어떻게 학습문화를 만드는가?

Daniel
최익성 대표·경영학 박사

최근 조직문화의 중요성을 강조하는 회사들이 많다. 조직문화가 전략을 살린다. 그래서 많은 기업들은 조직문화 구축에 관심을 가지고 열을 올리고 있다. 최근 일부 기업에서는 '학습문화 구축'의 중요성을 인식하고 이를 임원급 리더의 성과지표에 넣고 있다. 문화를 구축하는데 리더의 역할을 중요하기 때문이다. 특히 임원급 리더의 역할은 새로운 가치를 창출하는 것이며, 좋은 문화를 남기는 것이다. 여기서 문화란 단순히 좋은 환경을 의미하는 것이 아니다. 최고급 식사 제공이나 복리후생 제도 강화를 문화라고 생각한다면 오산이다. 문화를 구축한다는 것은 일하는 방식, 사람들을 대하는 방식, 토론하고 합의하는 방식, 배우고, 가르치는 방식에 관한 것이다.

시대가 급변하고 있다. 이런 변화 환경에 조직이 적응하기 위해서는 '학습문화'가 매우 중요하다. 그렇다면 좋은 학습 문화를 만들기 위해서 리더들을 어떻게 해야 할까?

첫째, 학습조직과 조직학습을 구분해야 한다. 학습조직은 조직의 한 형태a form of organization이고, 조직학습은 학습의 한 형태a form of learning로 명확한 개념적 차이가 존재한다. 학습조직이란 학습의 목표가 지속적으로 실현 상태에 있는 조직이라고 말할 수 있다. 조직 지식을 끊임없이 학습하고 새롭게 창출하며 조직 내에서 쉽게 이루어지지 않는 조직 지식의 확산 및 창조에 가장 이상적인 조직형태이다. 조직학습이란 효과적이고 효율적인 방법으로 조직의 문제를 파악하고 해결하는 과정을 통해 조직지식을 생성하고 이것이 내면화 되어 조직문화 창출로 이어지는 과정을 의미한다.

둘째, 공유하는 문화가 만들어져야 한다. 일상적 공유의 상시화가 필요하다. 조직에서 학습은 업무와 연결 되어야 한다. 가장 중요한 것은 암묵지를 형식지로 변환하는 것이다. 형식지화를 한다고 하면 우리는 가이드나 매뉴얼을 만드는 것을 생각하는데 꼭 그렇지만은 않다. 우선 만남의 기회를 많이 설계해야 한다. 예를 들어 H사의 마켓플레이스 같은 제도를 구성원들을 대상으로 상시 운영하는 것이다. 면대면 커뮤니케이션을 강화해서 공유의 기회를 많이 만들어주는 것이다.

셋째, 실패에 대한 용인, 지지, 격려를 해줘야 한다. 절대 실패로부터 배울 수 없다. 실패를 통해서 교훈을 얻으려고 노력하는 과정을 통해서만 배울 수 있다. 특히 실패를 공개한다는 것은 많은 사회적 불안이라는 두려움에 쌓이게 만든다. 실패 경험 공유회를 진행하고 시상을 하는 사례가 있기는 하지만 우리 문화의 특성상 어려움이 있다. 리더가 솔선해야 하는 영역이다. 회사내 실패 사례에 대해서 가장 잘 아는 것은 최상위 리더이다. 리더의 '실패를 통해 배운 것'이라는 레터를 쓰는 것을 권한다. 예를 들면 "지난 달 OO프로젝트를 진행하는 중 이런 이런 일들이 있었습니다. 우리는 실패했습니다. 우리는 실패의 과정에서 배워야 합니다. 저는 이 과정에서 우리가 △△을 배웠다고 생각합니다."

넷째, 서로 가르쳐주고 배울 수 있도록 공식적인 모임뿐만 아니라 비공식적인 모임을 운영한다. 조직 구성원들이 진실로 원하는 성과를 달성하도록 역량을 확대시키고, 학습방법을 공유하면서 지속적으로 배울 수 있도록 해야 한다. 학습하는 개인을 통해서만 조직이 학습할 수 있다. 개인들이 학습한 것으로 사람들에게 설명하는 시간을 가지는 것이다. 부서내 전직원이 돌아가며 10분 스피치를 하는 것을 권한다. 주제는 '나만의 일하는 노하우', '나는 배웠다', '업무 효율화 필살기' 등으로 하면 좋다. 잘 하는 사람만 아니라 모든 사람이 서로 방법을 설명하고, 각자의 다름에서 배울 수 있도록 해야 한다.

조직문화와 팀워크

Luis
임주성 수석 컨설턴트

우리는 조직문화組織文化, organization culture를 어떻게 이해하고 있을까? 우리 조직의 조직문화를 어떻게 표현할 수 있을까?

현대 경영학을 창시한 피터 드러커는 "문화는 전략을 아침거리로 삼는다. 조직의 구조와 문화 및 조직 구성원에 대한 접근없는 전략은 실패하고 말 것" 이라고 했다.

구성원에 대한 상호신뢰와 상호작용이 얼마만큼 중요한지와 조직 구조를 강조하는 요즘 시대에 던지는 일침의 메시지다. 사전적인 의미로는 한 조직 내의 구성원들 대다수가 공통적으로 가지고 있는 신념, 가치관, 행동규범과 행동양식 등을 통틀어 말한다. 사원부터 회장까지 동일하게 갖고 있어야 하며, 함께 간다면 같은 문화의 이해가 필요하다.

최근들어 '몰입'과 '애자일'에 기업들의 관심이 늘고 있다. 90년대생이 향후 우리의 의식주에 주춧돌이 될 세대이기에 어쩌면 그들의 일하는 방식대로 패턴이 바뀌어 가고 있는지도 모른다. 그들은 문서보다는 영상으로 지식과 정보를 검색하고, 불과 몇 초만에 볼거리를 정해버리기도 한다. 기업에서도 밀레니얼세대들을 연구하고 그들과 함께 하려는 조직문화 활동을 연구하고 실행하는 모습을 많이 봐왔다.

과거 군대식 문화로 그들을 접하다보면 문화를 읽기는 커녕 튕겨나가기 일쑤다. 조직은 일하는 집단이다. 때로는 지시도 받고, 어려운 일도 해내야 하며, 난관에 부딪혔을 때는 협조를 구해야 한다. 협동과 협력은 엄연히 다른 의미이다. 다른 업무를 하면서 서로간의 업무에 시너지를 내야 하는 것이 협력이다. 단지 나의 일, 우리 팀만 고수해서는 조직의 가치에 한 계단 상승할 수 없다.

필자는 조직문화란 한마디로 '일 잘하는 방식의 조화'라고 해두고 싶다. 야구장에 농구 선수가 뛸 수 없고, 농사꾼이 배 위에서 낚시를 할 수 없다. 그야말로 팀워크가 살아야 문화가 자리 잡힐 수 있다. 서로간의 사인이 맞지 않을 때 실책은 나오기 마련이다. 제대로 된 포인트를 찾지 못하면 빈 그물을 수차례나 낚을 것이 분명하다. 팀워크는 서로를 이해하고, 깊은 대화를 통해 상대방을 알아야 일을 할 때 문제가 발생되더라도 지혜롭게 처리할 수 있다. 조직에서는 많은 시행착오와 협력을 방해하는 요소들이 늘 존재한다. 각자가 하는 일이 중요하다고 강조하고 있기 때문이다. 늘 우선순위는 나로부터 시작되기 때문에 나의 일이 중심이 되는 것부터 팀워크는 깨지기 쉽상이다. 크게 보면 영업, 지원, 연구, 생산 등의 4개의 부문으로 조직은 나뉠 수 있다. 각각의 포지션이 제대로 작동되어야 승산이 높다. 팀워크가 좋으려면 서로가 무슨 일을 하고, 현재 어떤 일을 하고 있는지, 우리는 어떤 결과를 위해 앞으로의 계획이 무엇인지, 전 구성원 모두가 정보가 동일하게 공유될 때 팀워크는 작동된다고 필자는 믿고 있다. 이러한 문화가 밑바탕 될 때 나의 동료, 팀을 믿게 된다.

믿음 없이는 미션을 수행하기 쉽지 않다. 그것은 '상대를 헤아리는 마음'이 조직에서도 뿌리깊게 있어야 한다. 'Compassion'은 치열한 경쟁사회 속에서 어쩌면 어려운 숙제일 수 있으나 구성원 개개인은 오히려 이러한 남을 헤아리는 마음을 뒤로 한 채 일과 씨름하는 조직문화 속에서 살아왔는지 모른다.

몰입은 이러한 심리적인 안정감이 존재할 때 생기며, 업무의 능률도 부서간의 협업도 이루어 낼 수 있다. 나의 의견과 생각이 존중되는 조직, 나의 일이 가치로 인정받을 때 힘을 내어 시너지를 낼 수 있는 것이 사람이 모여있는 집단이다.

지금은 여러 기업이 위기를 모면하려 돌파구를 찾고 있다. 조직문화는 그 위기를 뛰어 넘어 위대한 기업으로 발돋움할 수 있는 최후의 보루이자 마지막 기회이다.

변화를 요구하는 시대에 이미 살고 있고, 변화에 민첩하게 대응해야 미래를 준비하여 생존할 수 있다. 일의 방향성은 유지하되 불필요한 일은 과감히 생략하는 스마트한 일하는 방식이 필요한 지금이다. 조직문화는 전략을 살린다.

정답이 없는 시대

James
홍국주 책임 컨설턴트

구글, 애플, 페이스북, 아마존, 마이크로소프트의 첫 글자를 따서 '가팜GAFAM'이라 불리는 5개의 초대형 기업은 인공지능, IoT, 빅데이터 등에 주목하고 있다. 그 외에도 5G를 통해 우리는 '초연결사회'에 점차 다가서고 있으며 이제는 어디에 있건 혼자서도 세계와 연결될 수 있는 시대에 살고 있다. 또한, 자율주행차가 가져올 '모빌리티의 혁신'은 우리의 삶과 비즈니스를 지금과는 또 다른 전혀 새로운 모습으로 변화시킬 것이다. 이제는 우리가 살게 될 미래 사회의 모습은 어떠할지 짐작하기가 어렵다. 무엇을 상상하던 우리가 상상할 수 없는 것들로 가득 차 있을 것만 같은 기분에 빠지기 때문이다. 먼 과거에는 상상도 할 수 없었던 비즈니스 영역을 개척해 오늘날 초대형 기업으로 성장한 가팜GAFAM과 같이 미래에는 또 어떤 다른 제2의 가팜GAFAM이 세워질 것인가. 알 수 없다. 정말 '정답이 없는 시대'라는 말이 잘 어울리는 시대이다.

과거 기업이 삼는 목표와 미래의 모습에는 '정답'이 있었다. 따라서 과거의 일하는 방식은 공통의 '정답'이 있고, 모두 그것을 목표로 일하는 방식이었다. '정답'은 마치 기업에게 성공 방정식과도 같았다. 새로운 아이디어나 서비스 혹은 제품이라는 '정답'을 세우고, 세운 정답을 위해 완벽한 계획을 수립하고 개선과 양산화를 거쳐 많은 사람에게 판매하는 것이 기업의 성공 방정식이었다. 마치 수학 문제의 정답처럼 정답만 좇아가면 성공할 수 있었다. 그리고 정답 외에 다른 답안들은 모두 오답으로 여겨졌다.

하지만, 미래에 다가올 예측할 수 없는 다양한 변화들이 '정답이 없는 시대'를 만들었다. 마치 한 사람의 인생이 어떻게 사느냐 하는 것에 사전에 정해진 정답이 없는 것처럼 말이다. 예상하지 못한 만남, 생각지도 못했던 기회, 뜻밖의 일로 우연히 시작된 계획, 갑자기 번득인 창의적인 생각들로 이루어진 한 사람의 인생과 같이 짐작하지 못하는 전개가 기업에게도 펼쳐지고 있다. 그렇다면 '정답이 없는 시대'에서 '새로운 정답'에 다가가기 위해 오늘날의 기업은 어떠한 노력을 기울이고 있는가.

첫째, 더 민첩하게 도전한다. 애자일Agile이라는 키워드가 최근 많은 기업에게 관심을 받고 있는 이유 또한 같을 것이다. 정해진 답이 없기 때문에 설령 실패하더라도 도전을 통해서 새로운 정답에 조금 더 다가갈 수 있다고 믿는다. 그렇기 때문에 먼저 민첩하게 실행한 후, 발생하는 예상하지 못한 일에 적극적으로 반응해 나가면서 성장하는 것이다. 이렇게 실패를 재이용하는 구조를 만들고 실패는 헛수고가 아니라고 생각을 가지고 일하는 것이 중요하다. 수많은 실험 가운데 반드시 성공은 있다는 믿음을 기반으로 지속적으로 도전하는 것이 필요하다. 하지만, 실패하는 도전이 성공하는 도전보다 더 많다면 어떻게 기업이 이익을 올릴 수 있겠는가. 그 비밀은 바로 작게 지고 크게 이기는 것이다. 실패했을 때는 빠르게 인정하고 철수하고 다시 도전하는 것이 핵심이다.

두 번째, 더 수평적으로 일한다. 수평적으로 일한다는 것은 먼저 구성원이 자유롭게 일할 수 있다는 말과도 같다. 나이, 성별, 국적, 직급보다 일의 내용과 전문성을 우선시하는 조직문화가 필요하다. 회사가 직원들을 어른으로 대할 때 직원들도 어른으로서 행동한다고 한다. 팀을 불필요한 규칙과 승인에 얽매이지 않도록 해야 한다. 조직의 규모가 점점 커지면서 규제나 리더의 압력를 통해 팀을 관리하려는 행위는 오히려 혁신의 동력을 저해 시킨다. 직원들 스스로 능력을 발휘할 수 있는 수평적 기업문화와 효율적인 프로세스가 필요하다. 이를 위해서는 수직적 관계를 유지하고 싶어하는 리더와 책임지는 것을 두려워하는 팔로워 모두가 함께 노력해 나가야 할 것이다.

더 민첩하게, 더 수평적으로 일함으로써 정답이 없는 시대에 새로운 정답을 발견하는 제2의 가팜GAFAM이 되기를 바란다.

경영의 본(本) - 미션, 비전, 전략, 핵심가치의 연결과 참여

Daniel
최익성 대표·경영학 박사

세상에 똑같은 기업은 없다. 사실이다. 같은 업종이라고 하더라도 실제 안으로 들어가면 다름이 보여진다. 그래서 그런지 많은 기업들이 자신들은 다르다고 말한다. 그러나 정작 자신들이 무엇이 다른지 정의하지는 못한다. 조직은 자신들에 대해서 정의할 수 있어야 한다. 이때 필요한 것이 비전, 미션, 전략, 핵심가치이다.

첫째, 비전이다. 배가 항해를 하는 것은 도착점이 있기 때문입니다. 어디로 갈지 모르는 배는 순풍도 도움이 되지 않는다. 도착점 이것이 비전이다. 즉, '우리는 무엇을 이루려고 하는가?'에 대한 답이다.

둘째, 미션이다. 사실 비전보다 더 중요한 것은 미션이다. 미션이란 '임무'를 의미하는 것이 아니다. 미션이란 '이유'이다. 다시 항해를 예로 들어보면 비전이 있기에 나아갈 수 있지만, 더 중요한 것은 그 비전을 달성해야 하는 이유이다. 목표가 저기 있다 하더라도 그 목표를 향해야 하는 이유를 알지 못하면 우리는 마지 못해 배에 오른 사람이 될 수밖에 없다. 물론 배에 탄 사람마다 또 다른 이유들이 있을 수 있다. 참치잡이 어선에 여행을 위해서 타 있는 사람이 있다고 하자. 항해에 도움이 되지 않는 사람이다. 그래서 같은 이유, 같은 미션을 가지고 있는 사람들이 함께 해야한다. 이유가 없으면 떠날 수 없다. 미션이란 이유이다.

우리가 존재하는 이유가 미션이다. 즉, 미션이란 '우리는 왜 존재하는가?'라는 질문에 대한 답이다.

미션은 기업이 추구하는 궁극적인 가치로서 기업의 존재 이유이다. 비전은 미션을 증명하기 위해서 달성해야 하는 구체적 목표이다. 미션은 바뀌거나 흔들릴 수 없는 기업의 철학이다. 비전은 현실과의 관계 속에서 재정립되면서 변화, 발전해나가는 것이다. 세상의 모든 기업은 미션과 비전을 모두 가지고 있다. 하지만 어떤 것을 중시하느냐에 따라 가치지향적인 미션 중심의 기업과 성취지향적인 비전 중심의 기업으로 나눌 수 있다. 두 마리 토끼를 잡을 수는 없지만 미션과 비전은 연결되어 있기에 두 마리 토끼라고 말할 수만은 없다. 각 조직은 각자 업이 가지고 있는 숭고한 가치를 먼저 생각해야 한다. 그리고 이후에 우리의 존재 이유인 미션이 증명되기 위해서는 달성해야 하는 것이 있다. 그것이 비전이다.

셋째, 전략이다. 우리의 배가 여행을 위해서 출발했다고 가정하자. 우리가 향하는 섬은 무인도이다. 우리의 배에 많은 고객을 태웠다. 우리의 배는 안전하게 목적지까지 이동해야 한다. 그런데 안전하다고 다 된 것일까? 우리의 크루즈에 탄 사람들이 행복하고 즐거운 경험을 가질 수 있도록 서비스 해야 한다. 그것이 우리가 해야 할 일이다. 즉, 안전한 여행을 위해서 우리는 무엇을 해야 하는가? 즐거운 경험이 있는 여행을 위해서 우리는 무엇을 해야하는가? 구체적인 계획을 세우는 것은 전략이다. 따라서 전략은 구체적이고 현실적인 방법론이다.

넷째, 핵심가치이다. 배에 함께 타 있는 사람들(고객이 아닌 우리)이 품어야 하는 마음가짐이며, 행동의 기준이다. 누구든 상관없이 배에 타 있는 사람이라면 함께 중요하게 생각해야 하는 것이다. 이것을 우리는 핵심가치라고 명한다. 핵심가치는 "지금 상황에 어떻게 행동해야 하는가?" 를 판단하고 결정하는 기준이 된다. 또한 "어떤 사람을 배에 태우고, 어떤 사람을 배에 내리게 할 것인가?" 와도 관련이 있다. "우리는 어떻게 행동해야 하는가?"에 대한 답이 핵심가치이다. 핵심가치는 단어도 중요하지만 단어에 대한 조작적 정의와 구체적 행동규범을 반드시 명시해야 한다.

미션, 비전, 핵심가치, 전략은 구성원들이 함께 참여하여, 함께 생각하고, 함께 나누고, 함께 결정할 때 의미 있다. 그래야 최종적으로 나온 것을 모두가 소중하게 생각하고, 천박 해지지 않게 만든다. 우리가 지키고자 하는 것들이 촌스럽고 고리타분하다고 생각되지 않도록 하기 위해서는 참여가 필요하다. 이 과정에서 참여를 통해 자신의 일이 가슴 뛰는 열망이 되며, 각자 삶의 좋은 기억이 만드는 새로운 출발점이 될 것이다.

수평적 조직 만들기 - 회의부터 바꿔라

Daniel
최익성 대표·경영학 박사

금융계 회장단의 하반기 키워드로 '조직문화'를 얘기하고 있다. 내용 안으로 들어가보면 수평적 조직문화를 강조하고 있다. 조직문화를 엿볼 수 있는 가장 좋은 도구가 회의이다. 회의는 조직 경영에 있어 가장 중요한 도구이다. 그러나 이 도구가 효과적으로 활용되지 못하는 것이 사실이다.

대면 커뮤니케이션을 중시하는 한국기업에서는 회의를 '단합'으로 생각하거나 '일단 얼굴 보고 얘기하자'는 식으로 의사결정의 안건이나 회의의 목적과 아젠다Agenda가 명확히 정의, 공유되지 않은 채로 회의를 소집하는 경우가 많다. 또한 리더들이 실무를 잘 알지 못해서 직원들이 회의에 동석하거나, 회의 준비를 위해 시간을 투입해야 하는 경우, 서로 책임을 회피하기 위해 광범위하게 회의 참석자를 소집하는 경우도 빈번하다. 또한, 막상 회의가 진행되어도 회의 참석자 중 의사결정을 할 수 있는 권한을 가진 사람이 없어 결론이 나지 않는 경우, 그리고 리더들이 일방적인 주장만 나열해 쌍방향 토론이 이루어지지 않는 경우, 서로 눈치를 보거나 책임을 회피하기 위해 의견을 얘기하지 않는 회의가 지속되는 경우 등 회의의 목적을 달성하지 못하고 결론 없는 회의가 반복되는 비효율이 발생하고 있다.

피터 드러커는 아무에게도 도움이 되지 않는 회의는 회의가 아니라고 했다. 그렇다면 어떻게 하면 의미 있는 회의가 될 수 있을까? 드러커의 말씀을 중심으로 정리해보자. 먼저 회의는 충분한 준비에서 시작되어야 한다. 회의 준비는 그 회의의 목적과 기대하는 결과를 주최자에게 확인하는 일로부터 시작된다.

더불어 회의시간을 충실하게 꾸리는 것도 중요하다. 드러커는 자기경영노트에서 회의 진행의 다섯 가지 핵심 포인트를 서술했다. 첫째, 중요한 발언을 할 만한 사람에게 사회를 맡기지는 않는다. 둘째, 회의 초반에 그 회의의 '목적'과 '달성해야 할 공헌'을 명확히 밝힌다. 셋째, 참가자 모두가 논의에 참여하도록 한다. 넷째, 회의가 목적에서 벗어나지 않기 위해 상호 자제하도록 한다. 다섯째, 회의를 마칠 때는 '목적 및 공헌'과 결론(결정 사항이나 과제 등)을 연관 지어 정리한 다음, 전원의 동의를 얻어 마무리한다.

드러커가 얘기하는 핵심 포인트를 사람들에게 소개하면 돌아오는 대답은 그런 뻔한 거 말고 특별한 것이 없냐고 반문한다. 그러면 필자는 '정말 이게 원론적인 것인가요? 기본적인 것인가요?'라고 물어봅니다. 그리고 다시 말을 이어간다. '우리는 그 뻔한 것을 해내지 못하고 있습니다. 기본적인 것인데 왜 안 될까요?'라고 말한다. 그러면 돌아오는 답변은 그러니까 전문가를 모시고 얘기를 듣고 싶었다는 뻔 한 얘기이다.

급변하는 현대사회 한 사람의 힘만으로 조직 경쟁력을 높이는 것은 어렵다. 그래서 우리는 수평적 조직문화를 강조하고 있는지도 모른다. 직급의 높고 낮음이나 경험의 많고 적음이 아닌 다양한 관점이 필요한 시기이다. 다양한 생각이 자유롭게 개진될 수 있는 분위기를 만드는 것인 비단 회의장 내에서 해결할 수 있는 소지의 것이 아니다. 선행해서 해야 할 일은 발언할 수 있는 분위기를 조성하는 것이다. 이는 참가자 모두의 몫이겠지만, 특히 중요한 사람은 리더이다. 상위 리더, 경영층, 중역임원들의 변화 의지가 중요한 것이 아니다. 행동으로 보여주지 않는다면 어느 누구도 자신의 생각을 편안하게 제안할 수 없다. 회의를 좀 더 회의답게 만들기 위해서 해야 할 일은 회의장 안팎 어디에서도 용기를 내지 않고도 자신의 견해나 주장을 얘기할 수 있고 이를 존중받고 있다고 느끼는 문화를 만들어야 한다. 이것이 수평적 조직문화의 시작이기도 하다.

밀레니얼 세대를 몰입하게 하는 조직문화

Sally
신현아 선임 컨설턴트

요즘 세대는 예전과 다르게 시킨다고 일하지 않는다. 업무지시를 하는 이유를 알아야 하고 충분히 납득되어야 자발적으로 움직이는 모습을 보여준다. 그리고 현재 직장에서 어떻게 성공할지 생각하는 비율도 크게 줄어들었다.

이런 젊은 세대들과 함께하기 위해 노력하는 리더들이 많아졌다. 이들을 이해하기 위해 많은 책을 읽고, 특강을 들으며 대화하고 소통하기 위해 노력한다. 하지만 리더 개인의 노력으로도 해결되지 않는 문제들이 있다.

당신이 경영자, 조직문화를 담당하는 리더와 구성원이라면 이러한 개인적인 노력을 넘어 어떤 조직문화로 이들과 함께할 것인지 생각해야 한다. 구성원이 추구하는 가치와 조직의 가치와 지향점이 같을 때 밀레니얼 세대는 더욱 조직에 몰입하기 때문에 조직은 정체성이 담긴 경영철학을 설계하고 구성원이 이를 내재화하고 자연스럽게 행동으로 표현하는 우리 조직만의 '다움'을 만들어 가야 한다.

우리 조직만의 '다움'을 만들기 위해서는 조직의 가치가 담긴 경영철학을 정립해야 한다. 경영철학은 조직이 가야 할 방향, 어떠한 신념을 가지고 일해야 하는가를 보여주는 데 아주 중요하다. 조직의 임직원들은 이 가치들을 염두하고 이에 맞게 행동하고 의사결정 하는 모습을 보여야 한다. 그런데 단지 다른 조직도 다 한다는 이유로 홈페이지에 단순히 달성하면 좋을 것 같은 단어와 문장을 나열하기도 한다. 신입사원들은 입사 지원 시 조직의 미션과 비전, 핵심가치를 확인하고 지원하는 데 회사에서 평소에 이런 미션과 핵심가치를 떠올리지 않을 만큼 중요하게 생각하지 않는다거나, 시기마다 주입식으로 평소 조직의 모습과 일치하지 않는 경영철학을 교육한다면 밀레니얼 사원들은 '단순히 형식을 위한 경영철학이구나', '일하는 데 굳이 신경 쓸 필요가 없는 것들이구나' 하며 터부시하게 된다. 따라서 조직의 가치가 잘 담겨 있는 경영철학을 정립하는 것이 먼저 실행되어야 하고, 구성원이 그 가치를 잘 이해하고 그것에 맞게 의사결정을 할 수 있도록 내재화를 도와야 한다.

조직이 추구하는 가치를 기반으로 의사결정을 하는 것 역시 굉장히 중요하다. 밀레니얼세대들이 업무 중 생각하는 '왜?'로부터 대부분의 '답'을 줄 수 있는 중요한 요소이기 때문이다. 가치 지향적인 조직의 구성원은 조직의 업무 방향과 그 이유를 쉽게 수긍하고 목표 달성을 위해 몰입할 수 있게 된다.

책 '그래서, 인터널브랜딩'에서는 가치 지향적인 조직과 그렇지 않은 조직을 차량의 자동 변속기와 수동 변속기에 비유하여 표현했다. 수동 변속기를 사용하는 조직은 의사결정 체계가 복잡하고, 상황에 맞게 그때마다 대응하게 된다. 또한 운전대를 잡은 개인의 판단으로 방향이 결정된다. 그렇기 때문에 의사결정 과정이 항상 긴급할 수밖에 없고, 항상 의사결정권자의 눈치를 보는 환경에 밀레니얼 세대는 불안함을 느끼게 된다.

그렇다면 자동 변속기를 사용하는 조직은 어떨까? 차량의 자동 변속기는 수동 변속기와 다르게 기어 조정을 별도로 할 필요 없이 기능이 설정되어 있다. 가치 지향적인 조직에서는 조직의 가치가 이런 자동 변속 기능을 담당해준다. 그렇기 때문에 조직의 가치가 내재화되어 있으면 개개인의 직원들은 그에 맞게 자연스러운 의사결정을 직접 하게 되고, 예상치 못한 상황에서도 더욱 의연하게 대처할수 있게 된다.

따라서 이런 자동 변속기를 사용하는 가치 지향적인 조직에는 '자율'과 '권한위임'이 생기고 밀레니얼 세대는 스스로 시행하고 의견을 낼 수 있는 부분을 인지하고 조직에 몰입하는 모습을 보이게 된다. 이런 조직에서 경영자, 조직문화 담당자는 큰 관점에서 구성원이 옳은 방향으로 가고 있는지, 속도가 너무 빠르거나 느리지 않은지를 체크하는 역할을 해야 한다.

조직의 경영철학과 추구하는 가치가 일상의 업무 속에 잘 녹아들어 모든 구성원이 이를 이해할 때, 밀레니얼 세대의 조직에 대한 헌신과 몰입을 높일 수 있다.

자기에게 주어진 일에서 좋은 점을 찾아보라!

Hope
류호택 고문·경영학 박사

직장을 다니면서 자기가 좋아하는 일을 하면 얼마나 좋을까? 물론 요즈음 인사부서에서는 가능하면 자신이 하고 싶은 일을 하도록 해서 많은 배려를 한다. 하지만 이런 혜택을 받지 못하는 경우가 더 많다. 아마도 그런 일을 1,000명에 한 명 정도 될까 말까 할 정도일 것이다. 이에 대해 이나모리 가즈오 회장은 "직장에서 자기가 좋아하는 일을 할 기회는 많지 않다. 오히려 주어진 일에서 좋은 점을 찾기가 훨씬 쉽다"라고 한다.

한 우물을 파게 되면 좋은 점도 많이 있다. 하지만 직장생활을 하다 보면 자신의 전공과는 전혀 관계없는 업무를 해야 할 때도 있다. 이럴 때, 자신이 할 수 없다고 회피하는 사람도 있지만 한번 해 보겠다고 도전하는 사람도 있다. 딱히, 어떤 것이 좋다고는 말할 수 없지만 이런 기회가 행운의 기회가 되기도 한다.

사업을 하는 사람도 마찬가지다. 부모에게 물려받은 사업을 하는 경우나, 본의 아니게 채권문제로 회사를 인수하여 회사를 운영하는 사장도 있다. 이들은 자기가 좋아서 사업을 하는 것이 아니라 등 떠밀려 사업을 하는 경우이다. 이런 분 중에는 일을 열심히 하지 않는 것은 아니지만 자기 일에서 재미를 못 느끼는 분도 있다. 후회하는 분도 있다. 이런 분도 자기 사업에서 좋은 점을 찾으려고 노력하면 얼마든지 좋은 점을 발견할 수 있다. 조폭이나 사기꾼이 운영하는 회사가 아니라면 그 산출물이 인류사회에 도움을 주기 때문이다.

사람들은 다른 사람이 도움을 받아 기뻐할 때 더 행복을 느낀다. '좋아요'를 눌러주면 기뻐하는 유튜버도 이런 경우다. 이처럼 자신이 맡은 일에서 다른 사람이 기뻐할 일을 찾으려고 노력하면 얼마든지 발견할 수 있다. 이는 삶의 의미나 목적을 발견하는 것이다. 좀 더 거창하게 말하면 삶의 철학을 발견하는 것이다. 회사에 근무하는 사람도 마찬가지이다. 자기 일에서 다른 사람이 어떤 점을 좋아할지 찾아보면 얼마든지 좋은 점을 발견할 수 있다.

이공계 출신인 필자는 설계부문이나 생산부문에서 근무를 희망했지만, 과장 때 우연히 기획업무를 담당하게 되었다. 엔지니어가 기획업무를 한다는 것은 상상할 수 없었지만, 상사인 부장님과 이사님, 그리고 선무님께 나를 믿어주고 한번 해보라는 권유가 힘이 되어 기획업무에 도전했다. 그리면서 그 당시에 승용차인 포니 두 대값의 PC를 사 주셨다. 그 당시 포니는 임원이 타고 다니는 승용차였다. 나는 이 PC를 이용해 6개월 만에 사업계획서 작성 프로그램을 완성했다. 목적이 있고 믿어주는 사람이 있으니 집에는 거의 통금시간이 다 돼서야 집에 들어갔지만, 회사를 나오면서 쾌감을 느끼기도 했다. 이런 일이 있고 난 뒤부터는 졸지에 나는 기획 전문가가 되어 기획과장의 직책으로 임원 회의에 빠지지 않고 참석했다. 이런 성공 경험을 발판으로 상품기획을 담당하게 되었을 때는 내부수익률 법IRR:Internal Rate of Return인 투자분석

프로그램을 만들어 사업성 분석을 했다. 지금은 엑셀에 이런 프로그램이 있어 쉽게 할 수 있었지만, 당시만 해도 획기적이었다. 그 이후에 동국제강 그룹 경영관리, 공정거래법 관련 업무, 그룹 감사 업무, 인사관리, 비서실장, 관리본부장, 연수원장 업무 등을 거쳤다. 이 과정에서 이론적인 보강을 위해 경영대학원을 수료했다. 영업을 제외한 대부분의 관리 부분의 업무를 경험한 필자는 회사 은퇴 후 헤드헌팅 업무를 하면서 밑바닥 영업을 경험했다. 비즈니스 코칭을 하게 되면서 이론적인 보완을 위해 상담학 공부를 시작해 심리치료 석사와 자아초월상담학 박사학위를 취득했다. 이런 업무 경험들이 강의와 비즈니스 코칭에 많은 도움이 되고 있음은 물론 천년기업가를 양성하는 데도 많은 도움이 되고 있다. 천년기업가 과정 1기생 졸업생들과 함께 저술한 『지속성장 가능한 천년기업의 비밀』에 이런 경험이 녹아 있다.

세계적인 명성을 떨치고 있는 흑인 배우 '덴젤 워싱턴'은 그가 성공 후 어느 대학교 졸업식에서 "크게 실수하라Fail Big! 그리고 실수에서 배우라." 고 했다. 큰 실수를 했다는 것은 바닥으로 내려가 봤다는 이야기다. 파도는 밑으로 내려가면 내려갈수록 더 높이 솟아오른다. 큰 실패를 했다는 것은 더 크게 성공할 수 있는 에너지를 포함하고 있다는 의미다. 단점도 마찬가지다. 그것을 인정하고 받아들이기만 하면 더 높이 솟구칠 수 있다. 동화작가 안데르센은 "나는 못생긴 덕분에 '미운 오리 새끼'를 쓸 수 있었고, 가난했기 때문에 '성냥팔이 소녀'를 쓸 수 있었다." 고 했다. 마쓰시타 고노스케는 "가난했기 때문에 구두닦이와 신문팔이 등 세상 경험을 할 수 있었고, 몸이 허약했기 때문에 늘 건강에 신경 썼고, 못 배웠기 때문에 겸손하게 누구에게도 배우려 했기 때문에 성공했다. 이것이 하늘의 은혜가 아니고 무엇이냐!" 고 반문했다.

100세 시대에 사는 우리는 은퇴 후에도 30~40년이란 기간 동안 자기 일을 해야 한다. 자기 경험 중에 어떤 것이 은퇴 후에 도움을 줄지 아무도 모른다. 지금 당신이 하는 일을 즐기려는 과정에서 당신의 후반기 인생을 풍요롭게 할 일이 있을지 아무도 모른다. 그래도 자기 일에서 보람을 찾지 못했다면 자기 삶의 목적 달성을 위해 먼저 경제적 여유를 얻겠다는 의미 발견도 좋다.

자신이 하는 일을 사랑하라. 그렇게 되면 당신이 만든 산출물에 영혼이 담기게 된다. 그런 행동이 사람들을 감동하게 한다. 천년기업가라면 더욱 그렇다.

혁신의 비밀

James
홍국주 책임 컨설턴트

새로운 아이디어를 개발하고, 적용하고, 실행에 옮기는 것은 조직이 지속적으로 변하는 환경에 적응할 수 있도록 돕는다. 그래서 조직이 혁신할 수 있는 역량을 가지는 것은 요즈음 같은 경쟁적이고 역동적인 비즈니스 환경에서 조직의 성공에 많은 영향을 미칠 수밖에 없다. 그리고 기술의 발전 속도가 빠르게 진행되면서 이러한 혁신에 대한 요구가 더 커지고 있다. 특히나 기술 기반의 회사들은 조직에서 더 많은 혁신적인 활동이 일어 날 수 있도록 많은 노력을 기울이고 있다. 예를 들어, 글로벌 기업 3M의 경우 기업 자원의 15%를 임직원들이 새로운 아이디어를 발견하는데 투자하도록 하고 있다.

그렇다면 혁신이란 곧 새로운 아이디어를 발견만 하는 것인가? 혁신을 곧 '새롭고 창의적인 아이디어'라고 정의하는 사람이 있다. 혁신과 창의성이 매우 관련이 깊은 것은 사실이다. 하지만 둘 사이에는 분명한 차이점이 존재한다. 창의성이 새로운 아이디어를 창출하는 데 집중한다면 혁신은 새로운 아이디어를 반복적인 실험을 통해 검증하고 결과적으로 유용한 무언가를 만드는 데 집중한다는 것이다. 따라서 기업의 혁신을 위해서 정말로 필요한 것은 혁신적인 생각이 단순한 아이디어로 끝나는 것이 아니라 실행으로 옮겨질 수 있도록 하는 것이다.

그렇다면 기업 내에서 이러한 혁신이 일어나려면 우리는 어떻게 해야 하는가? 혁신이 일어날 수 있는 특정한 한 가지 방법은 존재하지 않는다. 그리고 혁신은 단순히 다채로운 사무실 환경이나 놀이터같이 활동적으로 꾸며진 사무실에서 일어나는 것도 아니다. 혁신은 이처럼 강제될 수 있는 것이 아니다. 하지만 확실한 것은 혁신은 어떠한 투자 없이는 일어나지 않는다는 것이다. 그렇다고 여기서 말하는 투자가 단지 자금을 말하는 것은 또한 아니다. 글로벌 기업 구글의 경험에 의하면, 혁신은 올바른 사람을 채용한 후 그들이 일상적인 행동을 벗어나 혁신적인 행동을 할 수 있는 올바른 환경을 조성할 때 일어난다고 한다. 따라서, 기업이 혁신을 위해서 집중해야 하는 영역은 '혁신적인 업무환경'을 조성하는 것이다.

먼저 구글에서 강조하는 혁신적인 업무 환경이란 다음 5가지 1)비전 공유 2)자율성 3)내적 동기 4)위험 감수 5)네트워크 및 콜라보레이션을 포함한다. 비전 공유란 조직이 어디로 향하고 있는지 모든 임직원이 알 수 있도록 하는 것이다. 그리고 직원이 자신의 업무를 최대한 자율적으로 할 수 있도록 해야 하며, 배우기를 좋아하고 호기심이 많은 사람을 채용함으로써 내적 동기에 의해 일하는 분위기를 조성해야 한다. 또한 위험을 감수하고 새로운 아이디어를 시도하는데 직원이 심리적으로 안전감을 느낄 수 있도록 하는 것이 필요하며, 직원이 협업할 수 있는 파트너를 쉽게 찾고 함께 일할 수 있는 업무환경을 조성해야 한다.

특히 공통의 비전을 가지는 것은 비전을 이루기 위해서 어떤 문제와 과제들을 해결해야 하는지 이것을 위해 어떤 혁신이 필요한지를 구성원이 이해할 수 있도록 한다. 따라서, 공유된 비전은 조직의 목표와 우선순위와도 얼라인 되어있어야 한다. 또한, 직원들은 자신의 상황과 환경이 이해되지 않으면 새로운 아이디어나 변화를 위협적으로 느끼고 받아들이기를 거부한다. 비전을 공유하는 것은 임직원이 새로운 아이디어나 변화에 위협을 느끼는 것이 아니라 동기부여되고 비전을 이루는데 공헌할 수 있도록 하기 위함이다. 무엇보다 공유하는 비전은 우리 조직이 왜 존재하며, 이루고자 하는 것은 무엇이고, 어떻게 이룰 것인지를 포함하는 것이 좋다.

이처럼 혁신은 만들어지는 것이다. 그리고 혁신을 조직의 일부로 만드는 것은 직원들이 사고하고 일하고 협업하는 가치 있는 방식을 만드는 것과 같다. 직원들이 서로 상호 관계 맺는 과정을 중요시 여길 때 비로서 혁신은 일어날 것이다.

혁신을 위해 무엇을 해야 하는가

Daniel
최익성 대표·경영학 박사

혁신을 만들어낸 사람이나 조직을 보면 '천재적 영감'으로 부터 얻은 결과가 많다. 천재적 영감은 누구나 가지고 싶어 하는 재능이고 배우고 싶은 것이다. 그러나 이와 같이 번뜩임에 의해 만들어진 혁신은 반복되기 어렵고, 학습하고, 따라하는 것도 쉽지 않다. 피터 드러커는 '올바른 분석과 시스템적 접근 그리고 고된 노력에 기초를 둔 목적지향적 혁신만이 진정한 혁신'이라고 말했다. 그렇다면 과연 혁신을 만들기 위해서 무엇을 해야 할까?

드러커는 혁신을 위해 '꼭 해야 할 일'과 '하지 말아야 할 일(하지 않았다면 더 나았을 일)'을 분리하여 제시한다. 그가 제시하는 하지 말아야 할 일은 세 가지, '무조건 독창적인 것만 하려 하지 마라', '한꺼번에 너무 많은 것을 시도하지 마라', '장래를 위해 혁신을 하려고 노력하지 마라' 이다.

첫째, 독창적인 것이 혁신은 아니다. 사실 대부분의 사람들은 혁신이 기존에 없던 새로운 것을 창조해내는 힘이라는 인식을 가지고 있다. 필자도 그렇지만 혁신적 사고라 하면 독창성과 새로움이 묻어 있어야 한다고 생각하는 경향이 있다. 그러나 드러커는 혁신은 평범한 사람도 추진할 수 있는 것이어야 한다고 주장하고 있다. 기업이나 조직이라는 것은 평범한 사람들이 모여 비범함을 만들어 내는 집단이라면 이 말은 더욱 일리가 있다. 혁신의 규모가 작거나 큰 것을 떠나 이것을 집행하고 실행하는 사람이 평범한 사람들이기 때문이다.

둘째, 다각화가 혁신은 아니다. 피터 드러커는 경영은 선택과 집중이라고 누차 강조했다. 경영컨설턴트인 짐 콜린스는 '중요한 것이 세 가지 이상이라는 것은 중요한 것이 한 가지도 없는 것과 같다.'라고 역설한다. 모든 것을 보여주거나 하고자 한다면 모든 것을 잃게 된다. 사업 활동의 핵심으로부터 벗어난 혁신은 산만해지기 쉽다. 이것도, 저것도 하다보면 좋은 것이 있을거야 라고 말하지만 실제 최적안을 찾을 수 없다. 그래서 드러커는 혁신을 위해서 폐기의 용기courage of abandonment가 필요함을 강조했다. 조직이 진정한 혁신을 하기로 했다면 여전히 지금 하고 있는 일들을 할 것인가, 아니라면 무엇을 버리고, 무엇에 집중할 것인지를 생각해봐야 한다.

셋째, 미래를 위해 혁신하는 것이 아니다. 지금 당장 응용되지 못하는 혁신은 레오나르도 다빈치의 노트에 그려져 있는 설계 도면과 같은 것이다. "혁신의 결과물을 당장 사용하고, 차이를 느끼고 계속해서 이용할 사람들이 많다. 앞으로 수요자는 10년 동안 수요자는 더 늘어날 것이다" 라고 말할 수 있는 것이 현재를 위한 혁신이다. 쉽게 말해 당장 판매할 수 있어야 한다. 다시 말해 혁신의 목적은 당장 구매가 일어나 매출과 수익으로 이어질 수 있도록 하는 것이다.

그럼 혁신을 위해 해야 할 일은 무엇일까? 첫 번째는 체계적인 혁신은 기회를 분석하는 것부터 시작해야 한다. 두 번째 일은 직접 밖으로 나가서 보고, 질문하고, 경청하는 것이다. 세 번째는 혁신의 목표를 달성하기 위해 오직 한 가지에 초점을 맞추어야 한다. 네 번째 효과적인 혁신은 작게 시작한다. 거창하지 않아도 된다는 말이다. 마지막으로 혁신을 활용하기 위한 목표는 '주어진 환경 하에서 주도권을 잡는 것'이다. 그렇지 않으면 혁신의 결과가 경쟁자를 끌어들이는 기회만 제공한 채 끝나고 만다.

특히 요즘과 같은 급변의 시대에는 주도권을 선점하고 먼저 나아가는 것이 중요하다. 언제나 탈주자가 따라 붙고, 추월할 수 있으니까. 결국 최근 만들어낸 혁신의 결과에 만족하고 안주하고 있으면 안 된다. "오늘 성과가 좋으니 내일도 성과가 좋은 것이다" 를 예측할 수 없는 시대이기에….

조직문화는 복지가 아니다

James
홍국주 책임 컨설턴트

대기업을 비롯한 여러 기업이 조직문화 개선에 박차를 가하고 있다. 회장들이 직접 나서 조직문화를 강조하는 사례도 이제 비일비재하다. 그렇다고 조직문화에 대한 높은 관심이 꼭 새로운 것만은 아니다. 조직문화에 대한 관심은 예전부터 존재했다. 달라진 점이 있다면, 이제는 조직문화의 중요성을 각 기업과 경영진들이 더 실감하기 시작했다는 것이다. 예전 경영진에서는 조직문화가 왜 중요하냐는 목소리가 컸다. 따라서 조직문화 개선 활동이 경영의 우선순위에서 밀려나거나 조직문화 관련 교육을 진행하기 위해서는 경영진을 힘들게 설득해야 하는 과정이 수반되었다. 하지만 이제는 많은 기업이 조직문화의 중요성을 인식하는 것을 넘어 실감하기 시작했다. 설령 실감하지 않더라도 좋은 조직문화를 만들기 위해 노력하고 있다는 흉내라도 내야 할 판이다. 현대차가 청바지를 입고, 삼성과 LG가 넥타이를 풀고, SK가 행복 경영을 외치는 데는 다 그만한 이유가 있다. 이러한 기업들의 문화가 비록 더디게 변할 수는 있어도, 낡은 문화를 벗어나기 위해 노력하고 있는 것은 분명하다.

이런 변화의 흐름을 촉진한 것은 바로 조직 구성원의 변화이다. 특히나 밀레니얼 세대가 조직 구성원의 많은 비율을 차지하기 시작하면서,

더 많은 인재를 끌어오고, 기업에 적응하게 하고, 기업 내에 머물게 하는데 조직문화가 상당히 중요한 역할을 한다. 대기업은 이제 더는 젊은 인재들의 종착점이 아니다. 조직문화가 좋지 않은 기업은 아무리 대기업이라도 인재들에게 외면당한다. 훌륭한 인재들은 훌륭하지 않은 조직문화에 머무르지 않는다.

과장을 조금 보태 지금은 퇴사율 절반의 시대이다. 사람인의 조사에 의하면 올해 2019년 기준 1년 차 신입사원의 퇴사율은 48.6%이다. 2010년 15.7%에 비교하면 상당한 차이를 보인다. 퇴사자가 늘어나면 늘어날수록 기업의 손실은 막대하게 증가한다. 일반적으로 신입사원이 성과를 내는 데 필요한 기간은 18개월에서 26개월이다. 그 기간 임금을 포함해 교육훈련이라는 명목하에 들어가는 비용이 대략 1인당 6000만 원에서 1억2000만 원이다. 신입사원이 퇴사하는 순간 그 비용도 함께 증발해 버리는 것이다. 그 외에도 퇴사로 인해 발생하는 추가 채용의 문제, 기존 직원의 업무량 증가 문제, 기업의 고용 브랜드 이미지 실추 등의 문제가 발생한다. 도대체, 왜 이렇게 많은 사람은 자신이 다니는 회사를 떠나는 것일까? 2016년 경총 조사에 의하면 49.1%의 응답자가 퇴사의 이유로 조직 및 직무 적응 실패를 꼽았다. 따라서 많은 전문가가 조직 적응을 돕기 위해 밀레니얼 세대의 가치관과 현 기업의 조직문화 사이의 차이를 좁히는 노력을 기울이고 있다.

하지만, 아직도 많은 사람이 조직문화를 단순히 직원들에게 제공되는 '복지'나 '워라벨' 수준으로 해석하는 경우가 있다. 혹은 단순히 한 기업이 얼마나 수평적인지 또는 수직적인지를 나타내는 지표로 생각한다. 조직문화를 이처럼 해석하는 기업들의 조직문화 개선 활동들을 자세히 들여다보면 마치 야유회나 체육대회와 같은 모습을 띤다. 동호회 활동과 구분이 안 되는 경우도 있다. 하지만 기업의 목표는 '친목'이 아니다. 각 기업의 목적과 목표에 따라 결국 여러 사람이 모여 일을 하는 것이 기업이다. 따라서, 조직문화는 결국 '일하는 방식'으로 해석되어야 한다. 조직문화 활동의 목표는 결국 '함께 일하는 방식을 찾아 나가는 것'이 되어야 한다. 함께 일하는 환경을 조성하는 것이 되어야 한다. 즐거운 대화보다 깊은 대화를 나누게 해야 한다. 조직의 문제를 외면하기보다 직면하게 만들어야 한다. 무엇보다 한 직원이 개인의 성과와 성장에만 집중하고 있을 때, 우리 팀과 우리 조직의 성과와 성장에 대해 고민할 수 있도록 관점을 전환시키는 활동이 되어야 한다. 기억하자. 조직문화는 결코 복지가 아니다.

의욕이나 욕망은 오래가지 못한다. 루틴(Routine)을 만들어라

Hope
류호택 고문·경영학 박사

성공하는 사람과 실패하는 사람의 차이는 무엇일까? '실행력'이다. 올 연초에 세운 계획을 지금까지 실행하고 있다면 당신은 성공의 길을 걷는 것이다.

연초 세운 계획을 연말까지 실천하는 사람은 드물다. 1985년 펜실베이니아 대학교 연구팀이 213명을 조사한 결과 일주일 안에 4분의 1이 포기했고 1개월 이내에 포기한 사람이 절반이고 6개월 이내에 포기한 사람이 60%였다고 한다. 영국의 하드퍼트셔대의 리처드와 와이즈먼 교수가 3000명을 대상으로 조사한 결과도 새해 결심을 지킨 사람이 12%였다고 한 걸 보면 자기와의 약속을 지키기가 얼마나 힘든지 보여준다.

그렇더라도 계획을 세우는 것이 좋다. 스크랜턴 대의 조사에 의하면 40~50%가 새해에 새로운 결심을 하는데, 이런 결심을 한 사람이 그렇지 않은 사람보다 10배 정도 더 원하는 결과를 얻었다고 했다. 이 연구진은 행동 변화 약속을 공개 선언한 사람 159명과 행동 공개 선언을 하지 않은 123명을 6개월 후에 조사한 결과 선언하지 않은 사람은 4%만 행동을 바꿨을 뿐이지만, 공개 선언한 사람은 거의 12배인 46%가 행동을 바꿨다고 했다. "탁월한 사람이라서 올바르게 행동하는 것이 아니라 올바르게 꾸준하게 행동하기 때문에 탁월한 사람이 되는 것이다" 라고 말한 아리스토텔레스의 말처럼 탁월한 사람이 되기 위해선 올바른 행동을 습관화해야 한다.

루틴으로 성공한 예로는 '손정의'가 있다. 그는 새로운 아이디어를 얻기 위해 매일 아침 낱말카드 3장을 뽑은 후 그 단어에서 연상된 아이디어로 새로운 아이템을 만들었는데 1년 동안 무려 250가지의 발명품을 개발했다는 것이다.

미국 100달러 화폐의 주인공인 벤저민 프랭클린은 정규 교육을 2년밖에 받지 못했지만, 매일 1시간씩 반성하는 시간을 가졌다. 그는 정치인, 인쇄인, 작가, 과학자, 교육자, 계몽사상가로 절제, 침묵, 규율, 절약, 근면, 성실, 정의, 중용, 청결, 평정, 순결, 겸손 등 13개의 덕목을 평생 꾸준하게 실천함으로써 지금까지도 존경받는 인물이 됐다.

러시아의 대문호 톨스토이는 82세로 세상을 떠날 때까지 63년간 일기를 썼다. 그의 일기장에는 자신의 단점 아홉 가지를 고치려고 노력했던 흔적이 남아 있다. 이런 노력이 그를 세계적인 대문호로 만들었다.

췌장암으로 세상을 짧게 살다간 스티브 잡스는 "습관처럼 매진할 기회는 인생에서 기껏해야 두세 번밖에 없다" 고 하면서 "이것이 최선입니까?" 라는 질문을 입에 달고 살면서 역사에 길이 남을 아이팟과 아이폰을 만들어 냈다.

이처럼 자신이 꼭 해야 할 일을 루틴으로 만들어 유지한 사람은 자신의 성공은 물론 다른 사람에게 깊은 감동을 준다. 그렇다면 어떻게 이런 꾸준함을 유지할 수 있을까.

첫째, 절박한 계획을 세우는 것이다. 절박하지 않은 계획은 실행력이 낮다. 60점 이하의 절박한 계획은 실행되지 않는다고 보는 게 좋다. 자신이 꼭 해야 하지만 절박함이 부족한 경우라면 절박한 이유를 찾아보라. 얼마든지 찾을 수 있다. 건강을 위해서건, 경제적 여유를 위해서건, 자신의 존재 목적 달성을 위해서건 이유를 찾을 수 있다.

둘째, 보상받을 수 있는 계획을 세우는 것이다. 금전적 보상도 좋지만, 내면을 만족시키는 보상이 더 좋다. 성취감이나 존재감을 느낄 수 있는 만족이 금전적 보상보다 훨씬 더 동기부여를 촉발한다. 당신에게 영향을 준 사람을 생각해 보라. 그 사람은 당신의 존재를 인정해 주고 잠재력을 믿고 기다려 준 사람일 것이다.

셋째, 누군가 기뻐해 줄 수 있는 계획을 세우는 것이다. 전쟁터에 나간 군인이 살아 돌아오겠다는 가족과의 약속을 지키기 위해 온갖 고난을 이겨내는 것, 직장이란 전쟁터에서 힘들 때 용기를 갖게 해 주는 것도 기뻐해 줄 가족이 있기 때문이다. 가족은 힘들 때도 용기를 주는 버팀목이다.

넷째, 실패했을 때도 있는 그대로의 자신을 수용하는 것이다. 자책하지 않는 것이다. 자책은 자신을 하찮은 사람으로 만들거나 비굴한 사람으로 만든다. 반면 수용은 자신을 다시 일어서게 만든다.

다섯째, 핑곗거리에 대한 대책을 미리 세우는 것이다. 어떤 경우든 장애물이 나타난다. 이에 대해 미리 대책을 세워야 한다.

여섯째, 매일 아침 루틴하게 되뇔 수 있는 질문이나 문장을 만드는 것이다. 양치질하면서 '천년기업을 만들기 위해 오늘 무엇을 할 것인가?'처럼 루틴routine하게 질문하는 것도 좋고, '나는 균형 잡힌 몸매를 유지하겠다'라는 글을 모니터에 붙여놓고 앵커링 하는 것도 좋다.

의욕은 시간의 흐름에 따라 감소하거나 축소된다. 의욕만으로 목표에 도달하긴 어렵다. 매일 해야 할 것을 루틴으로 만들어 실행하도록 하는 것이 좋다. 그러면 어느 순간 당신은 성공한 삶을 살게 될 것이다.

성과지향 HRD가 필요하다

Sophia
강송희 책임 컨설턴트

코로나19의 확산이 지속되고 있다. 학교 개학이 계속 미뤄지듯 기업의 정상화도 예정보다 미루어지고 있다. 이러한 위기 속 조직 구성원들은 기업 경영자로서, 영업이나 전략담당 등으로서 각자의 고민이 있을 것이다. HRD 담당자들에게 현 상황에서 가장 고민이 되는 부분이 무엇인지 물어보았다. 대부분 당장 회사의 손익이 줄어든 이후 담당 인력 감축 문제, 사기 저하된 조직 분위기, 예산 감축 및 교육 축소 등의 후폭풍을 고민하고 있었다. 코로나19로 촉발된 경제 위기에 기업에서 축소하기 가장 좋은 부분은 '교육'일 것이다. 추상적인 투자, 즉 눈에 보이는 성과와 매출로 이어지지 않기 때문이다.

교육이 성과가 있다고 어떻게 말할 것인가? 국내외 많은 기업에서 교육훈련의 경영 성과에 대한 ROI를 측정하려는 다양한 시도를 해왔다. 그러나 일반화하기 쉽지 않을뿐더러, 만족할만한 결과를 보이는 경우가 드물다. 최근 액소니파이Axonify의 연구 자료에 의하면, 교육은 평균적으로 비즈니스 성과의 29%를 차지한다는 연구결과가 나왔다. 하지만, 이 또한 실체 없는 숫자일 뿐, 질문의 해답은 될 수 없다.

교육 담당 부서와 직원들도 교육이 조직 성과에 기여하는 것은 알고는 있지만, 얼마나 기여한다고 자신 있게 이야기하지 못할 것이다. 운영하는 교육과정이 조직 성과에 어떤 기여를 하고, 참석한 사람들에게 어떤 영향을 줘서 얼마만큼의 가치를 창출할 것이라고 대답할 수 있을까? 지금까지의 교육은 관성적인 측면이 많았을 것이다. 그리고 그냥 해야 하는 교육, 들으면 좋을 것 같은 교육들로 채워졌을 것이다.

Gilley & Maycunich 연구에 따르면 HRD의 발전은 6단계로 나누어진다.

1단계: HRD부재 / 2단계: 1인 HRD / 3단계: 프로그램 공급자 Vender 중심 HRD / 4단계: 맞춤형 프로그램 공급자 중심 HRD / 5단계: 고객지향/성과지향 HRD / 6단계: 전략적으로 통합된 HRD

대부분 기업의 HRD는 4단계와 5단계 사이에 있다. 맞춤형 프로그램들을 개발하고, HRD전문가로서 요구가 증대되는 등 구성원들의 관심은 생겨났지만 조직 성과와의 연계가 미흡하다. 대부분 교육 만족도, 성취도 수준의 교육평가이다. 때문에 "교육이 무슨 의미가 있는가?" "우리 조직에 기여하는 바가 무엇인가?" 하는 고민들은 과도기적인 것으로 매우 자연스러운 것이다. 이 시기의 기업교육은 크게 4가지 지향점을 바탕으로 체계를 구축해야 한다.

첫째, 조직의 성과에 도움이 되는 가치 위주로 교육을 구성해야 한다. 이는 개인 역량개발에 치우친 현 교육체계에서 벗어나 팀 개발/조직 개발 차원에서의 역량 향상 중심의 교육 체계가 구축되어야 함을 말한다. 특히, 문제 해결 중심의 교육과정이 필요하다. 현업의 문제를 교육현장에서 함께 토론하고 조언을 받아 결론을 내고 필드에서 실천해야 한다.

둘째, 분야별 전문가 육성을 강화해야 한다. 개인 역량개발을 통한 조직 경쟁력 강화의 측면도 있지만, 이들을 다시 교육현장에 투입할 수 있다. 사내 인프라 구축인 셈이다.

셋째, 의무교육에서 선택교육으로 전환해야 한다. 전체 교육에서 구성원들이 원하는 모든 요소들을 반영하려고 한다면 현실적으로 운영이 제대로 되지 않을 뿐더러 오히려 경쟁력을 상실할 수 있다. 교육이 필요한 사람에게, 필요한 내용만을 전달하여 교육의 효과를 높일 수 있도록 체계 수립해야 한다.

넷째, 조직 성과와 연계한 교육평가 및 측정 기준을 세워야 한다. 기업 교육이 궁극적으로 추구하는 변화는 단순 교육만족도나 성취도가 아니다. 조직의 성과이다. 학습자들이 교육 후 직무에서 정적인 행동 변화를 보였는지, 내부 브랜드 지지도가 변화했는지 또는 교육 후의 변화가 전체 조직에 사업 결과로 나타났는지를 판단할 수 있어야 한다. 이는 인프라를 바탕으로 지속적인 성과 추적 및 체계적 관리가 필요한 부분이다.

코로나는 사회 전반에 광범위한 영향을 주고 있다. 기업교육분야에서는 조직성과에 기여하는 HRD, 전략적 파트너로서의 HRD 역할을 고민하는 계기가 되길 바란다.

훌륭한 전략보단 훌륭한 실행이 필요하다

Sophia
강송희 책임 컨설턴트

한국경제연구원은 '이번 신종 코로나바이러스 감염증(코로나19) 사태가 비교적 단기간(6개월 이내)에 진정되어도 국내 대기업의 올해 매출액과 수출액은 각각 평균 3.3%, 5.1% 감소할 것'이라고 발표했다. 이 바이러스 전쟁 속에 크고 작은 조직들은 저마다 살아남기 위한 전략을 세우고 있다. 구조조정, 사업 매각, 폐점 등이 가장 흔한 대안이지만 이는 혜안이 되지 못한다. 기업평판, 비즈니스 모델에 긍정적인 영향을 주지 못하기 때문이다. 코로나19 전략, 위기관리는 경영적인 측면과 아울러 조직문화, 영업 및 마케팅 등 다양한 측면에서 혁신이 필요하다. 예를 들면, 원격 업무 프로세스 혁신, 디지털 트랜스포메이션, 언택트, 성과지향문화 등을 기조로 삼아 TF(태스크포스)를 운영하는 기업들도 있다.

문제는 이 전략의 '실행'이 만만치 않다는 점이다. 2007년 미국 포춘지 조사에 의하면 수립한 전략을 제대로 실행하고 있는 기업은 10% 미만이라고 한다. 그리고 2016년에 글로벌 컨설팅기업인 PwC에서 실시한 조사에서도 전략 수립과 실행에 모두 능한 리더는 전체의 8%에 불과하다는 결과가 나타났다. 즉, 실행의 중요성에 비해 리더들의 수행능력이 현저히 떨어진다는 것이다.

필자도 그간 컨설팅 프로젝트를 하면서 여러 보고서를 고객에게 전달했다. 그러나 여기서 나온 전략이나 제언이 그저 종이 위에만 머무르는 경우가 많았다. 지금도 책장 안에 고이 '전시'되어 있지 않을까 싶다. 이처럼, 리더에게 가장 어려운 일은 '전략의 실행'이다. 때문에 실패한 기업의 문제는 전략의 부실이 아니라 실행이 부실한 탓이라고 얘기한다.

아무리 좋은 전략도 '실행'되지 않는다면 무용지물이다. 어떻게 하면 전략을 '실행'할 수 있을까? 2005년 맥킨스와 스틸의 조사 결과, 전략 실행의 실패 원인 상위 3가지는 (1)자원의 잘못된 분배 또는 부재, (2)전략 커뮤니케이션의 실패, (3)실행에 필요한 행동들의 불명확한 정의이다. 이를 바탕으로 봤을 때, 전략 실행력을 높이기 위한 중요 키워드는 구성원의 '참여', '이해와 공감', '커뮤니케이션'이다.

첫째, 전략 수립 과정에서 실행을 담당할 구성원의 참여를 최대한 높여야 한다. 최종 전략 보고서만 전달한 기관보다 워크숍을 통해 여러 임직원이 전략을 발전시키고 결과물을 공유한 기관이 실행력에 큰 차이를 보였다. 작은 의견이라도 내 의견이 반영됐다는 느낌은 구성원의 관심과 몰입도를 높였기 때문이다. 높은 관심과 몰입도를 바탕으로 전략과 연계한 새로운 사업을 추진하였으며, 부서 및 개인의 역할 이해도도 높았다.

둘째, 구성원들의 이해와 공감이다. 회사의 전략 자체뿐만 아니라 회사의 성공에 전략이 왜 중요한지, 전략 실행에 필요한 행동은 무엇인지 전 직원이 이해하고 있어야 한다. 모든 사람이 같은 생각을 공유해야 전체 회사가 하나의 팀처럼 유기적으로 움직일 수 있다.

셋째, 공개적이고, 지속적인 커뮤니케이션이다. 전략의 실제적 효과를 위해 전략과 관련된 모든 이슈를 공개적으로 논의할 필요가 있다. 특히 조직 내 각 사업 단위에 기업의 자원을 어떻게 배분할지를 세부적으로 정하고, 업무 역할과 그에 따른 자원 배정 관련 명확하고 지속적인 논의가 필요하다.

좋은 전략을 수립하는 것도 중요하다. 그러나 전략 자체가 목표가 아니다. 이를 실행해서 제대로 성과를 내는 것이 더욱 더 중요하다. 개인적으로 수십 명의 상위 직급자들만 이해하고, 만든 A+ 전략보다도 구성원들이 참여하고, 모두에게 공유된 B+ 수준의 평범한 전략이 더 바람직하다고 생각한다. 구성원들이 참여하고, 공감하며, 이해할 수 있는 전략이었을 때 실행력이 높아지기 때문이다.

코로나발 위기상황, 그 어느 때보다 훌륭한 전략 그리고 훌륭한 실행이 필요하다. "전략이든 플랜이든 실행에 옮기지 않으면 한 장의 종이에 불과하다." - 짐 브로드헤드 FPL 그룹 전 CEO

저자모집

Kwazii
송준기 책임 컨설턴트

독서인구가 계속 줄고 있다고 한다. 2019년 자료에 따르면 성인 기준 연평균 7~8권의 책을 읽는다고 하고, 출판시장은 언제나 불황이라는 이야기가 돈다. 그러나 독서인구의 감소에도 불구하고 발행 종수는 매년 늘어나고 글을 쓰는 사람도 늘고 있다. 여러분은 어떠한가? 우리는 글에 대한 막연한 동경과 두려움이 공존한다. 정확한 이유는 모르겠지만 어쩌면 어린 시절 선생님의 권유(?)로 일기를 에세이가 아닌 창작소설로 접하게 되면서 글이 더 싫어졌을지도 모른다. 그럼에도 필자가 글쓰기를 추천하는 이유는 다음과 같다.

첫 번째, 글은 우리의 삶을 풍요롭게 한다. 필자의 개인적 경험을 소개하려고 한다. 하루는 가족들과 함께 식사를 마치고 사진을 보며 최근 나누고 있었는데 전혀 기억에 없는 대화들이 오고 가는 것을 들었다. 당연히 내가 없었던 때로 생각하고 있었는데, 사진에 덩그러니 내가 있는 것이 아닌가? 그리고 즐거워 보였다. 가족들은 기억하고 싶은 것만 기억한다고 우스갯소리를 했지만, 생각보다 마음에 남았다. 우리가 100년을 산다고 하는데 나를 스쳐간 시간을 기억하지 못한다면, 내 시간을 잘살고 있는 것일까? 앞으로 얼마나 더 잊고 살 게 될까? 라는 생각을 하게 되었다. 기록은 삶을 풍요롭게 한다. 좋은 기억은 기억 자체만으로 의미를 찾게 되는 것이고 좋지 않은 기억은 그 나름의 의미가 있는 것이다. 그때에는 이해하지 못했던 일들을 시간이 지나서 새롭게 해석하고 삶 속에서의 의미를 발견하는 순간 내 삶에 긍정적인 영향을 하게 되는 것이다. 그리고 이런 것들이 쌓여 우리가 앞으로 나아갈 수 있게 하는 것이다. 마주하는 괴로움의 시간을 견디게 해주는 것은 내일에 대한 희망과 지난날의 추억에 대한 기록이다.

두 번째, 다음 세대와의 연결이다. 유명한 다섯 마리 원숭이 실험이 있다. 다섯 마리의 원숭이가 우리에 있다. 한 마리 원숭이가 사다리 위에 놓인 바나나를 먹으려고 하면 위에서 나머지 네 마리 원숭이에게 차가운 물을 뿌린다. 1단계는 원숭이들은 바나나를 잡으려 할 때 물이 뿌려진다는 사실을 학습하게 하는 것이 목적이다. 2단계에서는 원숭이 5마리 중의 1마리를 빼고 다른 원숭이 한 마리를 넣는 것이다. 새로 들어온 원숭이가 바나나를 먹으려고 하면 기존에 있던 원숭이가 새로운 원숭이를 방해하게 되고 이런 식으로 한 마리씩 원숭이를 교체하게 되었을 때, 물세례를 경험한 원숭이가 하나도 없더라도 아무도 사다리 위에 올라가지 않는다는 실험이다. 이런 비극이 일어나게 된 이유는 원숭이는 기록하지 않기 때문이다. 학습의 결과로 행위만 남게 된 것이다. 최초의 5마리의 경험이 기록으로 남겨졌다면 달랐을 것이다. 협력을 통해 사다리 위의 바나나를 먹었을지도 모른다. 기록은 내가 잘했던 것, 아쉬웠던 것, 고민과 성취를 글로 남겨 다음 세대로 이어질 수 있도록 할 수 있다. 선구자들의 역할은 뒤에 올 이들이 조금 편하게 길을 갈 수 있도록 하는 것이다.

세 번째, 엄청난 비밀인데, 글을 쓰는 것으로 우리는 영생할 수 있다. "사람은 언제 죽는가? 바로 잊혀질 때이다."라는 유명한 만화의 대사가 있다. 유한한 삶을 살아가는 우리는 흔적을 남기고 싶고, 사람들로부터 인정받고 싶어 한다. 아주 오래전 어딘가의 동굴벽화 동물들을 그린 사람이 그랬고, 헤어짐을 예상하지 못한 남산의 자물쇠가 그랬고, 행복만이 가득한 SNS에 올라오는 게시글이 그렇다. 우리가 아직도 소크라테스와 플라톤, 공자와 맹자를 이야기할 수 있는 이유는 그들의 존재가 글로 남아있기 때문이다. 나의 존재는 글과 함께 남게 되는 것이다.

오늘의 순간을 글로 남기기를 바란다. 삶을 기록하고, 생각을 기록하기를 바란다. 우리의 기록은 개인의 성장과 함께 다음 세대에게 앞으로 나아가야 할 방향성을 제시할 것이다. 그렇게 하루하루 글이 쌓이면 한 번 죽 읽어보라. 그리고 괜찮은 글을 뽑아. 플랜비디자인으로 보내주시기를 바란다. 그러면, 수고스러운 과정을 거쳐 어느 날 문 앞에 당신을 스쳐간 시간이 기록이 되어 도착해 있을 것이다.

조직문화에 대해 무엇으로 돕고자 하는가?

회의문화 특강

4차 산업혁명은 우리에게 일하는 방식에 대한 변화를 요구하고 있습니다. 일을 잘 할 수 있게 돕는 도구로써의 진짜 회의를 만드는 방법을 배웁니다.

주요내용

· 가짜회의 vs. 진짜회의
· 회의, 얼마나 만족하고 있는가?
· 회의 원칙, 얼마나 알고 있는가?
· 우선 변화해야 할, 변화가 가능한 항목 그리고 개선에 대한 아이디어

회의문화 개선 프로젝트

기업의 회의문화 개선에 대한 가장 많은 경험과 사례를 가지고 있습니다. 한 차원 높은 수준의 변화를 꾀하기 위해 수평적 소통문화와 이를 위한 리더십에 대한 변화를 시도하고 추진합니다.

주요내용

· 점화기 – Hackathon 워크샵(현재 구성원의 인식수준과 만족도를 파악, 구성원 참여 유도)
· 확산기 – 역할 중심의 학습, 모니터링, 정사례/오사례 중심 피드백
· 정착기 – 내부 전문가를 육성, 지속적 진단, 주기적 모니터링

회의문화 변화 워크숍

회의의 양을 줄이고, 질을 강화하는데 집중합니다. 올바른 회의를 회의결행(한자 결론: 결론 결決)으로 정의하고 각 사에 맞는 실천 방안을 모색합니다.

주요내용

· 회 – 아젠다를 설정하는 법 ⇒ 완성된 아젠다 시트
· 의 – 더 많은 의견을 모으는 법 ⇒ 질문 리스트
· 결 – 결론을 올바르게 내는 법 ⇒ 메타의사결정을 위한 의사결정 계획 시트, 회의실행계획서
· 행 – 행동으로 옮기게 하는 법 ⇒ 회의변화를 위한 변화 행동 약속

회의 진행자 퍼실리테이션 프로그램

'학습자가 무엇을 하기로 결심했는가?'를 주요 질문으로, 회의 진행자의 행동 변화를 돕습니다.

주요내용

· 어떻게 회의를 설계해야 하는가?
· 어떻게 회의를 시작해야 하는가?
· 어떻게 토론을 이끌어야 하는가?
· 어떻게 결론을 맺어야 하는가?
· 어떻게 실행을 체크하는가?

회의 모니터링 & 코칭 프로그램

회의의 의장으로서 리더가 회의에 미치는 영향력을 성찰합니다. 실천 중심 코칭으로 지속적인 변화 유지를 위한 근육기억 Muscle memory 을 만듭니다.

주요내용

· 모니터링을 통해 관찰하는 것
· 공간의 분위기, 리더의 역할, 참여도, 결론 명확성, 부정/긍정 언어 사용 빈도 및 TQWC(Talk, Question, Word, Conclusion) 분석

세대공감 프로그램

세대 차이는 어느 시대나 존재했습니다. 문제는 격차가 점점 커지고 있다는 것입니다. 일반적인 세대론이 아닌 우리의 이야기를 나누고 세대 차이를 줄이는 실천방안을 찾을 수 있습니다.

주요내용

· 왜 요즘 세대에 집중해야 하는가?
· 요즘 세대가 중요하게 생각하는 것은 무엇인가?
· 나의 일하는 방식과 요즘 세대의 일하는 방식 차이
· 어떻게 극복하고 함께 일을 성공시킬 것인가?
· 이럴 때 이해가 안 가요. 이런 것이 고마웠어요.
· 우리 세대는 이런 노력을 하겠습니다.
후배세대(선배세대)는 이런 노력을 해주세요.

PLANBDESIGN COLUMN

3장
팀 칼럼

책임감 회피와 책임감 과잉
직장인의 건강관리
실패를 통해 배우는가?
어떻게 갈등을 해결할 것인가
상대를 헤아리는 마음
완벽한 팀은 어떻게 만들어야 하는가?
완벽한 팀을 위한 제언
반전의 후반전
긍정적인 영향
시작을 쓰다
완벽한 팀
변화에 대한 명확한 인식
매너는 지능이다
일 하는 원칙
불가피한 원격근무, 어떻게 일 할 것인가

책임감 회피와 책임감 과잉

Victor
이긍호 고문·리더십 연구소장

새로운 조직이 구성되면 리더와 구성원들 모두 최선을 다해 성과를 창출하려고 노력한다. 활발한 의사소통과 협업을 통해 애자일 조직의 특성을 최대한 살려가며 신나게 일을 해 나간다. 그런데 개인의 특성이든, 리더십 미숙으로 인한 것이든 팀원들간에 이견이 생기기도 하고, 보이지 않는 벽이 생길 수도 있다. 이런 경우 서로 책임을 지려하지 않게 되거나, 아니면 중복된 일 처리로 갈등이 야기되는 경우도 있다.

여기 책임감의 과잉이나 회피로 인한 한 예를 들어보자. N사는 신규 아이템을 시장에 진입시키기 위해 사내에서 촉망받는 K팀장을 발탁하여 팀을 구성하고, 영업력이 탁월한 L사원을 스카우트하여 같은 팀에 배치했다. 그러나 기대와 달리 영업실적은 계속 부진했고 K팀장은 내심 실망을 하고 있었다. 그러던 차에 L사원이 심혈을 기울여온 중요한 고객사가 타회사 제품으로 결정할지 모른다는 충격적인 소식을 듣고 L직원은 K팀장에게 지원을 요청했다. 그간의 진행상황을 잘 파악하지도 못한 상태에서 K팀장은 L사원을 배제시키고 혼자서 프리젠테이션을 진행하고, 고객사에도 수 차례 방문하는 등 심혈을 기울였으나 결국 타사에 계약을 뺏기고 말았다. 그 후 팀장은 L직원은 물론 다른 팀원들을 못미더워하여 혼자서 모든 결정을 하고 지시를 내렸으며 관리통인 K팀장의 잘못된 지시로 영업실적은 곤두박질쳤으며, 역할을 상실한 L직원은 퇴사를 결심하는 상황까지 이르렀다.

이 사례에서 K팀장은 실패하지 않아야 한다는 조급함 때문에 전적으로 책임을 떠맡는 책임감 과잉의 태도를 보였다. 또한 L직원에 대해 지나치게 절망과 분노를 느끼는 실수를 하였다. 어떻게 했어야 할까? 아무리 노력해도 고객이 떠날 수 있다는 사실을 인정하고 이성적으로 처리했어야 했다. 즉 L직원에게 충분히 고객을 설득할 수 있다는 자신감을 불어넣어주고, 고객을 설득시킬 방법과 발표에 대해 조언해 줄 수도 있었다.

한편 L직원도 모든 업무에서 책임감 회피의 행동을 보였다. K팀장이 모든 결정을 내리는 것 같아 못마땅해 했고 실패하면 그것은 모두 K팀장의 책임이라고 생각했던 것이다. 어떻게 했어야 할까. L직원은 K팀장에게 도와달라고 하기에 앞서 자신의 향후 업무 추진상황에 대해 자세히 설명하고 판단이 옳은지 살펴봐주도록 부탁해 볼 수 있었다. 또한 발표를 포기하기 보다는 K팀장과 함께 고객의 관심을 확실히 잡아 끌 수 있는 아이디어를 의논할 수 있었다.

위의 사례에서 본 바와 같이 우리는 누구나 책임감 회피나 과잉의 상태에 빠질 수 있다. 책임감 회피의 덫에 걸린 사람은 책임감 과잉 덫에 걸린 사람이 고압적이며 냉소적으로 보이며 반대의 경우는 아무것도 안 하는 무책임한 사람으로 보이기 마련이다. 책임감 회피의 덫에서 빠져 나오기 위해서는 우선 해결하고 싶은 일을 선택해서 바로 실천해 나가야 한다. 이때 너무 어려운 일은 남겨두고 차하위 업무를 실천해 나가

되 업무 추진 중 상사와 대화할 때 책임을 아직 제대로 수행하지 못하고 있다는 솔직한 느낌과 현재 상황을 개선하고 싶다는 생각을 말하면서 대화를 시작하는 것이 중요하다. 이 때 다른 사람에게 현재 벌어진 상황에 대한 모든 책임을 떠넘기고 그 사람을 비난해서는 안 된다. 책임감 과잉의 덫에서 나오기 위해서는 스스로 만들어 낸 책임 과잉의 덫에 걸렸기 때문이라는 자각이 필요하다. 즉 동료가 책임 회피의 늪에 빠진 데에는 내 책임도 있다고 인정해야 한다.

책임 과잉 때문에 지금 겪고 있는 문제 하나를 선택한다. 허둥지둥 혼자서 다 하려는 태도에서 한 발자국 물러나서 업무 우선 순위와 업무 처리 프로세스를 따져가며 일 처리를 해나가면 책임회피 하는 동료를 보며 불만을 가지는 마음도 줄어들게 된다. 전체적인 업무 조정은 리더의 일이므로 맡기고 자신의 페이스 대로 일을 해 나가는 지혜가 중요하다. 리더는 팀원들을 예의 주시하여 책임감 과잉이나 회피의 징후가 포착되면 업무 조정이나 면담을 통해 갈등을 조정해가며 애자일 조직으로 이끌고 나가야 할 책임이 있는 것이다.

직장인의 건강관리

Luis
임주성 수석 컨설턴트

100세 시대다. 과학기술이 발달하고 의료수준이 높아짐에 따라 인간의 삶의 질이 윤택해졌다. 사람은 동물과 다르게 다양한 음식을 섭취하고 있다. 그중에서도 먹는 것이 요즘 시대에는 돈벌이도 되고, 기분전환도 되며, 행복을 추구하는 목적이기도 하다.

필자는 스스로 질문을 던져본다. 잘먹어서 생기는 병이 많을까, 잘먹지 못해서 생기는 병이 많을까. 한국 직장인의 평균 수면시간은 대체로 짧은 편이다. 새벽출근 발걸음을 옮겨 졸면서 출근하는 직장인들을 보면 애처롭기만 하다. 따뜻한 아침밥을 먹고, 여유있는 점심식사는 찾아보기 어렵다.

유럽의 점심식사 시간은 상당히 길기로 유명하다. 우리는 소위 음료수 마시듯이 밥을 넘기고 10여분만에 대화없이 식사를 끝내는 모습이 습관처럼 되어 있다. 인간의 소화기관과 뇌는 20여분이 지나야 포만감을 느낄 수 있는 세포가 작동하는데 그 전에 밥을 먹으면 더 먹게 되는 것이다. 천천히 꼭꼭 씹어 먹어야 소화액이 분비되고 소화를 촉진한다는 것을 알고 있으면서도 너무나 빠른 식사를 하는 직장인의 모습을 자주본다.

게다가 과식이나 폭식으로 인해 비만으로 고통받고, 영양의 불균형을 초래하기도 한다. 특히 사무관리직군의 경우엔 이동하는 동선이 대체로 적어 내장지방이나 소화불량, 혈액순환 등의 질병이 찾아 올 수 있다. 뱃살은 쉽게 찌지만 뺄 때는 뼈를 깎는 고통과 노력이 필요하다.

한국인의 음식문화는 탕과 국, 찌개문화다. 국물을 선호하고, 자글자글 끓이면서 먹는 음식을 좋아하며, 따뜻한 면류를 좋아하는 민족이다. 때문에 입에는 즐거운 음식이 소화기관은 불편하게 만든다. 위장병, 역류성 식도염, 장염 등 위장에 부담을 줘 화장실과 전쟁을 치르는 직장인들이 많다.

또한 식사 전후에 무심코 마시는 물이 장건강을 해치고 있다는 것을 모르고 산다. UN에서 '지속 가능한 세계를 위한 물'이라는 보고서를 살펴보면 물의 위생 문제로 인해 매년 설사로 사망하는 전 세계 인구는 약 84만2000명에 이르며 이는 무려 하루 2300여명에 달하는 엄청난 수치나. 우리가 마시는 물에는 많은 미네랄과 미생물, 여러가지 좋은 것과 좋지 않는 것들이 있다. 이로 인해 설사와 복통, 장염과 소화불량을 일으키는 원인이기도 하다. 그렇기 때문에 식사는 가급적 천천히, 물은 어느 정도 소화가 된 후 마시는 습관이 위장이 약한 직장인의 화장실행을 어느 정도 줄여줄 것이다. 사람은 면역과 영양이 참 중요하다. 반드시 필요한 소량의 미네랄과 비타민을 섭취하지 못하면 질병이 생기는 것이 사람의 몸이다. 그래서 직장인들은 몸에 좋다고 하면 본인의 간 상태를 무시한 채 무차별로 먹어치우는 사람들이 많다. 대체로 오후 3~4시는 간식이 생각나는 시간이며, 밤 10시 이후는 야식타임이다.

오후 시간대는 또다른 출출함이 생기는 인체의 리듬이다. 배고픈 것이 아닐 수 있다. 밤 10시 이후도 마찬가지다. 저녁식사를 마친 뒤 야식과 고열량의 인스턴트를 찾는 시간이다. 사람의 몸은 비축해둔 에너지를 끌어다 사용하기 때문에 가벼운 공복도 시간이 지나면 스스로 에너지를 쓰곤 한다. 이 공복을 참지 못하고 고열량의 음식을 섭취하면 바로 체지방과 살로 간다는 것을 알면서도 참지 못해 또 먹는다. 이에 해결책은 포만감을 주는 당근이나 고구마, 따뜻한 둥글레차를 그 시간대에 먹어보는 것을 권장한다. 대한민국의 거의 모든 사람은 건강박사라고 해도 무관할 정도로 다양한 지식과 정보를 갖고 있다. 어쩌면 필자도 마찬가지지만 가장 중요하게 생각하는 것은 맑은 혈액과 간의 건강이다.

요즘처럼 추운 날씨에는 혈관이 좁아지고, 혈액순환이 잘 되지 않는다. 흡연은 혈행에 전혀 도움이 되지 않다. 송년회의 무차별한 건배와 음주는 간에게 치명타를 입힌다. 수명은 길어졌지만 건강한 삶이 행복하지 병들고 긴 수명은 고통의 연속임을 우리는 잊어서는 안 된다. 건강을 잃는 것은 습관에서 오고, 무관심과 무지에서 온다. 되도록 식사는 천천히 하며 여유를 갖는 삶이 정신적·육체적으로 좋다. 건강은 건강할 때 지키는 것이 최선이다. 건강을 잃으면 모든 것을 잃는다.

실패를 통해 배우는가?

Daniel
최익성 대표·경영학 박사

당신은 인간은 실패를 통해 성장한다는 말을 믿는가? 나는 믿지 않는다. 실패를 통해서 성장할 수 있다면 실패한 경영자, 좌절을 겪은 사람들이 다시 재기하는 사례가 많아야 한다. 통계상 수치를 알 수 없으나 일반적으로 실패를 딛고 일어나는 사례보다는 좌절하거나 나락에 떨어지는 사례가 더 많다고 생각된다. 그리고 이것은 안타깝지만 사실이다. 실패는 인간을 조직을 성장시키지 못한다. 실패로부터 배움을 얻고자 하는 의지와 피드백 요청, 피드백에 대한 수용, 변화에 대한 실행 계획과 실제 행동이다.

필자는 지난 주 중요한 제안 하나를 고객사에 보냈다. 짧은 시간에 많은 고민을 하고 제대로 된 프로세스를 설계하고, 프로그램 운영 전략을 수립했다. 어디에 내어놓아도 부끄럽지 않고, 단연 최고라는 자부심을 가졌다. 제안 프레젠테이션을 하는 곳에 서지 않으면 모를까 우리가 프로젝트를 수행하는 것이 당연하다고 생각했다. 그러나 이는 과신이었다. 요즘 말로 근자감이었다. 근거없는 자신감 말이다. 프레젠테이션을 준비하고 있을 때 고객사에서 경쟁 프레젠테이션에 참여하지 않아도 된다는 연락을 받았다. 그렇게 많이 준비했는데 서류도 통과하지 못한 것이다. 차라리 바쁜 시간을 나눠서 쓰지 말 걸, 괜히 이 사람 저 사람 연락해서 들쑤시지나 말 걸, 고생시키기도 고생하지도 말 걸 하는 생각이 들었다. 이 생각은 후회이지 실패를 통한 성장과는 아무런 관계가 없다.

실패를 통해서 배운다는 것은 복기와 잊지 않기 위한 활동, 피드백 수용과 변화 계획, 변화 행동을 말한다.

첫째, 복기하고 잊지 않기 위한 활동이다. 미 육군은 훈련을 마친 후 반드시 AARAfter Action Review 시간을 가진다. 이 제도는 미 육군이 훈련성과 향상을 위해 개발한 방법으로 20년째 사용돼 왔다. 방법은 간단하다. 몇 가지 질문을 하는 것이다. 질문은 다음과 같다. 얻고자 하는 것은 무엇이었는가? 실제로 얻은 것은 무엇인가? 목표와 실제 사이의 차이는 무엇이며, 원인은 무엇인가? 지속·강화 시켜야 할 것은 무엇인가? 하지 말아야 할 것은 무엇인가? 와 같은 질문이다. 필자의 회사도 이와 유사한 피드백 과정을 거치기 위해 노력한다. 한 가지 더 있다면 잊지 않기 위한 활동을 위한 '실패의 벽'이 있다. 실패의 벽에는 그 동안 성공하지 못한 것들, 실수한 것들, 실패한 것들을 붙여놓고 늘 보면서 같은 실수나 실패를 반복하지 않기 위해서이다.

둘째, 피드백 수용과 변화 계획이다. 어떤 행동이나 결과에 대해서 타인에게 피드백을 요청하는 것은 쉬운 일이 아니다. 또한 타인의 피드백을 겸허히 수용하는 것은 더욱 어려운 일이다. 그러나 피드백이 없다면 무엇을 잘못했는지 파악할 수 없다. AAR이 자체적인 피드백이라면 피드백 수용은 타인이나 외부(고객, 이해관계자 등)를 통한 피드백을 의미한다. 다른 관점을 가지고 있는 사람들에게 피드백을 요청해야 한다.

필자도 이 부분에 대해서 우리가 부족했던 것이 무엇인지 물었다. 그런데 피드백이 잘 수용되지 않았다. 앞에서 말한 것 처럼 잘했다는 과신이 사로잡혀 있는데 수용이 되겠는가? 그 때 우리 구성원의 조언은 '다니엘도 상자 밖으로 나와서 생각해야 합니다.'였다. 그렇다. 피드백을 수용하기 위해서는 박스 밖의 사고가 필요하다. 피드백 수용 이후에는 변화를 위한 계획을 수립해야 한다. 무엇은 바꾸고, 무엇을 유지할지에 대한 반영이 없다면 피드백 자체만으로는 아무런 의미가 없다.

셋째, 변화 행동을 하는 것이다. 생각을 했다고 해서, 계획을 꼼꼼하게 세웠다고 해서 모든 것이 바뀌는 것이 아니다. 작은 행동 하나가 무언가를 바꾸는 것이다.

이 세 가지 과정을 통해 우리는 실패를 통해 배우게 된다.

어떻게 갈등을 해결할 것인가

Daniel
최익성 대표·경영학 박사

팀은 혼자서 일하지 않는다. 협업이 강조되는 시대를 살고 있다. 협업의 단계에서 갈등이 당연히 존재한다. 갈등은 없을 수 없다. 조직이나 개인은 이런 갈등을 계속 부딪히면서 해결해나가고 있다. 간혹 감정의 대립 때문에 큰 차원에서 생각하지 못하고 편협하게 판단하는 경우가 있다. 조직 간 협업도 중요하지만, 의외로 내부에서의 개인간 협업을 통한 시너지가 많이 나지 않는 경우가 있다. 특히 영업 조직 간의 협업은 오히려 본인 부서에 손실이 올 수 있다고 생각을 하는 사람들이 있어서 안타깝다.

갈등의 기본 소재가 '내꺼 니꺼'에서 온다. 또한 리더들이 갈등 상황에서 조율하거나 중재하지 않고 한발 물러서거나 모르는 척 해서 실무자들이 힘든 경우도 발생한다. 안타까운 일이다. 갈등 조율하는 것은 리더가 책임감을 가져야 할 일이다. 많은 사람들은 갈등 상황에서 크게 두 가지 나쁜 모습을 보인다. 하나는 아무것도 하지 않는 것이다. 또 다른 하나는 갈등을 회피하거나 서로 비난하는 것이다. 갈등 상황에서 좀 더 적극적이 되어야 한다.

갈등은 라틴어 'Confligere'에서 나온 말로 '충돌하다, 서로 부딪치다' 라는 뜻을 가지고 있다. 한자로 갈등은 칡葛과 등나무藤가 서로 뒤

얽혀 있는 상황을 나타낸다. 개인이나 조직이 가진 목표, 이해관계, 정서들이 서로 복잡하게 충돌하는 모습을 뜻하는 것이다.

우리는 갈등을 조율한다orchestrate라는 표현을 사용했다. 이는 작곡가가 화음을 만들 때 불협화음dissonance와 협화음consonance을 모두 사용하여 조화를 이루는 것을 의미하는 표현이다. 작곡가는 하모니를 만들어 낼 때 불협화음도 필요한 요소로 생각한다.

조직은 서로 다른 성질이 부딪히며 창의적 긴장과 해결을 반복하며 성장한다. 이런 긴장감이 잘 조율되기만 한다면 조직은 더욱 통합적으로 변한다. 서로 잘 맞지 않는 의견과 관점도 큰 맥락에서는 각자의 역할을 하고 전체적인 그림으로 보면 매우 필수적인 요소로 작용한다. 차이점을 인정하고 큰 그림 안에서 함께 협업함으로써 새로운 통합, 새로운 도전, 새로운 역량을 만들 수 있다. 사람들이 자신만의 생각이나 유사한 관점이 아니라 서로 다른 관점을 통해 배운다.

갈등상황에서 어떻게 해야 할까? 우선 많은 사람의 의견을 들어야 한다. 해당 당사자들을 모아서 그들의 목표, 중요하게 생각하는 가치, 일하는 방식에 대해 들어봐야 한다. '문제에 대한 그들의 관점은 무엇인가? 그들이 생각하는 타협이 불가능한 잠재적 손실은 무엇인가?'에 대해서 질문한다.

갈등을 조율한다. 상대의 갈등 대응 스타일을 이해하고 효과적인 대응법을 활용한다. 상충하는 주장과 입장을 확실하고 공정하게 이야기한다. 충돌하고 있는 가치가 얼마나 깊이 뿌리 박혀 있는지, 각 조직이 손실을 피하고자 얼마나 결사적인지 깨닫게 되면 긴장감은 높아질 것이다. 사람들이 조직 내부의 갈등을 회피하는 신호가 있는지 살펴봐야 한다. 서로의 차이를 축소하려 하거나, 주제를 전환하려는 행동을 하면서 말이다.

다음으로 손실을 받아들이고 관리하도록 격려해야 한다. 각 당사자 또는 조직이 받아들여야만 하는 손실은 무엇인지 충분히 생각해볼 기회를 제공해야 한다. 어느 정도의 손실은 불가피하다는 사실을 인지시키고, 그러한 사실을 받아들일 수 있는 시간을 허락해야 한다. 몇 시간이 될 수도 있고 몇 주가 될 수도 있다. 각 조직에 속한 구성원들이 이 상황을 어떻게 받아들이고, 그들의 기대와 역할을 어떻게 재조정할 것인지 생각하게 해야 한다.

상대를 헤아리는 마음

Luis
임주성 수석 컨설턴트

상대방의 성격유형을 분석하고, 이해하는 프로그램은 조직에서 자주 활용된다.

심리학적인 측면에서도 다양한 부류의 성격을 심도 있게 다루는 책이 눈에 띈다. 사람을 채용할 때에도 이러한 성격유형의 진단을 참고로 한다. 과거 대기업에서는 관상을 보고 채용을 결정할 정도였으니 사람을 뽑기가 참으로 어려운 일이 아닐 수 없다. 필자의 경우 많은 사람을 만나는 일을 하기에 다양한 직종과 계층의 사람들과 대화를 나눌 기회가 많다. 특히 조직의 성장과 변화에 고민을 하는 구성원들과 비슷한 주제를 놓고 얘기하다 보면 기업의 크기와는 상관없이 유사한 공통점을 발견할 수 있다. 주로 90년 대생 세대들의 일하는 방식과 행동패턴, 상하 간의 커뮤니케이션, 조직성장에 저해요소 제거와 걸림돌, 회사의 미션과 존재의 이유, 일하는 원칙과 회의하는 방법 등 시급해 보이지 않지만 중요한 일들에 대해 고민하고 있는 것을 화제로 삼는다.

조직의 구조상 임원부터 사원까지 직위와 직책이 나눠져 있지만 개인과 개인, 팀과 팀이 조직적으로 묶여져 있는 상황에서 상대방과 상대팀을 배려하고 헤아리는 마음이 턱없이 부족한 점을 발견할 수 있다. 사람은 근본적으로 부모 슬하에서 태어나 자라고 자아가 형성되고 가르침을 본받아 인격이 형성된다. 즉, 밥상머리 교육부터 가정교육이 완성된 나를 만든다고 필자는 믿고 있다. "말보다 눈이 빠르고, 말은 흩어지고 글은 남는다." 필자의 대표가 자주 쓰는 표현이다. 제안서와 이메일은 상대방이 읽고 이해하기 쉬워야 하고, 내용이 무엇인지를 정확하게 어필하는 것이 글이다. 또한 머릿속 생각을 글로 적는 기술이 훈련되지 않으면 글 쓰는 것 조차 참 어려운 일이 아닐 수 없다.

최근 기사에 보면 상사가 메신저로 업무지시를 내렸는데 부하직원이 이모티콘을 보내어 해고된 기사가 눈에 띈다. 우리나라가 아닌 중국의 얘기지만 상대방을 헤아리는 마음이 있었다면 리더로서 좋은 의사소통의 창구로 메신저를 사용하고 수용하고 인정하는 자세를 보이지 않았을까. 리더는 다양한 유형의 멤버와 함께 일한다. 그만큼 수용해야 하는 일도 사람도 많을 것이다. 상대를 헤아리는 마음은 단순히 매너 있는 행동을 뜻하지 않는다. 머릿속 생각과 말과 행동이 일치되고 신념과 믿음이 묻어나야 된다고 본다. 「인간을 탐구하는 수업, 사토 지에」에 좋은 글귀가 의미 있게 다가온다. 인간의 마음을 왜 제대로 읽어야 하는가. 세계 최고의 리더들은 인간의 기본에 집중하고, 그 속에서 점차 무엇을 깨달아 갈까. 왜 세계 최고의 대학에서 상대방을 헤아리는 마음을 가르칠까.

필자를 포함해 우리 조직과 사회, 그리고 리더들에게 필요한 경구警句다.

책임질 줄 아는 리더가 책임지는 사회를 만들고, 서로의 득실과 이익을 떠나 지금 당장 눈앞에 보인 혜택보다는 내실을 다질 수 있는 관계

형성이 필요하다. 민심이 흉흉해지고 글로벌 패권을 다투는 정세와 크고 작은 안타까운 사건과 사고가 끊이지 않는 요즘, 사람이 함께 더불어 사는 사회에서 서로를 헤아리지 않고서는 성장할 수 없다. 가장은 가족 구성원 전부의 마음을 헤아려야 하며, 조직의 리더는 세대와 계층을 넘나드는 전 구성원의 마음을 헤아릴 때 지금보다 더 아름답고 밝은 세상이 될 것임에 틀림없다. 조직에서 상대방을 헤아릴 가장 중요한 기본은 '믿음'이다. '상호신뢰'라고도 하는 믿음은 철저히 상대가 갖고 있는 일에 대한 전문성과 실력에 관한 신뢰를 갖는 것이다. 이러한 믿음의 상호작용이 작동될 때 조직내 팀워크와 시너지는 상상을 초월한다.

완벽한 일은 혼자 해서는 감당할 수 없다. 누군가에 도움없이 성장과 결과를 기대하기는 어렵다. 그렇기 때문에 우리는 팀십Teamship으로 함께 일해야 한다.

팀의 구성원의 장점과 그의 스토리를 이해할 때 비로소 서로를 헤아리고 각사가 시닌 능력이 혼합되어 능률이 오른다는 것을 필자는 믿고 있다.

상대방을 헤아리는 마음은 나의 머리와 입술에서 '나부터 시작된다'는 점을 잊어서는 안된다.

완벽한 팀은 어떻게 만들어야 하는가?

Daniel
최익성 대표·경영학 박사

팀은 혼자 일하지 않는다. 그래서 우리는 완벽한 팀을 꿈꾼다. 완벽한 팀은 존재하지 않는다. 그렇다고 해서 완벽한 팀을 꿈꾸지 않아야 한다는 것은 아니다. 완벽하지 않기 때문에 우리는 완벽을 추구해야 한다. 필자의 SNS 메신저 단톡방 중에 가장 좋아하는 단체방은 '하나의 팀으로 함께 한 사람들'이라는 방이다. 나는 이 때 가장 완벽한 팀에서 함께 했다고 생각한다. 그리고 지금 이 순간 내가 함께 하고 있는 조직이 또한 완벽한 팀이다. 완벽한 팀은 존재하지 않지만, 우리는 모두 완벽한 팀에서 일하고 싶어한다. 그래서 구글은 무려 2년 동안 '완벽한 팀의 비밀'를 찾는 연구를 한 것이 아닐까.

1980년대에 단 20%였던 팀 기반 업무는, 2010년대에는 80%까지 증가하게 된다. 최근 우리는 거의 실시간으로 새로운 관계를 구축하고, 이를 재구축하며 일한다. 대인관계의 변화는 새로운 직업, 상사, 지배주주, 팀을 요구하고 있다. 현재 여러분이 지난 몇 년간 수행하고 있는 업무를 한번 생각해 보자. 얼마나 많은 사람이 함께 일하다가 이제는 더 이상은 함께 하고 있지 않은가? 새로운 관계를 구축하는 것은 가장 어려우면서도 까다로운 것이 되고 있다.

일반적으로 사람들이 '변화'에 대해서 말할 때에는 그 맥락 속에는 흡수해야 할 신기술, 새로운 제품에 대한 수요 증가, 글로벌화, 시장의 변화, 소셜네트워크 서비스의 급격한 증가 등이 포함된다. 이런 모든 상황은 시시각각 변화하지만, 그 중에서 가장 구성원들과 조직을 괴롭히고 지장을 주는 것은 '대인관계' 또는 '파트너십'의 빠른 변화 속도이다. 팀웍의 중요성 증대와 대인관계 유연성 요구 확대, 이 두 가지 트랜드는 밀접하게 짝을 이루고 있다. 오늘날 대부분이 업무가 팀을 통해서 이뤄지기 때문에, 그리고 이 팀들이 수시로 형성되고 재형성되기 때문에, 대인관계의 유연성은 팀에서 팀으로, 상사에서 다른 상사로, 프로젝트에서 다른 프로젝트로, 회사에서 다른 회사로 잘 적응해내기 위한 필수 요건이 되었다. 다행히도 이런 협업을 잘하면서도 '동시에' 대인관계 유연성을 강화할 수 있는 방법이 있다. 바로 리더십에 대한 근원적인 재인식이다. 리더십이란 이제는 단순히 형식적 역할과 직위를 가진 소수의 사람이 아니라, 모두를 위한 것이어야 한다. 팔로워십도 부하 직원들 만이 아니라, 우리 모두를 위한 것이다. 실무적인 관점에서, 모든 구성원들은 리더십 역할을 보유하는 '동시에AND' 팔로워십 역할도 가지고 있다.

팔로워십 스킬의 다섯 가지 영역은 다음과 같다. 하나, 의사결정 지지이다. 내가 한 의사결정이 아닐지라도 정해진 의사결정의 가치를 지지한다. 둘, 성과 극대화이다. 자신의 몰입도, 자기개발, 현업 성과 강화를 위해 혁신을 실행한다. 셋, 조직 유연성이다. 상위 조직과 한 방향 정렬하고 인정받는다. 넷, 소통 피드백이다. 파트너에게 정보를 잘 전달하고, 올바른 리더십 실행을 자극한다. 다섯, 관계 형성이다. 라포와 신뢰를 형성 및 강화하고, 리더와 잘 일할 수 있는 방법을 이해한다.

다음으로 리더십 스킬의 다섯 가지 영역이다. 하나, 의사결정 구조화이다. 협업과 의사결정 품질을 최적화 하기 위해서 환경과 프로세스를 구축한다. 둘, 성과 코칭이다. 목표, 진보, 긍정성의 환경을 조성한다. 셋, 조직 멘토링이다. 조직관점에서 어떻게 실행하고 임무를 수행할지를 지원함으로써 돕는다. 셋, 소통 확산이다. 올바른 팔로워십 수행을 위해 적절한 정보를 제공하고 자극한다. 다섯, 관계 구조화이다. 각 팀원과 편안하고 전문성을 기반으로 하는 공정한 관계를 조성한다.

리더십과 팔로워십이 만남을 통한 파트너십이 확산될 때 완벽한 팀이 될 수 있다.

완벽한 팀을 위한 제언

James
홍국주 책임 컨설턴트

'혼자 가면 빨리 가고 함께 가면 멀리 간다'라는 말이 있다. 그런데 이제는 함께가야 빨리 가고 멀리 갈 수 있다. 과거에는 조직의 많은 업무가 마치 100m 달리기와 같았다. 혼자서 빨리 뛰는 것이 중요했다. 빨리 뛰어도 완주할 수 있는 일들이었다. 물론, 마라톤과 같은 업무도 있었다. 느리게 뛰더라도 페이스만 잘 유지하면 힘들어도 결국 완주할 수 있었다. 하지만 이제는 이어달리기와 같은 업무가 대부분이다. 혼자서는 절대 완주할 수 없는 일들로 가득하다. 팀 기반의 업무가 과거에 비해 20%에서 80%까지 증가한 것만 보아도 알 수 있다. 그만큼 이제 조직에서는 어떻게 팀을 제대로 작동시킬 수 있을까에 대한 고민이 깊다. 과연 완벽한 팀을 만들기 위해서는어떻게 해야 할까?

첫 번째, 팀의 우수 DNA를 발굴해야 한다.

특정 팀, 부서가 우수한 성과를 거두고 있다면 그들은 왜 그런 것일까? 그 이유를 찾고 전파하는 것은 조직의 비즈니스 성공과 완벽한 팀을 만드는 데 기여할 수 있는 방법 중 하나이다. 단순히 더 열심히 일하고, 더 많이 알고, 더 동기부여 되어 있어서 좋은 성과를 낸다고 말해서는 안된다. 성과의 조건을 충분히 설명하지 못하기 때문이다. 이렇게 많은 조직이 행동의 '양'에 집중해서 성과의 조건을 잘못 해석하고 있다.

우리가 집중해야 할 것은 행동의 '양'이 아니라 성과를 달성하는데 영향을 미치는 특정 '행동'이다. 우수 팀과 일반 팀 사이의 '차이gap' 혹은 '차별화된 역량'을 파악해서 전파한다면, 모든 팀이 성과 갭gap을 채우고 성공적인 결과를 달성하는데 필요한 자원과 정보를 얻을 수 있다. 조직 내 우수한 팀의 DNA를마치 템플릿이나 청사진으로 활용하는 것과도 같다.

두 번째, 조직의 장벽을 허물어야 한다.

아무리 우수한 팀이라도 조직장벽으로 인해 표준 이하의 성과를 보일 수 있다. 우수 성과를 저해하는 다양한 환경적, 조직적 요소들이 있기 때문이다. 조직 내 팀워크를 가로막는 조직장벽은 무엇인지 명확히 하고 조직장벽을 허무는 노력을 기울여야 한다. 완벽한 팀으로 변화라고 전파하면서 변화를 저해하는 장벽들을 그대로 두는 것은 맞지 않다.

세 번째, 수직과 수평 사이의 균형을 유지해야 한다.

현재 조직은 더 창의적이고 혁신적인 무엇인가를 필요로 하고 있다. 하지만, 창의, 혁신, 변화와 수직적 문화는 잘 어울리지 않는다. 그렇다고 수평적 문화만을 강조할 수는 또 없다. 비즈니스의 성장을 위해서는 수평적 문화가 일부 필요한 것은 사실이지만 비즈니스의 안정을 위해서는 수직적 문화가 필요한 것도 사실이기 때문이다. 따라서, 완벽한 팀은 수직과 수평 사이의 균형이 필요하다.

예를 들면, 구글에서는 20% 룰이 있다. 일상 업무를 80% 시간에 끝내고 나머지 20% 시간은 자율성을 가지고 신규 사업 개발에 투자하라는 말이다. 20% 룰은 성장을 멈추지 않기 위해 실시하는 구글의 자구책이다. 고전적인 피라미드 구조와 수평적인 구조를 조화시키는 구글만의 방법이다. 사업이 일단 궤도에 오르면 반복적인 업무도 필요하며 이럴 때는 수평적인 형태보다 수직적인 형태가 더 효율적이기때문이다. 그렇다고 완전히 피라미드형 조직만 고집하면 성장세가 둔화된다. 이 같은 딜레마를 구글은 20% 룰을 통해 해결하고 있다. 이처럼 수직과 수평 사이의 균형을 위해 우리 조직은 어떤 노력을 해야 하는지 같이 고민해야 한다.

마지막으로, 완벽한 팀을 위해서는 '완벽한 팀'의 저자의 말처럼 리더십과 팔로워십을 연결하는 것이 중요하다. 리더의 리더십이 아무리 훌륭해도 구성원이 따라오지 않으면 소용이 없다. 아무리 구성원이 훌륭하다고 해도 팀의 리더가 리더십이 없다면 그 팀 또한 완벽한 팀이 되지 못한다. 결국 팀의 완성은 리더십과 팔로워십이 훌륭한 파트너십을 형성할 때 만들어진다.

반전의 후반전

James
홍국주 책임 컨설턴트

극적인 반전은 사람들에게 짜릿함과 통쾌함을 선사한다. 드라마나 영화의 예상치 못한 반전 스토리와 결말이 사람들을 열광시키는 것처럼 말이다. 히어로물 영화들이 시대를 떠나 끊임없이 사랑받는 이유 또한 완전히 뒤바뀐 히어로의 삶 때문이 아닐까? 고난과 역경을 딛고 일어나 극적으로 세상을 구하는 히어로의 모습에 사람들은 희열을 느낀다. 왜 사람들은 이처럼 반전에 열광할까? 대리만족을 선사하기 때문이다. 누구나 저 영화 속의 히어로와 같은 반전의 삶이 자신의 삶에 일어나기를 기대한다.

그러고 보니 반전을 기대하는 것은 비단 영화를 관람하는 시청자만이 아니다. 우리 주변에서도 쉽게 찾아볼 수 있다. 0원에 가까운 통장이 수많은 0으로 가득 차는 반전을 꿈꾸는 사람들이 있다. 이들은 매일 같이 로또를 구매한다. 긁지 않은 복권이 다이어트라며 180도 변하는 자신의 모습을 기대하는 사람들도 있다. 이들은 온갖 힘듦을 참아가며 식단 조절과 운동을 병행한다. 또한, 반전 있는 후반전 인생을 위해 삶의 전반전을 외롭고 기나긴 수험 기간으로 보내는 고시생들도 있다.

물론 헛된 희망을 품는 것을 혹자는 '희망고문'이라고도 말한다. 그러나, 분명한 것은 극적인 반전이 기다리고 있다는 희망과 기대 때문에

'포기하지 않는 힘'을 얻는 사람들이 우리 주변에 존재한다는 것이다. 그리고, 결국에는 희망의 실체를 두 눈으로 목격하고 자신의 삶으로 증명하는 사람들이 있다. 이런 사람들 때문일까? 많은 사람들은 '희망고문'일 수도 있는 그 불확실한 문 앞에 다시 선다. 그 문이 열리면 새로운 세상이 눈앞에 펼쳐지기를 기대하면서 말이다.

반전의 후반전을 꿈꾸는 것은 비단 사람 뿐만이 아니다. 이런 사람들이 모인 기업도 마찬가지다. 특히나 이런 모습은 연말이 다가올수록 더 쉽게 관찰할 수 있다. 올해 목표 매출을 달성하기 위해서라도 하반기에는 어떤 반전이 일어나야 하기 때문이다. 더 심각한 문제 때문에 반전의 터닝포인트를 기다리는 기업들도 있다. 대게 스타트업 기업들이 이 경우에 해당한다. 스타트업 기업들은 초반 1~3년의 성장 정체기를 지난다. 이 기간을 데스벨리Death Valley, 즉 '죽음의 계곡'이라고 부른다. 창업기업 중 80%가 2년 내에 폐업을 하기 때문에 붙여진 이름이다. 그런데 스타트업기업 대부분은 자신들이 1조 원의 기업 가치를 가진 유니콘 기업으로 성장하는 '희망'을 품으면서 죽음의 계곡을 지난다. 80%의 확률로 소위 망하게 되는 스타트업에 왜 도전하는지 의문을 가지는 사람들도 있을 수 있다. 하지만 스타트업 기업들이 꿈꾸는 이러한 반전이 그렇게 허무맹랑한 것만은 아니다. 성경의 한 구절처럼 '시작은 미비했으나 끝은 창대한' 기업들이 존재하기 때문이다. 2004년 당시 19살이던 하버드대학교 학생 3명으로 시작한 기업이 현재의 페이스북이라는 큰 기업으로 성장한 것과 같이 말이다.

과연 내가 꿈꾸고 있는 반전은 무엇인지 한번 생각해 보아라. 제각기

다른 모습의 반전이겠지만 이 글을 읽고 있는 사람이라면 자신이 꿈꾸는 반전 한 가지 정도는 발견할 수 있을 것이다. 자신이 꿈꾸는 반전이 무엇인지 생각했다면 다음 세 가지를 우리 모두 기억하기를 원한다. 첫 번째, 반전은 '희망고문'이 아니라 '포기하지 않는 힘'을 우리에게 선사한다. 두 번째, 영화의 반전의 짜릿함은 끝까지 앉아서 기다리는 사람만이 경험할 수 있는 특권이다. 마지막으로 세 번째, 반전을 제대로 만끽하길 원한다면 스포일러들의 소리에 귀를 막아야 한다. 주변에서 우리를 흔들고 좌절시키는 소리에는 귀를 막자. 정말로 우리가 귀 기울여야 할 소리는 반전의 후반전이 시작될 때 울리는 휘슬 소리이다.

긍정적인 영향

Luis
임주성 수석 컨설턴트

우리는 다른 사람으로 인해 크고 작은 영향을 받으며 살아가고 있다.

긍정적인 영향을 받기도 하고, 부정적인 영향을 받을 수도 있다. 그리고 그러한 영향으로 인해 선택과 결과는 어느 정도 나 자신에게 달려있기도 하다.

미국의 한 연구보고에 의하면 범죄자들을 조사해보니 범죄의 약 20%는 시기심으로부터 시작되었다고 한다. 시기심에 빠지면 비방하게 되고 비방은 곧 악을 계획하게 만들고, 악은 나와 타인을 망가트려 상황을 더욱더 돌이킬 수 없게 만들어 버린다.

'나는 누군가에게 영향을 주고 있는가?' 아님 '누군가에게 권위만을 내세우고 있는가?' 이 질문에 답을 해볼 만한 핵심 질문이다. 누군가에게 영향을 준다는 것은 간단한 것처럼 보이지만 상당히 어려운 일이 아닐 수 없다. 단지 돈, 권력, 지위만으로는 영향을 줄 수도 없고, 오래갈 수도 없는 노릇이다. 시간이 지날수록 질투하는 사람들이 나오고 글과 글, 말과 말이 시나브로 전해져 때로는 눈덩이처럼 왜곡되거나 가짜들이 득실거리는 경우가 있다. 특히 조직에서 본다면 나의 동기가 먼저 팀장이 되거나, 나의 후배가 먼저 임원으로 승진을 한다거나, 더 큰 평수의 아파트로 이사 간 동료를 보면 박수보다는 질투가 먼저 앞서기도 하는 것이 사람의 본심이다. 물론 나는 절대 그렇지 않을 것이라 호언장담하는 분들께는 죄송스러운 마음이지만 우리 옛 속담에 '사촌이 땅을 사면 배가 아프다'라는 말이 있다. 동물과는 다르게 사람이 함께 있는 조직에는 아름다운 양보와 나눔, 겸손함과 예의, 배려심과 존중 속에서 영향을 주는 경우를 많이 볼 수 있다. 특히 말에서부터 시작된다. 말은 불처럼 타올라 사람의 속을 태우기도 하며, 연기처럼 사라지는 듯하지만, 응어리에 남아 사람이 기억할 용량을 초월할 정도로 오래 남기도 한다.

또 한 가지 자신에게 질문해본다. '우리는 과연 서로의 감정을 존중하면서 살아가고 있는가?' 이 또한 참으로 쉬워 보이면서도 어려운 행동이다. 필자는 최근 만나 뵌 임상심리학 노주선 박사와의 대화에서 감정 존중에 대한 명쾌한 가르침을 배웠다. '누구의 감정이라도 소중한 것이며 존중받아야 한다. 그것은 누구도 신체적 학대를 받지 않아야 하는 것과 마찬가지로 눈에 보이지 않는 마음의 문제라고 해서 절대 소홀히 여겨져서는 안된다.' 그래서 감정은 상호 존중해야 한다.

나의 감정과 상대방의 감정을 존중하며 관계를 맺을 때 친구라면 우정이 더욱 쌓일 것이고, 직장동료라면 일에 대한 믿음과 인간성이 돋보일 것이다. 군인이라면 전우애와 전투력이 상승할 것이며, 부부라면 그날그날 저녁밥상에 사랑이 넘쳐 날 것이다. 영향을 준다는 것은 나의 감정의 조절에서 시작하고 상대방의 감정을 존중으로 마무리되어야 할 것이다. 화를 불쑥 내는 사람이 누군가에게 영향을 줄 수 없고, 말이 거친 사람이 선한 이미지를 풍겨 영향력을 주기도 어렵다. 상대방을 헤아리지 못한다면 공감대를 끌어 낼 수 없다. 요즈음 국내외 뉴스를 보면 감정을 무너뜨린 말과 언어들이 너무나 많다. 그 말들이 본심일까 싶을 정도로 감정 따위는 온데간데없다.

우리 대한민국은 막강한 군사력은 물론 세계 속에서 영향력을 끼치는 경제대국임에 틀림없다. 골드만삭스는 약 20년 후 한국은 세계 두 번째 2대 강국이 된다고 예측했다. 물론 국민소득도 늘어나고 경제적 지위도 높아짐에 자부심이 느껴진다. 국가적 영향력이 막강해질 것이 뻔하다. 하지만 반드시 수반되어야 하는 것은 깊은 성찰이 필요하다고 본다. 즉, '내가 한 일을 깊이 되돌아보는 일'이다. 교만과 오만은 곧 폐망으로 치달을 수 있으며, 누구에게도 인정받지 못하는 꼴로 남겨지게 된다. 보이지 않는 곳. 사소한 곳부터 시작되는 따뜻한 말과 진심의 태도, 상대방과 교감이 될 때 비로소 진정한 영향을 줄 수 있다. 감정이 다치면 약으로도 고치기 어렵다. 긍정적인 영향을 주는 삶을 살고자 원한다면 '감정 존중'을 우리는 잊어서는 안 된다.

시작을 쓰다

James
홍국주 책임 컨설턴트

모든 직장인에게는 처음이 있다. 흔히 '신입사원'이라고 불리는 그 시절 말이다. 당신의 그 시작은 어떠했는가? 어떤 순간들이 기억에 남는가? 처음 합격 통보를 받고 기뻐했던 순간이 떠오르는 사람이 있을 수 있다. 긴장되면서도 설레는 마음으로 처음 회사를 향하던 자신의 발걸음이 떠오르는 사람이 있을 수 있다. 처음 회사 컴퓨터 자판을 두들기던 순간, 처음 월급을 받고 뿌듯했던 순간 등 다양한 순간들이 우리의 처음 그 시작을 가득 메꿨을 것이다. 시작을 묻는 이런 질문에 대부분의 사람들은 쉽게 자신의 경험을 말할 수 있다. 많지는 않아도 특별했던 순간 한 가지는 잘 떠오르기 때문이다. 오랜만에 같이 입사한 동료들을 만나면 신입사원 시절에 겪었던 서로의 에피소드를 나누는 사람들이 있다. 이때는 이런저런 이야기들이 다양하게 오고 간다.

그런데 여기서 '어떤 순간들이 기억에 남는가?'라는 질문을 '어떤 생각들이 기억에 남는가?'라는 질문으로 바꾼다면 어떻게 될까? 신입사원 시절 나는 어떤 생각을 했었고 어떤 것들을 느꼈는지 묻는 것이다. 예를 들면, 나는 신입사원 시절에는 어떤 생각을 가지고 일을 했는지, 어떤 목표를 가지고 있었는지를 묻는 것이다. 혹은 '내가 나중에 리더가 된다면 저렇게 꼭 행동해야지'라고 생각하게 만들었던 인상 깊은 리더의 행동은 무엇이었는지, 반대로 '절대 구성원에게는 저렇게 하지 말아야지' 라고 생각하게 만들었던 리더의 행동은 무엇이었는지 묻는 것이다. 또한, 수많은 성공 경험과 실패 경험을 통해 얻은 나만의 노하우나 교훈은 무엇이었는지를 물을 수도 있을 것이다. 이렇듯 내가 경험한 과거의 순간에 내가 어떤 생각을 하였었는지 구체적으로 물으면 많은 사람들은 오히려 답하기를 어려워한다. 특히나 이런 질문에 대한 리더의 답변은 굉장히 추상적이거나 구체적이지 못할 때가 많다.

이처럼 질문은 더 구체적으로 바뀌었는데 왜 더 모호한 답변이 돌아오는 것일까? 단순히 그 사람이 생각이 없는 사람이었기 때문일까? 아니면, 자신의 시작을 단지 기록하지 않았기 때문은 아닐까? 기록이 기억을 지배한다는 한 오래된 카메라 회사의 카피문구처럼, 혹은 '적지 않으면 존재하지 않는다'라는 말처럼 구체적인 질문에 구체적으로 답하기 위해서 필요한 것은 '글쓰기'를 통해 나의 경험을 물체화하는 것이다. 내가 했던 생각들과 내가 느꼈던 감정들을 글로 써서 마치 물체처럼 내 앞에 보관할 수만 있다면, 언제든지 우리는 다시 그 글에서 그때 그 시절의 생각을 꺼내 올 수 있다.

그래서 신입사원 시절 정말 꼭 직원들에게 필요한 것은 자신의 경험과 생각을 글로 남기는 것이다. 업무 일지를 작성하라는 것이 아니다. 업무 일지는 내가 오늘 무엇을 했는지의 관점에서 작성된 것이다. 단순한 일기 같은 업무 일지가 아니라 생각을 담은 글을 써야 한다. 내가 무엇을 느꼈고, 무엇을 배웠고, 무엇을 생각했는지를 써야 한다.

그래야 나의 목표를 향한 성장 과정을 파악할 수 있다. 내가 성장하는 과정들을 쓰면서 자신이 성장하고 있다는 것을 스스로 인지할 수도 있으며 이를 통해 즉각적인 만족감을 얻을 수도 있다. 앞으로 어떻게 사고하고 일해야 하는지 생각을 정리할 수도 있으며, 앞으로 어떻게 나의 커리어를 쌓아 나가야 하는지 더 잘 계획할 수도 있다. 무엇보다 훗날 내가 성공했다면 무엇 때문인지 성공의 이유를 명확하게 설명할 수 있는 리더가 될 수 있으며, 실패했다면 무엇 때문에 실패했는지 조언함으로써 구성원들은 실패하지 않도록 돕는 리더가 될 수 있다.

물론, 꾸준히 글로 무언가를 정리해서 남긴다는 것은 대단히 어려운 일이다. 하지만, 철학자 플라톤은 시작은 일의 가장 중요한 부분이라고 말했다. 무엇보다 중요한 나의 시작을 글로 남기는 어려운 일, 하지만 어렵게 가진 만큼 절대 쉽게 버려지지 않을 일에 도전해 보길 바란다.

변화에 대해 명확한 인식

Victor
이긍호 고문·리더십 연구소장

변화가 안전한 상태이며 안정이 오히려 불안전하다. 변화가 없는 어떤 조직도 조만간 사라지게 된다. 실제적인 경영현장을 현실적으로 변화하기 위해서는 고통스러운 조직의 재편을 겪어야만 하며 그 지속적인 변화는 혁신과 수용이라는 형태로 받아들여지게 된다. 외주, 조직 통폐합 그리고 다운사이징이라는 외견상의 실패와 일시적인 고통을 겪지 않고는 변화를 가져올 수 없다. 이러한 변화를 이끌어나갈 리더는 다음을 고려하여 변화를 추진한다.

비전을 창조하고 구성원과 공유해야 하며 비전에서 나온 팀별 사명을 지속해서 제시한다. 중요한 것은 주기적으로 반복해서 강조하는 것이다. 결국 팀원들은 자신도 모르게 그 사명에 집중된 업무를 찾아서 수행하게 된다. 우선순위 없이 우왕좌왕하며 바빠 보이는 업무처리 습관은 본인의 구체적인 업무사명을 인지하지 못한 채 그저 열심히만 일하는 사람에게서 나오는 특징이다. 조직을 향상시킬 새로운 시도들을 격려한다. 성공여부에 관계없이 그 시도가 퍼포먼스 향상을 위한 것이라면 더욱 격려해주어 지속적인 시도가 가능하도록 한다.

변화를 위한 사명을 향상하게 할 논의에 팀원들을 포함한다. 업무 접점에 있는 팀원이 포함되지 않은 의사결정 사항이라도 꼭 소통하여 알린다. 바람직한 변화가 잘 이행되지 않을 때에는 그 이유를 꼭 찾아내기 위해 꼼꼼히 체크해보고 확실하게 제거한다. 변화와 혁신을 핵심역량에 포함한다. 영향력을 발휘하는 포지션으로 승진시켜 체인지에이전트로서의 역량을 발휘토록 한다. 변화촉진을 위한 교육을 한다. 여기에 해당되는 내용은 계획수립, 목표 설정, 설득, 문제해결, 의사결정 그리고 갈등 해결 등이 있다. 팀과 개인에 대한 결과 평가를 명확히 한다. 어떤 것이라도 그 지표 속에 변화에 대한 시도가 포함되어야 하며 이것은 결국 주주, 고객, 경영층 그리고 구성원 모두에게 도움이 된다. 측정 가능한 개선결과에 대해서는 팀미팅에서는 물론 모든 조직이 이 시도에 대한 격려를 해 준다. 다른 조직에서도 베스트 프랙티스를 공유할 수 있는 시스템을 구축한다.

비밀을 피하고 공개적이고 자주 소통할 수 있는 채널을 이용한다. 그러나 모든 사람들이 신속하게 변화해야 한다는 것은 아니라는 걸 인식한다. 적응의 시간을 허용한다. 시간이 걸려도 새로운 환경에 적응할 수 있도록 참을성 있게 기다려 준다. 필요하면 확실한 일처리를 위한 교육도 실시한다. 그 후에도 지속적으로 관심을 가지고 지켜보다가 다시 과거의 패턴으로 업무를 처리하면 새로운 시도에 대한 강점을 다시 알려주어 다시 시도해 보도록 기회를 준다.

여기에서 중요한 것은 동기이다. 변화하는 업무패턴에 저항하는 이유가 다른 요인이라면 아무리 다시 기회를 주어도 따르려하지 않을 경우가 있다. 즉 회사의 방향, 조직운영, 리더와의 갈등 그리고 동료와의 갈등 등의 요인일 경우에는 그 요소를 찾아내어 상담, 업무전환 등의 방법으로 해결한다. 연 1회 정도 주기에 따라 변화 준비성을 점검한다. 변화 준비성의 고려요소는 우선 오픈 커뮤니케이션이다. 변화가 필요하고 원하는 사람들에게 정말로 유용한 정보인가?를 생각한다. 다음은 경영 스타일이다. 우리 조직이 오픈되고 참여적인 조직인가? 팀원들의 의견을 경청하며 의견일치에 필요한 시간이 확보되어 있는가? 비즈니스의 상태도 변화 준비성의 또 다른 고려요소이다. 완만한 성장을 하고 있는 조직은 변화에 포용성을 가지고 추진해 갈 수 있으나 하락하는 조직의 경우는 오히려 선도적인 변화가 필요함에도 불구하고 어쩔 수 없는 추종적인 변화에만 급급하게 된다. 변화를 격려하고 실수를 용인하는 비공식적인 조직 문화도 중요한 변화 추진 고려대상이다.

이러한 변화의 성공팩터 중 기본을 깔고 있는 것은 리더와 팀원 간의 신뢰인데 진솔한 리더의 역할이 더욱 중요하다. 진솔한 리더와의 신뢰는 팀을 묶어주는 문화적인 접착제이다. 믿음을 심어주고 정직하며 항상 관심을 갖고 소통하는 과정속에 변화의 필요성과 추진방향에 대해 한 방향으로의 자발적인 팀워크가 이루져야 변화가 성공하는 것이다.

매너는 지능이다

Luis
임주성 수석 컨설턴트

상대방을 배려한다는 것은 쉽고도 어려운 과제이다. 조직은 크게 리더, 중간관리자, 구성원으로 계층과 세대 간 집단의 공동체이다. 세대도, 교육환경도, 가정환경도 다르지만, 최소 10여년 이상의 나이차가 있음에도 불구하고 같은 공간의 사무실에서 우리는 오랫동안 함께 일하고 부딪히며 일상을 함께 한다. 한 사람의 자아와 태도는 부모로부터 내려 받는다. 최소한 필자의 경우는 그렇다.

소위 밥상머리 교육부터 시작한다. 우리는 늘 세계적인 위인과 유명한 동기부여 연설가와 같은 영향력 있는 사람들로부터 영감을 얻으려 하고 삶의 지혜를 얻고자 노력한다. 하지만 교육은 유년기 시절부터 부모의 영향을 지대하게 많이 받아 그것이 삶의 지표가 되고, 롤모델이 된다. 쉽게 말해 멘토를 찾게 되는 것이다. 우리 조직에서도 마찬가지이다. 몇 가지 점검이 필요할 수 있다. 과연 내가 속한 조직에서 마음을 터놓고 내가 처한 문제를 해결할만한 상대가 있는지? 또한 가슴앓이하고 있는 크고 작은 상황을 속 시원히 펴놓고 얘기할 수 있는 여유와 공감이 있는지가 아주 중요하다.

우리는 어릴 적 어려움에 부딪히면 부모로부터 문제를 처리한다. 성장기에는 선배나 조언해줄 수 있는 친구가 있을 수 있다. 스스로의 이성과 행동을 콘트롤 할 수 있다면 다행이겠지만 그렇지 못하는 경우가 상당히 많다. 과연 이러한 사람과의 관계에 매너는 어떻게 존재하는가? 필자가 경험한 하나의 지혜는 내 자신의 생각으로 상대방을 쉽게 판단하지 않는 것이다.

또 하나는 상대방의 이야기를 끝까지 듣는 것이다. 사람의 생각은 누구나 다른 관점의 표현이 있다. 다른 것과 틀린 것을 명확히 구분해야 하는데 우리는 이 가운데에 불편함이 존재하기 마련이다. 즉, 감정통제Temper Control가 되지 않으면 그 어떤 것도 해나갈 수 없다. 표현의 차이란 무엇인가? 그것은 완벽한 경청에서 차이가 드러날 수 있다. 대부분의 사람들은 대충 듣고, 본인의 생각을 일방적으로 전한다. 특히 끝까지 들어봐야 결론을 알 수 있다. 들어야 해답이 있을 수 있다.

많은 말에는 논쟁이 벌어지고 예의는 찾아 볼 수 없는 상황이 벌어지기 마련이다. 누구나 내가 알고 있는 정보와 지식을 강력히 주장한다. 자신만의 입장을 고수하고, 상대방을 헤아리는 마음은 점점 사라진다. 매너는 예절이다. 지켜야 할 방식이며, 태도이다. 쉽게 말하자면 상대방을 불편하게 만들어서는 안되는 것이다. 이것이 부모님께서 하실 말씀 중 '늘 몸가짐을 바르게 하라'의 대목이다. 이는 상대방의 말에 귀를 크게 열고 어떤 생각을 갖고 있는지 끝까지 듣고 그 뜻을 이해하려는 노력이 필요하다. 따라서 어느 정도의 경청의 인내가 요구된다.

대부분의 사람들은 끝말이 끝나기도 전해 본인의 생각과 의견을 전하는 경우가 상당히 많다. 우리는 말하는 방법보다는 듣는 방법에 대한 스킬이 부족한 것은 사실이다. 확인되지 않은 사실을 전하고, 그것을 부풀리고, 입 밖으로 꺼내기는 쉽다. 뱉은 말은 주워 담을 수 없다. 특히 직장 내 괴롭힘, 따돌림에 관한 말이라면 우리는 민감해 질 수밖에 없다. 누군가에게 우리는 화살을 겨눌 이유가 과연 무엇인가? 사필귀정, 무슨 일이든 결국 옳은 이치대로 돌아가기 마련이다. 사소함에서 출발되는 비난, 비판, 불평이 곧 매너가 없는 관계가 되고 불신이 쌓인다. 따라서 이해하는 훈련이 반드시 필요하다. 상황을 이해하고, 상대방의 처한 모습을 이해하고, 그들의 어려움을 헤아려 보는 것이다. 결코 쉬운 행동은 아니다. 그렇다고 아주 어려운 일도 아니다. 왜냐하면 때로는 그 화살이 나로부터 시작되기도 하고, 내가 그 화살이 독이 묻어 내게로 돌아오기도 하는 것이 우리의 조직에서 비일비재하다.

'매너는 지능이다.' 또 다른 의미로 매너는 마술과 같다. 상대방을 황홀하게 만드는 묘한 매력이 있다. 사람은 늘 대접받고 인정받기를 원하는 존재이다. 따라서 훈련된 습관이 필요하다. 치열한 경쟁속에서도 조직내의 관계속에서도 학교, 친구, 사회의 모든 집단의 매너가 사라진다면 밀림의 약육강식의 생태계와 무슨 차이가 있을까? 즉, 매너는 합리적으로 사고하고 해결하려는 학습능력인 것이다.

일 하는 원칙

Luis
임주성 수석 컨설턴트

우리나라 해군 전투력 중 잠수함 전술능력은 세계적인 수준급이다. 작은 규모의 잠수함으로 철통같은 가상의 적군을 뚫고 어뢰를 발사하여 상대를 궤멸시킬 정도이니 실로 대단하다. 국가를 수호하는 군인들도 반드시 지켜야 할 원칙이 있는데 필자는 육군 출신으로 군에서 알고 있는 여러 정보를 밖에서 꺼내서는 안되는 것과 비슷하다. 사소한 것이지만 반드시 지킨 원칙 하나가 전쟁 시 승리를 결정짓기도 한다. 원칙이란 무엇인가? 우리가 지켜야 할 규칙이고, 누가 보던 보지 않던 정해둔 약속이다.

최근 들어 세계정세는 자국이익을 우선시 하고, 이기주의를 넘어 선진국이라는 말이 무색할 정도로 원칙이라는 것을 찾아보기 어렵다. 총만 안 들었을 뿐 전쟁에 가깝다. 정신을 바짝 차려야 한다면 지금이다.

기업도 마찬가지다. 조직은 인재를 선발하여 육성하고 지원하는 것이 기본이다.

인재는 마찬가지로 조직에서 쌓은 지식과 경험에서 얻은 기술을 조직의 성장과 결과를 위해 서로 상호보완되어야 한다고 본다. 단적인 예로 기술정보의 유출은 기업입장에서 큰 원칙이 무너진 셈이다. 따라서 기업이 크던 작던 '일 하는 원칙', 즉 리더가 지켜야 할 원칙과 플레이어가 지켜야 할 원칙이 존재해야만 한다. 그것은 '믿음'이 기본이 되어야 한다. 리더는 플레이어를 믿고, 플레이어는 회사를 믿고, 생산하는 제품을 믿고, 동료를 믿어야 한다. 믿음은 일을 완벽하게 만들고 팀워크를 향상시킨다. 회사가 믿음을 저버리면 플레이어는 곧바로 짐을 싸서 떠난다. 제품에 대한 믿음과 철학이 사라지면 갑질과 부정으로 휩싸이기 마련이다.

동료의 일 처리 방식과 능력을 믿을 때 팀워크는 완벽해 진다. 특히 리더의 역할이 아주 중요하다. 사람을 보는 눈이 정확해야 하지만 적재적소에 인원을 배치하고, 구조를 조정하고, 타점을 낼 수 있게 등용을 해야 하며, 다음 등판에 전력투구 할 수 있도록 휴식도 제공해줘야 한다. 아마도 일을 완벽히 처리하는 능력이다. 그들에게 가치를 부여하는 비전도 제시하여 이끌어야 한다.

또한 정확한 조직 내 상황을 격차없이 정보를 나누고, 해결책을 찾으려는 앞장선 마음은 믿음에서부터 나온다. 사소해 보일 수도 있지만 원칙을 지켜 일을 해내려는 것이 기업의 철학이자 핵심가치에서 비롯된다. 집안의 가훈도 가족 모두가 지켜야 하고 중요하게 생각하는 원칙이다. 우리나라 경주 최부잣집의 가훈 중 '주변 100리 안에 굶어 죽는사람이 없게 하고, 쌀 만 석이상의 재산은 사회에 환원하라'는 훈訓이 있다. 창업주의 생각이 곧 그 회사를 대변한다. 그리고 그것을 달성하기 위해 원칙을 그럴듯하게 세우기도 한다. 하지만 '지키지 않아도 될 약속은 하나도 없다.' 필자가 속한 대표의 철학이다. 약속은 원칙과도 같다.

그리고 지키지 못할 것이면 말을 꺼내면 안된다.

기업은 이윤추구를 목적으로 한다. 하지만 기업철학과 원칙에 어긋나는 그릇된 생각과 행동으로 돈을 벌고, 조직을 썩게 만들고, 인재가 밖으로 나가 축적되지 않은 기술과 사람이 조직을 병들게 한다. 무엇으로 우리 스스로가 정한 원칙을 지키며 살 것인가? 국가와 기업, 개인 모두 원칙이 무엇이었는지 때로는 잊고 사는 것처럼 복잡한 지금이다.

가장 중요한 것은 '존재의 이유'이다. 내가이 세상에 있는 이유를 알고, 깨닫는 것이 아주 중요하다. 그것을 모른 채 어떻게 행동해야 하는지? 무엇에 집중해야 하는지 안다는 것은 무리가 있다. 기업과 사람, 모두 마찬가지이다. 세상에 처음부터 해로운 사람은 단 한 명도 없다. 누구와 함께 하는지, 때와 장소에 달려있으며, 누구를 원하는지 나의 마음에 달려있고, 누가 끝까지 남는지는 나의 태도에 달려있다. 부모가 된다는 것은 가정의 리더이고, 사장이 된다는 것은 회사의 대표를 말한다. 잠수함의 최고 리더는 발포를 명령하는 함장이다. 우리는 모두 플레이어이며, 모두 리더가 된다. 맑은 물은 반드시 위에서 아래로 흐르기 마련이다. 나는 스스로 정한 원칙이 있는가? 또 원칙대로 살고 있는가?

원칙을 지킬 때 삶은 점점 더 아름다울 것임에 틀림없다.

불가피한 원격근무, 어떻게 일 할 것인가

Sophia
강송희 책임 컨설턴트

'원격근무'와 '재택근무'. 최근 코로나19사태와 더불어 뉴스에서 자주 접하게 되는 단어다. 많은 조직이 코로나19 바이러스 확산 방지를 위해 불가피하게 원격근무를 하고 있다.

개념적으로 재택근무는 '집에서 일한다'라는 바운더리가 있지만, 원격근무는 함께 일하는 사람이 한곳에 있지 않을뿐더러, 다른 사무실이나 센터에 있든지 집에 있든지 카페에 있든지 길 위에 있든지 상관없다. 때문에 '원격근무'가 새로운 시대의 일하는 방식에 더 가깝다고 본다.

야후, IBM과 같은 회사에서 원격근무제를 폐기하기도 하였지만, 원격근무제가 여전히 워라밸을 중시하는 세대의 요구이자 거스를 수 없는 트렌드인 것은 분명하다. 원격근무는 이미 선진국에서 보편적인 근무형태로 자리 잡고 있다. 반면 우리나라 기업의 원격근무 도입률은 4.1%이다. 재택근무율은 한국 3.0%, 미국 38%, 네덜란드 29.6%, 일본 11.5%로 선진국과 비교하면 아주 미미한 수준이다.(고용노동부, 2016년 기준)

한국에서 익숙하지 않은 원격근무 시행을 앞두고 각 조직의 고민도 클 것이다. 처음이다 보니 매뉴얼이 전무하고, 편의성 등 장점만 있는 것은 아니기 때문이다. 시행 중 다양한 단점들도 발생할 수 있다. 우선, 모든 사람이 원격근무를 잘하는 것은 아니다. 더불어 원격근무를 직종별·직군별 일괄 적용할 수는 없다는 점, 업무 집중도 하락, 아이디어 공유 부재, 소외감과 충성도, 보안 문제 등은 원격근무를 긍정적으로 검토하는 회사들에게도 여전히 남은 숙제이다.

원격근무의 장점을 극대화하고 단점을 보완하기 위해, 각 조직에 맞는 대원칙과 상세 가이드라인을 마련해야 한다. 원격근무의 원칙과 목표, 업무 프로세스, 커뮤니케이션 채널 등 제도 운영에 대해 고민해야 한다. 이때 공통으로 중요한 원칙 5가지를 소개해보고자 한다.

첫째, 모두가 같이 일하는 시간을 정한다. 그리고 이는 자신의 업무 시간을 정직하게 지키는 것에서 출발한다. 모두가 일하는 분위기로 시작할 수 있도록 채팅창에 사진을 찍어서 올리는 등 출근 인증 방법을 합의하는 것도 하나의 방법이다.

둘째, 명확한 업무 프로세스 지침으로 업무 집중도를 높인다. 업무 프로세스라고 거창할 것은 없다. 마감일과 담당자 지정만으로도 충분히 직원들의 책임감을 고취할 수 있다.

셋째, 커뮤니케이션에 더욱 노력해야 한다. 우선 업무를 더 자주 공유하고, 최대한 빠른 시간 내에 회신할 수 있어야 한다. '하루 3회 업무 공유'처럼 기준을 정하는 것도 좋다. 또한 글로 커뮤니케이션하는 능력이 필요하다. 얼굴을 보고 이야기하는 사무실과 달리 원격근무의 커뮤니케이션은 대부분 메시지로 이루어지기 때문이다.

넷째, 기술을 이용해야 한다. 직원뿐만 아니라 관리자들도 원격근무 관련 툴(비디오, 웹캠 실시간 가상 미팅, 스크린 공유, 클라우드, 소셜 미디어 등)을 잘 알아야 한다. 이런 기술을 잘 알고 활용할 수 있어야 원격근무를 하더라도 바로 옆에서 일하는 것과 같은 수준의 커뮤니케이션을 할 수 있다.

다섯째, 보안 관리이다. 비밀 유지 조항을 반드시 계약서에 포함시키고, 클라우드에 기반을 둔 네트워크 보안 서비스 활용도 방법이 된다.

원격근무를 위해 당장 혁신적인 문화를 만들어내거나 일하는 사람을 바꿀 수는 없겠지만, 조직에 적합한 툴을 활용하고 업무 프로세스를 정립할 수 있다. 직원들 또한 스스로 '함께 일하는 법'에 대해 고민해 볼 수 있다. 궁극적으로 이 코로나발 원격근무 실험이 근로 혁신에 기여하는 '기회'가 되길 기대한다.

팀 워크숍으로 무엇을 돕고자 하는가?

팀 관계 강화 워크숍

한 팀이지만 우리는 막상 서로를 잘 모릅니다. 같은 듯 다른 우리, 다르다보니 오해를 합니다. 워크숍을 통해 이제는 서로를 이해하고, 함께 소통합니다.

주요내용

· 관점의 차이는 성향에서 온다.
· 관점의 차이는 믿음에서 온다.
· 관점의 차이는 경험에서 온다.
· 관점의 차이는 가치에서 온다.
· 관점의 차이는 역할에서 온다.
· 이제는 이렇게 행동한다.

미션 - 비전 수립 워크숍

Mission, Vision, Core Value의 한 방향 정렬 Alignment 을 합니다. 조직에 목표의식과 의미를 부여 합니다. 전략의 방향과 조직운영의 행동기준을 도출 합니다. 구성원에게 동기부여와 참여의식을 유발하여 성과 창출에 기여 합니다.

주요내용

· 리더십과 비전에 대한 우리의 생각
· 우리는 어디를 향해 가는가?: 비전-전략, 미션-행동준거
· 본부/팀 실행계획 구체화

As-one 최고의 하나 워크숍

하나가 될 수 없는 어려움을 극복하고, 세대간의 소통, 부서간의 협업, 서로간의 이해과 공감을 위하여 구성원들과 조금 더 진지하게 서로를 바라볼 수 있는 기회를 만듭니다.

주요내용

· 내 마음의 창(조하리의 창) 진단을 통해서 개인별 열린 태도 확인
· 정성적 피드백 내용을 중심으로 관계에 있어 강화해야 할 점과 보완해야 할 점 파악
· 자신의 생각하는 모습과 타인이 생각하는 모습을 비교해 봄으로써 자신을 조금 더 깊이 있게 들여다보는 계기를 제공
· 팀이나 본부 단위조직간의 이해

마치는 글

플랜비디자인이 '리더십, 조직문화, 팀'에 대한 글을 기록한 지도 벌써 2년이 되어갑니다. '리더십, 조직문화, 팀'은 플랜비디자인의 핵심 분야이기도 하지만 모든 조직과 조직의 구성원들이 고민하고 각자의 방법을 찾아가는 영역이기도 합니다.

주 52시간 제도로 인한 일하는 방식의 변화, 밀레니얼 세대와 겪는 세대 차로 인한 고충, 리더의 책임과 역할, 피드백을 잘하는 방법, 또한 COVID-19로 인해 갑작스럽게 찾아온 원격근무 등 다양한 고민을 함께하기 위해 우리는 고객을 찾고 그들의 이야기를 들었습니다. 그리고 그 고민을 해결할 수 있도록 글을 쓰고 각각의 프로그램으로 담았습니다.

조직에 대한 고민이 들 때마다 필요한 장을 찾아보거나 책을 통해 우리 조직의 '리더십, 조직문화, 팀'은 어떤 특징을 가지고 있고 어떤 모습이 되기를 바라는지 생각해보는 시간을 가지는 것을 권합니다. 그리고 조금 더 깊게 대화를 나누고 싶은 주제가 생긴다면 언제든 플랜비디자인을 찾아주시기 바랍니다.

〈플랜비디자인을 쓰다〉는 플랜비디자인과 함께 성장하고 있는 책입니다. 〈플랜비디자인이 쓰다〉보다 많아진 플랜비디자이너, 좀 더 깊어진 7Q에 대한 생각의 변화, 〈플랜비디자인이 쓰다〉와 같은 '리더십, 조직문화, 팀'으로 구성되어 있지만, 더욱 다양해진 세부 주제와 생각들은 지난 1년간 플랜비디자인과 멤버들의 성장을 엿볼 수 있는 부분입니다.

하나의 주제를 가지고 깊게 생각할 수 있도록 같은 주제로 글을 기록하기도 했습니다. 1장 리더십 칼럼에서 썬(김선영 수석 컨설턴트)은 '리더의 글쓰기'를 통해 리더가 어떻게 글을 써서 구성원과 소통해야 하는지, 그 방법에 대해 담았고 빅터(이긍호 리더십 연구소장) 역시 리더십을 주제로 어떤 리더가 되어야 하는지, 완벽한 팀이 되기 위한 방법 등을 기록하였습니다.

'훌륭한 업적은 함께 일궈낸 작은 것들의 연속으로 이루어진다.'라는 빈센트 반 고흐의 말이 있습니다. 플랜비디자이너들이 매주 한 편씩 작성한 칼럼을 모아 책으로 엮어낸 것도 이 책을 읽어주신 여러분이 함께 이기에 가능한 것이라 생각합니다. 플랜비디자인이 함께 고민하고 글을 남길 기회를 주신 것에 대한 감사의 말씀을 드립니다. 앞으로도 여러분과 함께 고민할 수 있기를 바랍니다.

저자 모두를 대신하여

플랜비디자이너 샐리 씀

플랜비프렌즈 소개

· 구희근 | 우리들HRD 대표

1. 어떤 신념과 원칙을 가지고 있습니까?

내가 더 노력하고 배려하고 많이 움직이면 어느 곳, 누구에게서든 인정 받을 수 있다는 것입니다. 실력을 겸비한 자의 겸손한 실천은 사람의 마음의 변화를 이끌어 낼 수 있다고 생각합니다.

2. 어떤 일을 합니까?

기업과 기관 대상으로 구성원과 그들의 일터가 행복해지도록 돕는 HRD 프로그램을 개발하여 제공하고 있습니다. 우리들HRD의 대표로써 구성원이 더 단단하게 발전할 수 있도록 돕는 방법에 대해 고민하고 있습니다.

3. 무엇을 가치 있게 생각합니까?

나의 일과 사람을 대할 때 항상 진실하려고 노력합니다. 나의 말과 행동, 우리들의 프로젝트가 거짓되지 않고 진심을 다함으로써 서로 신뢰하고 오래가는 관계가 될 수 있도록 노력합니다.

4. 어떤 사람으로 기억되고 싶습니까?

아주 매력적인 생각과 경험, 그리고 행동 방식을 가진 사람으로 기억되고 싶습니다. 이런 모습을 프로젝트에 잘 담아내는 실력있는 HRD 전문가로 기억되고 싶습니다.

5. 앞으로 무엇을 할 계획입니까?

작가가 글을 쓰듯, 화가가 그림을 그리듯, 우리들HRD만의 감성과 스토리를 담은 교육 프로그램을 지속적으로 개발할 예정입니다. 우리들HRD 구성원들과 함께 세상에 없는 천방지축 재기발랄 HRD 회사를 만들어 나갈 것입니다.

· 김강현 | 플랜비손해사정 & 컨설팅 대표

1. 어떤 신념과 원칙을 가지고 있습니까?

무슨 일이든지 재미나게 하는 것이 가장 좋은 결과를 가져온다는 생각을 가지고 있습니다. 재미나게 일을 하는 것은 누가 그렇게 만들어 주는 것이 아니라 스스로 그렇게 만드는 것입니다. 그렇게 하기 위해서는 내 일에 대한 호기심이 있어야 합니다. 호기심을 갖는 것은 왜라는 생각에서 출발합니다. 이것을 왜 해야하는가에 대한 생각 그리고 무엇때문에 하는 것에 대한 생각이 우선 될 때 일을 보다 근본적으로 이해하게 되고 잘 알 수 있게 된다고 생각합니다. 그렇게 일을 잘 알기 시작할 때 일이 재미나기 시작할 것이란 것입니다. 내 스스로 재미있고 신이 날 때 주변 사람에게도 그 영향을 미칠 것입니다. 그래서 나는 일은 재미나게 해야한다는 생각과 항상 왜라는 생각을 먼저 하는 것을 중요시 여기고 있습니다.

2. 어떤 일을 합니까?

33년간 KB손해보험(주)에서 사원부터 임원에 이르는 동안 회사내 모든 분야에서 일을 해 왔습니다. 근무하면서 가장 중요하게 생각한 것은직원들과 함께 한다는 것이었습니다. 이제 직장을 떠나 스스로 새로운 회사를 만들어 출발을 시작했습니다. 그간 제가 가져왔던 신념을 이제 제 뜻대로 실현을 하는 일에 도전하고 있습니다. 회사 경영 특히 직원에 대한 생각을 기존의 틀에서 벗어나 새롭게 생각하고 새로운 방식으로 끊임없이 도전하는 일을 하고 있습니다.

3. 무엇을 가치 있게 생각합니까?

내가 하는 일이 나 뿐만 아니라 다른 사람을 성장시키고 신나게 만드는 일이 가치있다고 생각합니다.

4. 어떤 사람으로 기억되고 싶습니까?

항상 사람들과 함께 하려고 노력했고 재미난 삶을 추구했던 사람으로 기억되기 원합니다.

5. 앞으로 무엇을 할 계획입니까?

진정으로 직원들이 행복한 일터가 무엇인가를 만들어 보려고 합니다. 직원들이 즐겁게 일하면서 회사도 함께 성장하는 것에 대한 도전을 하려합니다.

· 김선일 | <알바트로스 리더십 season 2> 개발

1. 어떤 신념과 원칙을 가지고 있습니까?

성인이 되기까지 제게 영향을 준 세사람은 농부農父인 아버지, 농부農婦 어머니 그리고 농부農夫이셨던 할머니 입니다. 농사는 세상에서 가장 정직한 업業입니다. 세명의 농부가 제게 가르쳐준 농심은 '땅은 땀을 배신하지 않는다'는 것입니다.

2. 어떤 일을 합니까?

저는 실무 10년, 리더 10년, 강의 10년의 교육전문가 입니다. 지금은 주로 직장일을 대상으로 강의를 합니다. 목적은 사람들을 더 좋은 방향으로 변화하도록 하는 것입니다. 사람들을 변화하도록 돕는 일은 참 어려운 일이기에 늘 도전적이고 가치 있는 일 입니다.

3. 무엇을 가치 있게 생각합니까?

세상의 모든 탁월한 것에 감탄합니다. 상수上手와 달인達人, 탁월한 생각과 아이디어, 뛰어난 작품과 명품 등 범상하지 모든 것을 가치 있게 생각합니다.

4. 어떤 사람으로 기억되고 싶습니까?

어디서든 무엇을 하는 '밥 값은 한'사람으로 기억되고 싶습니다. 밥 값을 한다는 것은 받은 것 이상으로 주는 삶이 실천되었을 때 받을 수 있는 찬사입니다.

5. 앞으로 무엇을 할 계획입니까?

소박하지만 분명하게 하고 싶은 일들이 많이 남아 있습니다. 다양한 작물을 조금씩 재배하는 소농小農, 고향마을의 이장, Active Aging 관련 저자, 작은 결혼식과 장례식 문화를 확산하는 전도사 등 작지만 하고 싶은 일들을 하나씩 이루며 사는 것입니다.

· 김영종 | <리더십을 쓰다2: 신입의 품격> 저자

1. 어떤 신념과 원칙을 가지고 있습니까?

노력한 만큼 반드시 결과가 돌아온다라는 신념으로 일하고 있습니다. 사업을 시작하면서 더욱 강조되는 부분이기도 합니다. 눈에 보이는 결과만이 아닌 내면의 성장이나 자기성찰, 남에 대한 관심과 배려 또한 자신에게는 커다란 성과입니다. 남과 같이 해서는 남 앞에 설 수 없다는 좌우명도 일맥상통한다고 생각합니다.

2. 어떤 일을 합니까?

콘텐츠와 플랫폼을 만들고 운영하는 일을 합니다. 보통 이 업계에서는 플랫폼 사업 또는 MCN Multi Channel Network 사업이라고 말합니다. 1인 크리에이터를 중심으로 하는 콘텐츠와 다양한 멀티플랫폼을 기획하면서, 유저들을 대상으로 다양한 서비스를 운영하고 있습니다.

3. 무엇을 가치 있게 생각합니까?

사람과 사람의 연결이 가치 있다 생각합니다. 크리에이터와 유저가 만나는 공간인 플랫폼도 그런 의미 중 하나입니다. 15년 넘게 인사 일을 하면서 내린 결론은 사람과 사람 사이의 소통이 먼저다, 도구나 형식은 달라져도 서로 연결되어 같이 성장한다는 큰 교훈을 얻었습니다.

4. 어떤 사람으로 기억되고 싶습니까?

늘 새로운 것에 관심 가지고 도전하고 실천하는 사람이고 싶습니다. 한번 도전하고 그만두는 사람 보다는 지속적으로 그 영역에서 나름의 목표를 이룰 수 있도록 노력하는 사람이고 싶습니다. 내용이 뻔하다고 결론 짓는 사람이고 싶지 않습니다.

5. 앞으로 무엇을 할 계획입니까?

좀 더 다양한 세상의 사람들과 만나 같이 성장하고 싶습니다. 플랫폼을 통해 글로벌한 시장을 연결할 수도 있고, 알지 못했던 산업의 사람들과 크리에이터, 콘텐츠로서 연결되고 싶습니다. 중요한 것은 사람이니까요.

· 김용현 | <나는 인정받는 팀장이고 싶다> 저자

1. 어떤 신념과 원칙을 가지고 있습니까?

제가 가진 것들을 사회에 공헌하면 어제보다 나은 세상이 될 것이라는 신념을 가지고 있습니다. 제가 경험한 것들은 누군가에게 꼭 필요한 지식과 지혜일 수 있기 때문입니다. 그래서 세상에 도움이 되는 것을 배우는 것이 제 원칙입니다.

2. 어떤 일을 합니까?

개인과 조직의 성장을 돕는 일을 합니다. 자신에게 숨겨진 잠재능력을 발견하도록 자기 탐색과 진로설계를 돕습니다. 개인 역량을 모두 더한 것보다 더 크게 조직 역량의 시너지를 낼 수 있도록 팀 퍼실리테이션을 돕습니다. 저의 성장을 위해 글쓰기와 강의도 합니다.

3. 무엇을 가치 있게 생각합니까?

사람에 대한 신뢰를 최고의 가치로 생각합니다. 누군가에 대한 믿음이 생겨나려면 상대방을 이해하는 소통을 해야 합니다. 그런 소통은 거짓 없는 진정성이 담긴 마음이라야 가능합니다. 신뢰는 바로 진실함에서 시작됩니다.

4. 어떤 사람으로 기억되고 싶습니까?

시작과 끝이 한결같은 사람으로 기억되고 싶습니다. 처음 시작할 때의 초심을 버리고 자신의 이익을 위해 가치관과 행동을 수시로 바꾸는 경우를 많이 봅니다. 세상을 떠나는 날까지 말과 행동이 일치했던 사람이 되고 싶습니다.

5. 앞으로 무엇을 할 계획입니까?

사람에 대한 공부를 더 하고 싶습니다. 철학과 인문학뿐만 아니라 인류가 만들어낸 지식과 문화를 더 탐구하고, 그것들을 바탕으로 나의 콘텐츠로 다시 만들어내고자 합니다. 더불어, 글쓰기와 강의를 통해 나만의 얘기를 하고 싶습니다.

· 김우재 | 케이(Kay)

1. 어떤 신념과 원칙을 가지고 있습니까?

언제나 끊임없이 도전하는 사람만이 살아남을 수 있다고 믿습니다. 그리고 그 도전 자체가 행복이라고 생각합니다. 더이상 도전하지 않고 현재에 안주하는 순간부터 안주가 아닌 후퇴를 한다고 생각합니다. 그리고, 거창하게 원칙이라고 말하긴 어렵지만, 정직, 타인에 대한 배려, 긍정적인 태도, 꾸준함이 제가 지키려고 하는 원칙입니다.

2. 어떤 일을 합니까?

신재생에너지 디벨로퍼입니다. 우연한 기회에 현재의 업을 가지게 되었고, 아직 한국에서는 신재생에너지는 첫걸음 단계이기 때문에 업의 이름 또한 제가 지었습니다. 분명한 것은 인류와 사회에 공익적 기여를 할 수 있는 업에 종사하고 있다는 점입니다.

3. 무엇을 가치 있게 생각합니까?

타인과 사회에 선한 영향력을 주는 것을 가치있게 생각합니다.

4. 어떤 사람으로 기억되고 싶습니까?

언제나 새로운 도전을 하는 사람, 언제나 꾸준히 목표한 바를 이루려고 노력하는 사람, 언제나 긍정적인 태도인 사람, 언제나 발전이 있는 사람, 타인과 사회에 선한 영향력을 주는 사람으로 기억되고 싶습니다.

5. 앞으로 무엇을 할 계획입니까?

가까이는 내년까지 나인팀 책을 출판하고, 이후 개인 작가로써 책을 쓰고 싶습니다. 40대, 50대에는 현재의 업인 신재생에너지 개발의 많은 성공사례를 만들고 싶습니다. 50대 이후에는 작가, 보드게임 개발자가 되어 의미있는 콘텐츠를 만들고 싶습니다. 그리고 제가 만든 콘텐츠로 꾸준히 강의를 하고 싶습니다. 그리고, 앞으로도 끊임없이 새로운 도전을 이어갈 생각입니다.

· 김윤미 | <가르치지 말고 보여주자> 저자

1. 어떤 신념과 원칙을 가지고 있습니까?

제 삶에 중요한 신념은 언제나 어디서나 누구에게나 배울점이 있다는 것입니다. 살면서 겪는 모든 경험은 버릴 것이 없으며 어떤 방식으로든 긍정적인 자산이 된다고 믿습니다.

2. 어떤 일을 합니까?

성장을 원하는 개인과 조직에 도움이 되는 콘텐츠를 개발하여, 강의와 컨설팅, 유튜브 채널로 공유하는 일을 하고 있습니다.

3. 무엇을 가치 있게 생각합니까?

배움의 가치입니다. 학습능력이 뛰어난 사람이 되는 것보다 배움에 열린 태도가 우리의 일과 삶의 발전에 더 큰 도움을 줍니다.

4. 어떤 사람으로 기억되고 싶습니까?

사람들에게 유익한 콘텐츠를 만들어 기쁘게 기꺼이 공유하는 사람으로 기억되고 싶습니다.

5. 앞으로 무엇을 할 계획입니까?

지금 하고있는 일을 오래오래 즐겁게 하고싶습니다. 지금까지는 일에서 혼자 탁월하기 위해 애썼다면, 앞으로는 함께 탁월하기 위한 쉬운 방법론, 툴킷을 개발하고 나누기 위해 준비하고 있습니다.

· 김재명

1. 어떤 신념과 원칙을 가지고 있습니까?

삶에서는 항상 옳은 일에 가치를 두고 정직하게 행동합니다. 일터에서는 만나는 모든 사람들이 행복해지길 바라는 '행복지기' 입니다.

2. 어떤 일을 합니까?

조직과 사람의 성장을 지원합니다. 사람을 통한 성과 창출을 연구합니다.

3. 무엇을 가치 있게 생각합니까?

도전과 안정의 균형을 추구합니다. 인사이트를 통한 학습을 지향합니다.

4. 어떤 사람으로 기억되고 싶습니까?

사람을 좋아하고 강인하지만 미소와 여유를 품은 철학자로 기억되고 싶습니다.

5. 앞으로 무엇을 할 계획입니까?

계속해서 모두가 즐겁고 재미있는 강의, 인사이트를 제공하는 강의, 의미를 통해 상호 성숙해지는 강의를 할 계획입니다.

· 김철수 | <생각경영법> 저자

1. 어떤 신념과 원칙을 가지고 있습니까?
세상은 생각하기 나름이란 신념과 원칙을 갖고 있습니다.

2. 어떤 일을 합니까?
사람들이 생각을 잘하고 말과 글로 잘 표현하도록 돕는 일을 합니다.

3. 무엇을 가치 있게 생각합니까?
좋은 생각이 말과 글로 표현되어 다른 사람에게 잘 전달되는 것이 가장 가치 있는 일이라 생각합니다.

4. 어떤 사람으로 기억되고 싶습니까?
좋은 생각을 좋은 말과 좋은 글로 표현하는 사람으로 기억되고 싶습니다.

5. 앞으로 무엇을 할 계획입니까?
생각하기와 글쓰기에 관한 책을 쓰고 강의를 하고 도구를 개발할 계획입니다.

· 김휘 | <사내강사 실무 노하우> 저자

1. 어떤 신념과 원칙을 가지고 있습니까?

착하게 성실하게 살자. 神은 내게 모든 것을 다 주지 않는다. 탈법, 불법, 위법하지 않고 일생을 마치자. 세 가지는 신념이자 원칙으로 삼고 있습니다.

2. 어떤 일을 합니까?

대학에서 교육학을 전공했고, 20년 동안 대기업 인재육성HRD 직무를 경험했습니다. 퇴직 후 공개교육 기획 및 강의, 고객사 출강, 인재육성 관련 컨설팅을 수행하는 컨설턴트로 활동 중입니다. 평소 나의 직무에 대한 애착이 있어서 HRD 전문가를 지칭하는 'HRDIST 에이치알디스트' 브랜드를 만들었습니다. 사업체명이자 상표출원된 나의 상표이며 SNS 활동시 사용 중인 브랜드이기도 합니다. 현재 1인 사업자 대표로 활동 중입니다.

3. 무엇을 가치 있게 생각합니까?

나의 사명을 정하고 실천하는 삶을 살아가려고 노력합니다. 일생동안 지킨 나의 가치는 3가지입니다. '사랑하는 사람과 결혼하여 일생을 같이 산다. 부모를 이해하는 자녀를 갖는다. 가족의 삶에 부족함이 없는 경제력을 갖춘다.' 일에 대해서는 돈보다 명예를 중시합니다. 남한테 손가락질 받지 않고, 내가 경험한 분야에서 존중받는 사람이 되려고 노력합니다.

4. 어떤 사람으로 기억되고 싶습니까?

좋은 남편, 아빠, 친구, 동료, 선배, 후배로 남고 싶습니다. 일로는 내가 쓴 책이 해당분야 종사자에게 손꼽히는 '꼭 읽어야 할 책'으로 남길 희망합니다. 내가 종사한 분야 및 직무에서 '참 열심히 살아온 사람'으로 기억되면 좋겠습니다. 길을 걷다가 우연히 만나도 나에게 반갑게 인사를 해주는 대상이 되고 싶습니다. 그리고 사람들로부터 HRD 직무를 정말 좋아했고 자랑스러워 했던 'HRDIST 김휘'로 기억에 남았으면 좋겠습니다.

5. 앞으로 무엇을 할 계획입니까?

내가 했던 일, 경험, 노하우, 전문적인 지식과 기술을 담은 HRD 실무자를 위한 책을 출간하는 것이 목표입니다. 계속해서 재능 기부, 후배양성을 위한 관점에서 HRD 직무교육, 강사양성교육, 인재육성 관련 컨설팅을 하고 싶습니다.

· 나영주 | 베로니카(Veronica)

1. 어떤 신념과 원칙을 가지고 있습니까?

사람은 스스로 믿는 대로 된다고 믿습니다. 좋은 사람이 좋은 세상을 만들 수 있다고 믿고 좋은 사람들과 함께 하기를 꿈꾸고 있습니다.

2. 어떤 일을 합니까?

기업에서 HRD업무를 하고 있습니다. 구성원들이 스스로 성장할 수 있도록 돕고 올바른 가치관을 통해 조직과 사회에 기여할 수 있도록 돕습니다.

3. 무엇을 가치 있게 생각합니까?

사람은 믿어주는 만큼 성장한다고 믿습니다. 리더는 구성원을 먼저 믿어주고 지지하며 함께 하는 힘의 가치를 경험하게 해야 한다고 믿습니다. 집단이 개인보다 현명할 수 있다는 것을 믿습니다.

4. 어떤 사람으로 기억되고 싶습니까?

시간이 지날수록 오래 함께 하고 싶은 사람. 어렵고 힘들거나 의지할 사람이 없을 때 찾아가고 싶은 사람이 되고 싶습니다.

5. 앞으로 무엇을 할 계획입니까?

먼저 나인팀을 통해 저 스스로 한단계 성장하는 시간이 되었으면 합니다. HRD 전문가이자 코치로서 조직에 기여하고 싶고, 꿈찾는 것을 어려워 하는 사람들을 돕고 싶습니다. 언제가 이러한 경험들을 책으로 쓰고 강의도 하고 싶습니다.

· 동종성 | <나는 인정받는 팀장이고 싶다> 저자

1. 어떤 신념과 원칙을 가지고 있습니까?

Plan(계획) - Do(실행) - Check(점검) - Action(개선), PDCA 사이클 적용을 원칙으로 삼고 있습니다. 인생에서 새로운 개념을 접하고 내재화하는 과정을 PDCA 사이클을 통해 적용하고 있습니다. 아무리 좋은 계획이라도 실행하지 않으면 의미 없고, 아무리 좋은 실행이라도 점검이 없으면 의미가 없으며, 아무리 좋은 실행이라도 개선하지 않으면 의미가 없다고 생각합니다. PDCA 싸이클이 인생을 살아가는 중요한 성장의 동인이라는 원칙을 가지고 있습니다.

2. 어떤 일을 합니까?

반복되는 실패를 통해 혁신 상품을 만들어내는 삼성전자 창의개발센터 C랩 엑셀러레이터입니다. 다양한 창의 방법론을 적용하여 삼성전자 직원들이 창의인재로 성장할수 있도록 돕고 있습니다. 더불어 〈책이 답이다〉 〈나는 인정받는 팀장이고 싶다〉(공저) 책 2권을 쓴 직장인 작가입니다.

3. 무엇을 가치 있게 생각합니까?

다양한 경험을 통해 성장하는 것이 '가치' 있다고 생각합니다. 사람을 통해 배우고, 사람의 관계속에서 배우고 책을 통해 성장하고 있습니다.

4. 어떤 사람으로 기억되고 싶습니까?

조직 혁신, 자기 혁신을 통한 동기부여 전문가로 기억되기를 희망합니다.

5. 앞으로 무엇을 할 계획입니까?

회사에서 다양한 혁신 방법론Six Sigma, TRIZ, Agile, Lean Startup 등), 신제품/서비스를 개발했던 성공과 실패경험을 바탕으로, 스타트업 경영혁신 컨설턴트가 되어 스타트업의 성장을 돕고 싶습니다.

· 박영준 | <혁신가의 질문> 저자

1. 어떤 신념과 원칙을 가지고 있습니까?

우리 삶은 누군가의 노고에 의존해 있고, 누군가에게 기여할 수 있을 때 존재의 의미가 생긴다고 믿습니다. 개인의 성취에 초점을 맞추기 보다는 관계의 성숙에 초점을 맞출 때 더 좋은 결실을 수확할 수 있다고 믿습니다. 더불어 학습의 최대 장애물은 나쁜 질문에 답하느라 삶을 낭비하거나, 학습자의 질문에 곧바로 답해주려는 성급함이라 믿습니다. 스스로 답을 찾아낼 기회를 박탈하는 것, 혹은 더 좋은 질문을 찾는 노력을 게을리 것을 늘 경계하고 있습니다.

2. 어떤 일을 합니까?

경영자와 리더들에게 도움이 되는 더 좋은 질문을 디자인하고 있습니다. 주로 1:1 관계를 기반으로 정기적으로 만나 코칭을 하거나, 조직 내에 학습조직을 구축해서 리더들의 학습과 성장, 그리고 성찰을 촉진하는 퍼실리테이터 역할을 수행하고 있습니다. 질문디자인연구소장이라고 소개하면, 사람들이 종종 제게 와서 '질문을 잘 하고 싶다'고 말합니다. 저는 이런 기대를 충족시켜 줄 수는 없다고 느낍니다. '질문 잘 하는 법'을 가르치는 것은 저의 일은 아닙니다. 가끔 강의나 워크숍으로 이 주제를 다루게 하지만, 제가 하는 일의 본질과는 조금 멀다고 느낍니다. 저와 만나는 리더들이 자신과 자신의 조직에 필요한 더 좋은 질문을 선택하거나, 만들어 보도록 돕고, 온전히 그 질문에 함께 머무르는 것을 경험하도록 돕는 것이 저의 일입니다. 질문과 함께 살아가는 법을 배우도록 돕는 일, 그게 제 일의 본질입니다.

3. 무엇을 가치 있게 생각합니까?

'이끄는 사람들의 성장'을 가치있게 생각합니다. 리더들의 성장을 도우면서 강조하는 'ABC 경험'이 있습니다. 리더는 자율성 Autonomy 을 발휘 할 때 탄생하고, 기존의 제약과 한계를 돌파해보는 경험 Breakthrough 을 가질 때 성장하며, 협력적 관계 Collaboration 를 구축할 수 있을 때 함께 성공할 수 있습니다.

4. 어떤 사람으로 기억되고 싶습니까?

존 듀이는 '우리는 경험으로부터 배우는 것이 아니라, 경험한 것을 성찰함으로써 배운다'고 주장했습니다. 저는 저와 만나 관계 맺은 이들에게 '뜻깊은 성찰을 도운' 사람으로 기억되고 싶습니다.

5. 앞으로 무엇을 할 계획입니까?

'질문이 살아있는 조직 문화'를 구축하고자 하는 다양한 팀들과 협력 프로젝트를 진행하고자 합니다. 그리고 '질문예술학교'라는 거창한 이름의 '질문 학습 공동체'를 만들어갈 예정입니다. 이 곳을 통해 더 좋은 질문을 디자인하고, 실험하는 중입니다. 이러한 경험들을 성찰하고 정리해서, 함께 나눌 수 있는 질문관련 책들도 꾸준히 집필하고자 합니다.

· 박진우 | 경영학 박사 | <외식경영노하우> 저자

1. 어떤 신념과 원칙을 가지고 있습니까?

자본주의의 경쟁 속에서 살고 있지만(사실 이를 즐기기도 하지만) 인본주의를 실천하자. 사람이 먼저다, 사람사는 세상 이런 사람임을 증명할 수 있는 사람으로 남자는 신념을 가지고 있습니다.

2. 어떤 일을 합니까?

음식을 만들고, 만든 음식을 고객에게 정성으로 전해주는 업을 하고 있습니다. 이가 외식업입니다. 직업은 외식을 선택했고, 지금도 외식업을 하고 있고, 죽을 때까지 외식업을 하면서 죽을 생각입니다. 마지막으로 나의 브랜드를 가지고 싶은 바람입니다.

3. 무엇을 가치 있게 생각합니까?

사람을 생각하는 사회를 만들고, 사람을 생각하는 조직을 만들고, 사람을 생각하는 가정을 만들고 싶습니다.

4. 어떤 사람으로 기억되고 싶습니까?

주어진 목표를 위해서 공정하게, 당당하게, 정직하게 달성하는 사람. 자본주의 속에 인본주의를 실천하는 리더, 학습과 성장을 스스로 하고, 구성원들에게 공유하는 리더, 균형감있는 생각을 가지고 사회에, 조직에, 사람한 선한 영향력을 행사하는 사람으로 기억되고 싶습니다.

5. 앞으로 무엇을 할 계획입니까?

책을 내고 싶습니다. 외식업을 지속하고 싶습니다. 내 브랜드를 경영하고 싶습니다. 책과 학습을 통해서 나를 변화시키고, 세상을 변화시키고 싶습니다.

· 박진한 | 제임스(James)

1. 어떤 신념과 원칙을 가지고 있습니까?

모든 사람은 선하고 현명하다는 생각을 하고 있습니다. 다양성을 존중하고 상대방의 입장,"Perspective taking" 하는 마음과 행동을 올곧게 실천하도록 노력합니다.

2. 어떤 일을 합니까?

얻기도, 잃기도, 어이없게도, 피곤하게도, 신나게도, 힘나게도, 행복하고 보람되게도 하는 아리송한 OO에 대한 고민을 합니다. 답답하다고 고민해도 답이 없고, 한다고 해도 항상 쪼이는 OO에 대한 고민을 합니다. 조직의 여러가지 핵심업무를 주도적으로 실행하면서 많은 성과와 실패를 통해 아쉬움과 보람도 경험 하였습니다. 조직에 더 높은 곳 까지 가고 싶었습니다. 열심히 했고, 많이 성장했습니다. 회사가 커지면서 관료제의 폐배, 서비스의 질이 떨어지고 일하는 즐거움이 퇴화 하면서 고민이 많습니다. 조직의 긍정적인 문화와 리더로써 선한 영향력을 발휘한다는 것은 무엇일지 어떤 것을 실행해야 할 지 더 많이 탐색하려고 합니다.

3. 무엇을 가치 있게 생각합니까?

사람이 사람답게 사는 것 & 배려와 존중이 있는 따뜻한 관계를 소중히 생각합니다.

4. 어떤 사람으로 기억되고 싶습니까?

담백한 사람 ,같이 있으면 멋진 사람, 즐거운 사람, 배려심과 겸손한 사람으로 기억되고 싶습니다.

5. 앞으로 무엇을 할 계획입니까?

"폼생폼사" 스타일로 , 남의 시각이나 관점에 많은 영향을 받았으나, 최근 나이가 들면서 자존감, 나의 삶에 대해 많이 반추하는 시간을 갖게 됩니다.

· 박해룡 | <직장생활, 나는 잘하고 있을까> 저자

1. 어떤 신념과 원칙을 가지고 있습니까?

모든 것은 마음 먹기에 달렸다. 일체유심조를 좌우명으로 생각하며 스스로 행복하게 살아 갑니다.

2. 어떤 일을 합니까?

인사조직 컨설팅을 하고 있습니다. 경영자문, 강의, 저술 활동을 하며 많은 분들을 만나며 지냅니다. LG에서 직장생활을 시작해 한솔을 거쳐 아더앤더슨, 딜로이트컨설팅에서 10년간 인사조직 컨설팅을 하였습니다. 이후 LS산전에서 인사총괄CHO/상무를 역임하고 현재 자문역으로 재직 중입니다. 현재는 The HR 컨설팅(주) 대표이사, 한국액션러닝협회 회장, 한국바른채용인증원 부원장으로 활동 중입니다.

3. 무엇을 가치 있게 생각합니까?

연결과 나눔으로 더불어 성장하고 함께 행복한 것을 중요하게 생각합니다.

4. 어떤 사람으로 기억되고 싶습니까?

인간미가 넘치는 인사전문가로 기억되고 싶습니다. 정이 있고 배려하는 사람, 성실한 사람으로 기억되고 싶습니다.

5. 앞으로 무엇을 할 계획입니까?

인사전문가로 사람에 대한 이해를 하고 싶습니다. 사람의 태생적 속성이 무엇이고, 조직 안에서 행동하고 관계를 하는 형태는 어떠한지 연구하고 싶습니다. 이를 토대로 리더가 사함 보는 눈을 갖도록 지도하고, 조직 구성원에게는 조직안에서 행복하게 살며, 직무에 몰입하여 성과를 낼 수 있도록 자문할 예정입니다. 가족과 더불어 행복하게 사는 방법을 연구하고 노하우를 나누고 싶습니다.

· 박혁수

1. 어떤 신념과 원칙을 가지고 있습니까?

이 세상에서 가장 소중한 것은 '사람'입니다. 우리의 최대의 영광은 한번도 실패하지 않는 것이 아니라 쓰러질 때마다 일어서는 것입니다. 삶이란 우리의 대화가 성숙해 가는 과정입니다.

2. 어떤 일을 합니까?

누군가의 성공이 아닌 성장을 돕습니다. 스스로를 들여다 보고 자신의 아름다움과 가능성을 발견할 수 있도록 돕습니다. 지식과 통찰의 접점을 연결합니다.

3. 무엇을 가치 있게 생각합니까?

이 세상에 주어진 모든 것이 감사임을 잊지 않고 살아가려 합니다. 나를 둘러싼 그 모든 것에 대한 책임이 온전히 자신에게 있다고 믿습니다. 역지사지는 인간이 할 수 있는 최고의 지혜입니다.

4. 어떤 사람으로 기억되고 싶습니까?

일에 대해서는 주어진 일에 최선을 다하고 더 좋은 결과를 위해 노력함으로써 늘 믿고 맡길 수 있는 사람으로, 관계에서는 함께 있으면 편안하고 든든한 신뢰로운 사람으로 기억되고 싶습니다.

5. 앞으로 무엇을 할 계획입니까?

지금까지 활용한 강의 컨텐츠 및 강의를 위해 발굴된 자료 등을 기반으로 본격적인 저술 활동을 하고자 합니다. 특히, 스포츠에 특화된 독특한 컨텐츠를 책으로 펼쳐 보일 계획입니다. 지난 10여년 열심히 강의에 임해왔으나 자신의 브랜드화에는 소홀히 했다는 자성의 목소리에 주목하여 개인 홍보 및 브랜드화에 관심을 가지려 합니다.

· 백신영 | 씨에나(Sienna)

1. 어떤 신념과 원칙을 가지고 있습니까?

옳음을 추구합니다. 저희 회사와 거래를 하면 성장하는 고객사가 되게 만들어주기, 나를 알고 있는 모든 사람이 나로인해 함께 성장하고 행복해지는 영향력있는 삶을 추구합니다.

2. 어떤 일을 합니까?

HRD 전문가, 강의, 컨설팅, 자문위원, Executive Coaching, 팟캐스트 MC, 기업행사 MC, 아마추어 뮤지컬 배우를 하고 있습니다.

3. 무엇을 가치 있게 생각합니까?

사람을 성장시키는 것, 기업을 발전시키는 것, 더 좋은 세상을 만드는 것을 가치있게 생각합니다.

4. 어떤 사람으로 기억되고 싶습니까?

진정성/열정 하면 떠오르는 사람, 카멜레온 다재다능, 청국장같은 스마트 스피치를 하는 사람으로 기억되고 싶습니다.

5. 앞으로 무엇을 할 계획입니까?

전문적 영역인 HRD는 더더욱 딥하게 발전시켜 나가기 (사람/조직/경영/문화예술), 코칭으로 길을 잃은 사람들에게 빛을 전달하기, 강의로 접하는 모든 이에게 솔루션 제공자, 기업교육 + 방송 + 공연의 제대로된 믹싱, 강연콘서트 기획자, Sienna만의 공감작렬 Radio DJ되기, 아마추어 중 최고의 뮤지컬 배우되기, 스테디셀러 저자가 되는 일을 할 계획입니다.

· 서인수 | 노아(Noah) | 프랙티스 디자이너

1. 어떤 신념과 원칙을 가지고 있습니까?

내가 보고 듣고 행동한 것으로 내 삶은 만들어집니다. 스스로에 대한 정직은 성공과 행복의 자양분입니다. 사람과의 신뢰는 꾸준한 노력의 결과입니다.

2. 어떤 일을 합니까?

2008년부터 10년간 HRD컨설팅회사 대표로 기업의 교육과정을 설계 및 개발하였고, 현재는 기업에서 리더십, 커뮤니케이션, 시간관리, 팔로워십, 협업 등에 대한 강의를 하면서 사람들의 역량강화에 행동변화를 돕기 위해 노력하고 있습니다.

3. 무엇을 가치있게 생각합니까?

쉽고 편한 일이 아니라 의미 있고 중요한 일을 찾아 실행하는 것을 가치있게 생각하고 있습니다. 지금까지 제가 찾은 의미 있고 중요한 일은 아래 7가지입니다. 1) 타인의 성장과 변화를 돕기, 2) 가족과 주변사람을 사랑하고 섬기기, 3) 배움과 학습을 멈추지 않기, 4) 유익한 지식 전파하기, 5) 시간을 기록하고 성찰하기, 6) 내 몸을 건강하게 만들기, 7) 부부 여행하기

4. 어떤 사람으로 기억되고 싶습니까?

고객에게는 '우리가 성장하고 변화할 수 있도록 도움을 주었던 사람'으로, 파트너에게는 '일에 대한 진정성을 가지고 끊임없이 학습하고 도전하였던 사람'으로, 가족과 지인에게는 '함께 하여 힘이 되고, 위로가 되고, 행복했던 사람'으로 기억되고 싶습니다.

5. 앞으로 무엇을 할 계획입니까?

개인과 조직의 실제적인 변화와 성장을 돕는 일을 통해 더 나은 사회를 만들고 싶습니다. 1) 프랙티스 디자이너: 단순히 이론적으로 개발된 컨텐츠를 학습자들에게 전파하는 것이 아니라 실제 행동이 변화되고 현업의 문제가 해결될 수 있도록 수행&프랙티스 중심으로 과정을 설계하고 개발하는 학습디자이너가 되는 것입니다. 이를 위해 산업별 실제 현업 이슈와 성과를 만드는 행동, 이를 개발할 수 있는 지식과 스킬, 현업적용tool 등을 체계적으로 수집&분석하고 수행중심의 학습방법을 연구할 것입니다. 2) 러닝퍼실리테이터: PPT 슬라이드를 중심으로 단순히 재미있게 강의하는 것을 뛰어넘어 학습자들이 실제 변화에 대한 동기를 갖고 성과행동 하나라도 개발할 수 있도록 돕는 러닝퍼실리테이터가 되는 것입니다. 그러기 위해서는 과정별로 유용한 지식/스킬과 실제 적용 가능한 Tool들은 어떤 것이 있는지, 적용할 때 어려움은 무엇인지, 성공적으로 적용하기 위한 노하우는 무엇인지를 연구할 것입니다.

· 서정현 | <나는 인정받는 팀장이고 싶다> 저자

1. 어떤 신념과 원칙을 가지고 있습니까?

행복하게 성장하기. 행복이나 성장의 목표점, 기준점은 주관적입니다. 언제든 '나는 행복하게 성장하고 있는가?' 라는 질문에 긍정적인 답을 할 수 있도록 노력합니다.

2. 어떤 일을 합니까?

Experience partner, 경험파트너로 활동합니다. 과거의 선택과 경험이 현재를 만듭니다. 잠시 멈추어 함께하는 시간과 공간을 성찰의 경험으로 채우려고 합니다. 현재는 리더십과 커뮤니케이션을 주제로 러닝퍼실리테이터Learning Facilitator의 역할을 하고 있습니다.

3. 무엇을 가치있게 생각합니까?

시간과 공간이 의미있는 에너지로 가득 차는 것을 가치있게 생각합니다.

4. 어떤 사람으로 기억되고 싶습니까?

행복하게 성장하는 사람, 배움과 채움을 나눔으로써 변화성장에 힌트를 주는 사람, 잔잔하게 진지하게 선한 영향력을 울림으로 전달하는 사람으로 기억되고 싶습니다.

5. 앞으로 무엇을 할 계획입니까?

물음표를 던지면 느낌표가 온다. (나 자신을 포함) 함께하는 사람들이 자신만의 행복 느낌표를 발견하는데 도움이 되는, 성장 물음표를 찾는 활동을 할 계획입니다. 그 활동은 코치, 멘토, 퍼실리테이터, 작가 등 다양한 모습을 가지고 있을 듯 합니다.

· 손정

1. 어떤 신념과 원칙을 가지고 있습니까?

나는 내 삶의 진정한 주인인가? 에 대한 질문에 예라고 답할 수 있는 삶을 산다는 것이 원칙입니다. 내 삶의 주인이 되기 위해서는 두 가지가 필요합니다. 첫 째는 내가 누리는 물질, 부가 내가 창출한 것이 맞는가입니다. 명함에 써 있는 회사 이름이 없어지고 광야에 던져지는 순간에도 자력으로 밥을 벌 수 있어야 진정한 나로 사는 것입니다. 두 번째는 내가 생각하는 가치가 온전히 내 생각에서 나온 것인가? 읽은 것, 들은 것을 맹목적으로 따르고 있지는 않은가? 입니다.

2. 어떤 일을 합니까?

경험하고 읽고 생각해서 얻은, 직장인이 행복할 수 있는 해법을 강의로 전하는 일을 합니다. 직장인은 먼저 조직내에서 행복할 수 있어야 합니다. 그러기 위해서는 실존적 환경에서 내 일의 전문가가 되는 일이 중요합니다. 건전한 조직 문화와 직장인의 역량 강화에 필요한 해법을 찾고 강의합니다.

3. 무엇을 가치있게 생각합니까?

개인은 자기 신뢰를, 조직 구성원들은 서로간에 신뢰를 갖는 것이 인간 삶의 가장 중요한 가치입니다. 나에게 신뢰를 가질 때 나는 존엄한 존재가 되며 자기 효능감으로 목표를 이룰 수 있습니다. 조직원 서로간에 신뢰할 때 권한이 이양되고 책임을 나누어 가지며 자신에게 알맞은 일을 할 수 있습니다.

4. 어떤 사람으로 기억되고 싶습니까?

조직에 있는 사람들이, 나아 가서는 인간이 행복할 수 있는 방법을 찾고 전하려고 노력했던 사람으로 기억되고 싶습니다. 실존성을 지키면서 상호성을 잃지 않는 인간 존재의 방식을 찾고자 했던 사람으로 기억되고 싶습니다.

5. 앞으로 무엇을 할 계획입니까?

조직, 인간, 일에 대한 연구를 하고 책을 쓰고 강의하고 싶습니다. 단순히 지식을 전하는 것을 넘어 실제 생활에 활용할 수 있고 자신을 변화시킬 수 있는 내용을 강의할 것입니다.

· 신임식 | <나는 인정받는 팀장이고 싶다> 저자

1. 어떤 신념과 원칙을 가지고 있습니까?

원래 사람들은 협조와 협력의 유전자를 갖고 태어났지만 주위환경으로 인해 이기주의와 배신이 이기는 것처럼 보인다고 합니다. 하지만, 마지막에 승리하는 사람들은 헌신과 희생, 공동체의 원리를 따르는 사람들입니다. 세상을 바꿀 수 있는 것은 이러한 사람들이고, 나도 그런 사람들 중 하나가 되고 싶습니다.

2. 어떤 일을 합니까?

HR 기획과 운영을 하다 업무영역을 넓히고자 EREmployee Relation팀으로 옮겼습니다. 무슨 일을 하는 곳이냐는 질문에 'EREmployee Relation은 노사관리, GWP, 종업원 고충관리 등을 담당한다'는 평범한 설명이 아니라 '점점 열정이 떨어지는 직원과 리더들, 여러 문제로 시너지가 나지 않는 조직들, 즉 조직에너지Energy를 리부팅Rebooting하는 곳, 그래서 ER팀'이라고 즉흥적으로 설명하며 제 자신에게 감탄한 적이 있습니다. 아마도 평소 리더십, 조직개발, 조직문화에 관심이 많다 보니 그랬던 것 같습니다. 현재는 디자인씽킹과 퍼실리테이션을 활용한 조직에너지 리부팅하는 일을 하고 있습니다.

3. 무엇을 가치 있게 생각합니까?

오늘보다는 조금 더 나은 내일을 꿈꾸고 있다면, 지금 하는 일이 조금 힘들고 어렵다 할지라도, 다음번 일에는 반드시 어떻게든 도움이 될 것이라 생각합니다. 그래서"내일의 꿈" 이 제게는 가장 가치 있습니다.

4. 어떤 사람으로 기억되고 싶습니까?

인간미 넘치고, 탄력적인 사고를 하고, 부탁하거나 맡긴 것들을 미처 생각하지 못했던 부분까지 섬세하게 고려해서 책임감 있게 깔끔하게 처리해 주는 사람이 되고 싶습니다.

5. 앞으로 무엇을 할 계획입니까?

'같은 그림을 그릴 수만 있다면 하나보다는 둘이 낫고, 둘 보다는 셋이 낫다.'라는 사람에 대한 믿음을 바탕으로 집단지성의 힘을 널리 알리는 일을 하고 싶습니다.

· 심현종 | 커피브레이크 C&M 대표 | 작가

1. 어떤 신념과 원칙을 가지고 있습니까?

'욕설은 의견이 아니고, 비아냥은 대안이 아니'라고 생각해왔습니다. '어느 역사도 불평주의자들에 의해 단 한발짝도 진보한 적 없다' 믿기 때문입니다. 원칙이라면, '안된다, 못한다. 불가능하다'는 말은 언제든 할 수 있기 때문에 '지금은 방법을 찾아보자'라는 것입니다.

2. 어떤 일을 합니까?

'아직까지는' 작가라는 일을 하고 있습니다. 누군가의 삶이나 생각이 다른 누군가들에게 잘 전달될 수 있는 방법을 늘 궁리하는 중입니다. 다행히 성과가 나쁘지 않아서 계속하고 있습니다. '나는 어려울꺼야'라는 생각을 하는 사람들, '이건 불가능하다'는 상황에서도 '어떻게든' 돌파구가 있고, 답은 존재한다고 생각합니다. 그걸 풀어내는 과정에 다양한 방법론이 있고 지난 15여년간은 '우연찮게' 글을 쓰는 방법을 선택해서 답을 찾는 일을 하고 있습니다.

3. 무엇을 가치 있게 생각합니까?

'한결같음'입니다. 생각은 다른 것이 당연하기 때문에 갈등은 생길 수 있지만 상황에 따라서 이랬다 저랬다 하는 것을 좋게 보지 않습니다. 상황논리에 충실하는 게 확률적으로 유리하다는 것은 충분히 알고 있지만 왔다갔다 하는 것에 그럴듯한 면죄부를 만들어낼 만큼 명석하지를 못하기 때문이기도 합니다.

4. 어떤 사람으로 기억되고 싶습니까?

'질문에 적합한 사람이 아니'라는 단서를 달고 답변을 하자면 '아무도 기억하지 않는 사람'입니다. 대필작가라는 일이 그에 무척 잘 맞아 생각보다 오래 하고 있는 중입니다. 그래도 답변을 해야 한다면 '끊임없이 발버둥 치던 사람'이라고 기억 되었으면 합니다.

5. 앞으로 무엇을 할 계획입니까?

행인지 불행인지는 '아직은' 잘 모르겠지만 '너는 이제 끝났어'라는 상황과 늘 만나며 살고 있는 덕분인지 '누구에게든 아직 드러나지 않는 무언가contents가 있다'고 믿고 있습니다. 그리고 그 무언가가 우리 각자가 만들어내고 싶은 미래에 가장 큰 자산이자 원동력이 될 것이라고 생각합니다. 그 '무언가'를 찾아내고 갈고 닦아서 요긴한 '자원으로 만드는 일mining'을 하고자 합니다. 그게 '당신의 이력은 도무지 맥락이 없다'라는 의견에 '그렇지 않다'라고 답할 수 있는 까닭이기도 합니다. 홍보회사를 했고, 인터넷 매체를 만들거나 직업학교에서 학생들을 가르치고 혹은 인터넷 구매대행 사업을 시작했던 이유도 그런 상황에서 만난 사람들과 같이 방법을 찾기 위해서였습니다. 그런 일을 과거부터 해왔고 앞으로도 계속하고자 하는 일도 같은 것입니다. '한번 해보지요 뭐'라는 역할을 본격적으로 하고 싶은 마음이 있습니다. 잘 됐으면 좋겠지만 그렇지 않아도 계속할 생각입니다. 지금까지 그랬던 것처럼.

· 안근용 | <조직문화가 전략을 살린다> 저자

1. 어떤 신념과 원칙을 가지고 있습니까?

'사람은 죽으면 별이 된다.' 별이 수명을 다하면 마지막으로 우주를 향해 자신의 모든 것을 뿜어 냅니다. 우주 공간에 뿌려진 입자들은 또 다시 모여 새로운 별이 됩니다. 백억년 넘는 시간동안 이 과정을 반복하면서 오늘이 되었습니다. 그래서 사람은 누구나 별의 흔적들이고, 언젠가 다시 별로 돌아가야 합니다. 우주 관점에서보면 별들이 인간의 육체에 잠시 머물다가는 것입니다. 신념과 원칙이라고 부를 수 있을런지는 모르겠지만 제가 천문학을 배우면서 깨달은 것 중에 하나는 '누구나 별을 가지고 살고 있다'입니다. 이 말은 다양하게 활용됩니다. 힘들 때 '인생 뭐 있어!'와 같이 응원이 되기도하고, 사람 때문에 힘들 때 '누구나 소중하고, 누구나 쓰임이 있다!'로 위안이 됩니다.

2. 어떤 일을 합니까?

저는 조그만 천문대에서 관측하는 일을 하고 있습니다. George's observatory라는 곳인데 사람들이 방문할 수 없습니다. 제 마음 속에 자리잡고 있기 때문입니다. 밤하늘의 별을 관측하기 위해 하늘을 향해 있는 일반적인 천문대의 망원경과 달리 George's observatory의 망원경은 지상을 향해 있어서 사람이라는 별을 봅니다. 사람의 마음 속의 큰별, 작은별, 밝은 별, 희미한 별, 그리고 다양한 별자리(조직)을 관측합니다. 다만, 지금의 망원경은 충분한 관측을 하기에 많이 부족합니다. 또한, 가끔씩 제가 관측한 것들을 다른 사람들의 도움을 받아서 기록하는 일도 하고 있습니다. 티코 브라헤가 정확하고 정밀한 관측을 통해 방대한 자료를 남겼기에 케플러가 '행성의 운동에 관한 3가지 법칙'을 만들었던 것처럼 저의 조그마한 기록이 멋 훗날 '조직에 관한 3가지 법칙'처럼 기여할 수 있었으면 좋겠습니다.

3. 무엇을 가치 있게 생각합니까?

별로 살 때는 핵융합반응을 통해 스스로 빛을 냅니다. 인간으로 살 때는 빛을 내며 살기가 어렵습니다. (매우 드뭅니다.) 별의 본능을 잃어버리고 사는 것입니다. '삶의 주인으로서서 살아가는 것' 즉, 별의 역할을 잊지 않고 스스로 빛을 내며 살아가는 것을 가치있게 생각하고, 또 그렇게 살아가는 사람들을 존경하며 배우려고 노력하고 있습니다.

4. 어떤 사람으로 기억되고 싶습니까?

꼭 누구에게 기억되고 싶은 마음은 크게 없습니다. 굳이 , 꼭, 반드시 적어야 한다면 '인문을 연구한 천문학자', '사람과 사물, 현상을 제대로 바라볼 수 있는 사람', '본질에 접근하기 위해 끊임없이 노력했던 사람'입니다.

5. 앞으로 무엇을 할 계획입니까?

아직은 좋은 망원경을 가지지 못했기에 피상적인 것만 관측하여 기록하고 있습니다. 가시광선 뿐 아니라 적외선, 자외선, 전파 망원경 등으로 별을 다양한 관점에서 관측하는 것처럼 계속해서 망원경을 업그레이드 해가면서 훌륭한 발견을 해 나가고 싶습니다. 먼 훗날 제가 만든 망원경이 다른 사람들에게 도움을 줄 수 있었으면 좋겠습니다. 그리고 역량이 조금 더 허락된다면, 자신과 사회의 장벽 속에 가려진 별빛을 온전히 빛나게 해주는 일을 하고 싶습니다. 그 방법이 코칭이 될 수도, 글쓰이 일이 될 수도, 기업을 이끄는 일이 될 수도 있겠지만 어쨌든 별의 역할을 할 수 있도록 도와주는 일을 하고 싶습니다.

· 유경철 | 피터(Peter)

1. 어떤 신념과 원칙을 가지고 있습니까?

어떠한 상황이 오더라도 삶에 대한 긍정적인 태도를 잃지 않습니다. 자신이 결정한 결론에 대해 끝까지 책임을 집니다. 더불어 살아가는 세상이기에 함께 도움을 주고 받고 시너지를 내어 성과를 내는 일을 합니다. 하고 싶어 하는 일에 대한 끊임없는 열정, 탐구,호기심, 인내를 갖고 그것을 성취합니다. 삶에 어떤 역경이 오더라도 행복을 포기하지 않습니다.

2. 어떤 일을 합니까?

기업과 공공기관에서 강의나 워크샵을 진행하고 있습니다. 강의에 맞는 주제를 선정하여 책을 쓰고 있고 기 발간된 3권의 책이 있습니다. 기업교육강사를 하고 싶은 후배들에게 멘토링을 하고 있으며 더 많은 분들이 성공할 수 있도록 돕고 싶습니다.

3. 무엇을 가치 있게 생각합니까?

자신이 선택한 일에 대해 최선을 다하고 몰입하는 것이 중요하다고 생각합니다. 타인이 변화할 수 있는 상황에 도움을 주고 실제적인 행동으로 전환될 수 있도록 돕는 것이 중요합니다. 사람에게 행복감을 주는 그 어떤 행동도 내게는 가치가 있습니다.

4. 어떤 사람으로 기억되고 싶습니까?

누군가가 내 이름을 떠올릴때"내 삶의 변화에 도움을 준 사람" 으로 기어되고 싶습니다. 그것이 강의든, 책이든, 만남이든....삶의 변화를 이룬 사람만이 그 진정한 가치를 알기 때문입니다. 진정한 전문가, 진심이 담겨있고 행동으로 실천하는 사람을 움직이는 리더십 전문가, 매사에 열정적이고 새로운 일에 도전하는 사람이지만 마음이 따뜻하여 사람에 대한 공감능력이 뛰어났던 사람으로 기억되고 싶습니다.

5. 앞으로 무엇을 할 계획입니까?

꾸준히 글을 쓰고 강의를 하고 싶습니다. 가능하다면 체력이 닿는데까지....요청이 온다면 죽을때까지 하고 싶습니다. 리더들에게 실질적인 행동변화를 일으킬 수 있는 솔루션을 만들어 그들의 성과창출에 도움을 주고 싶습니다. 나와 같은 길을 걸어가고자 하는 후배들이 더 좋은 강사, 저자가 될 수 있도록 도움을 주는 선배가 되고 싶습니다. 이 세상을 다 돌아다니고 싶습니다. 굳이 세계여행이라는 이름이 붙지 않더라도 낯선 세상에 나를 던져보고 싶습니다.

· 유광곤 | <나는 인정받는 팀장이고 싶다> 저자

1. 어떤 신념과 원칙을 가지고 있습니까?

제가 삶의 신조로 삼고 있는 말은 '수처작주 입처개진隨處作主 立處皆眞'입니다. 답하는 사람이 아니라 질문하는 사람, 상을 받고 싶은 사람이 아니라 상을 만드는 사람이 되고자 합니다.

2. 어떤 일을 합니까?

국내외 침구브랜드들을 운영하고 있습니다. 다른 산업에 비하여 침구시장은 아직 작고 변화의 가능성이 많은 분야입니다. 지금의 한계 속에 빛나는 미래가 있다고 믿고 있으며, 이 일을 성공적으로 이뤄낼 멋진 팀을 만들고자 합니다.

3. 무엇을 가치 있게 생각합니까?

예술적인 완벽함을 추구하지만, 그러면서도 오늘의 진일보를 무시하지 않는 것입니다.

4. 어떤 사람으로 기억되고 싶습니까?

말로만 옳고 그른 것이 아니라 실제 그 방향으로 움직인 사람, 스스로 힘을 기르지만, 힘을 뺄 줄 알고, 힘을 나누어 주는 사람으로 기억되고 싶습니다.

5. 앞으로 무엇을 할 계획입니까?

지금 하고 있는 일들에 창의와 혁신을 더해 멋진 성과를 함께 만들어보고 싶습니다. 그리고 그 과정에서 배운 것들을 사람들과 나누고 싶습니다. 글을 좀 더 쓰고 싶습니다. 여러가지 방법으로 도움이 필요한 사람들에게 긍정적인 에너지를 줄 수 있는 일들을 하고자 합니다.

· 유지은 | 콘텐츠포텐셜 대표 | 출판기획전문가

1. 어떤 신념과 원칙을 가지고 있습니까?

인생 모토는 '조금씩이라도 더 나은 내가 되자' 다시 말해 좀 더 성장하는 삶을 살고자 합니다. 때로는 정체되기도 하고 모토에 대해 생각조차 할 겨를이 없는 일상을 보낼 때도 있으나 반성하면서 어제의 나, 작년의 나, 5년 전의 나와 비교해보고 좀 더 만족스럽고 나아졌는지 생각해보곤 합니다. 업무적인 성과뿐만 아니라 인격적인 면 그리고 좀 더 즐겁게, 감사하는 마음이 커졌는지를 돌아보곤 합니다. 개인적인 만족을 위해서이기도 하지만 인격적으로나 업무적으로도 좀 더 발전할 때 주변인들 그리고 고객들에게도 더 가치 있는 결과를 전달할 수 있다고 여기기 때문입니다. 특히 감사하는 마음으로 모든 것을 대할 때 나도 타인도 더 긍정적인 영향을 받는다고 믿습니다.

2. 어떤 일을 합니까?

콘텐츠포텐셜 대표로 현재는 독자들이 좀 더 이해하기 쉽고 한 줄의 여운이 남으며 삶에 도움이 되는 책을 만들기 위한 에디터링을 하기도 하고 단행본을 기획하거나 직접 책을 쓰기도 합니다. 특히 책 쓰기를 어려워하는 이들을 위한 책 쓰기 컨설팅을 통해 독자에서 저자로서 새로운 경험을 하도록 돕는 일을 하고 있습니다. 올해 하반기에는 출판사 대표로서 독자들을 만나기 위해 준비하고 있습니다.

3. 무엇을 가치 있게 생각합니까?

경험론자이기에 자신이 해보거나 결과를 바탕으로 선한 영향력을 행사하는 것을 가치 있게 여깁니다. 그래서인지 단 한 번의 경험도 없이 이론이나 자신의 논리만을 내세우면 잘 설득되지 않습니다. 온 힘을 다해 좋은 결과를 내는 일의 가치를 존중하며, 변화에 대해 저항감 없이 새로운 것을 받아드리면서도 자신의 경험을 바탕으로 지혜를 발휘하는 이들을 특히 존경합니다. 또한 일하는 태도를 중요시합니다. 다소 성과적으로 부족하더라도 점점 발전하는 모습으로 자신의 온 힘을 다하는 이들과 일하는 것을 선호합니다. 물론 성과는 늘 중요하지만 성과를 이루기 위해 발휘하는 긍정에너지는 그 무엇보다도 중요하다고 생각합니다.

4. 어떤 사람으로 기억되고 싶습니까?

과거의 경험에 늘 머무르지 않고 발전하는 사람이 되고 싶습니다. 이는 최근 저희 모습에 크게 만족하지 못하기 때문일지도 모르지만 아직 발전할 기회는 남아있다고 생각합니다. 이와 더불어 일을 떠나 마음을 나누고 싶은 사람, 카운슬러와 같은 늘 편안한 모습으로 포용하는 사람이 되고자 합니다. 지금은 출판과 관련된 일을 하고 있으나 앞으로 좀 더 발전하여 포용력 있지만 알차게 성과도 내는 경영자로 기억되고 싶습니다.

5. 앞으로 무엇을 할 계획입니까?

책이라는 연장선 상에서 아직 경험해보지 않은 출판사의 대표 포지션에 도전할 생각입니다. 에디터, 기획자 그리고 저자의 역할에서 한 발자국 더 나아가 마케팅적으로도 독자들을 이해하고 저자 분들을 이해할 계기가 되리라 생각합니다. 출판 일뿐만 아니라 작년부터 공부하고 있는 '휴먼컬러'를 좀 더 공부하여 심리학적으로도 이해 기반을 넓혀나갈 생각입니다. 사람은 누구나 타고난 성격이 다르고 이를 잘 파악할 때 보다 원만한 관계를 맺고 자신에 대한 만족도도 높아질 수 있습니다. 이를 바탕으로 고객과 주변인에 대한 이해도를 높여나가려 합니다. 단지 출판 분야뿐만 아니라 아직 이루지 못한 제조 유통업에 대한 사업도 늘 진행을 꿈꾸고 있습니다. 나 자신을 '이런 이런 사람이다'라는 틀에 가두기보다는 아직은 '비현실적이라 여길 수도 있는 꿈'을 꾸면서 나 스스로라도 그 꿈을 존중하고자 노력하는 중입니다.

· 이서구 | <나는 인정받는 팀장이고 싶다> 저자

1. 어떤 신념과 원칙을 가지고 있습니까?

신념과 원칙을 해석하고, 그리고 나에게 적용한다면, 지금은 답을 찾아 가는 과정이라고 생각합니다. 어떠한 신념과 원칙을 완전히 갖게 될지, 또 언제 완성이 될지 물음표로 남겨 놓습니다.

2. 어떤 일을 합니까?

태평양물산이라는 의류 제조 수출하는 회사에서 인사업무를 맡고 있습니다. 인사업무를 한지는 21년이 되었습니다. 교육, 인사, 조직문화, 그리고 생소한 분야이지만 해외 생산법인을 경험하였습니다. 지금일을 하기 위해서 이런 질문을 해 봅니다. '사람을 성장시키고 더 좋은 환경을 만드는 일을 지금 하고 있는가?'

3. 무엇을 가치 있게 생각합니까?

내가 그 동안 발견하지 못한 것을 발견하였을 때 가치가 있습니다. 내가 그 동안 몰랐다가 배우고, 또 감동을 받았을 때가 가치있다고 생각합니다. 나와 우리 가족이 행복하다는 것이 가치있다고 생각합니다.

4. 어떤 사람으로 기억되고 싶습니까?

자꾸 말을 하고 싶은 사람이고 싶습니다. 크든 작든 도움이 되는 사람이고 싶습니다. 따뜻한 사람이고 싶습니다.

5. 앞으로 무엇을 할 계획입니까?

이 질문에 대한 답변을 생각하다가 약 2년전에 리더십 코치분과 코칭 대화를 하면서 나누었던 이야기들이 떠올랐습니다. 그 때 코치님이 같은 질문을 하였습니다. '앞으로 무엇을 할 계획입니까?' 코치님 질문에 대한 답변을 고민하다가 그동안 머리속에 생각만 해왔던 내용들을 하나 둘 정리하기 시작하였고, 몇가지 사항들을 글로 정리한 기억이 납니다. 지금은 그 때 글로 남긴 일들을 하나씩 하고 있는 것 같습니다. 아직 완결되지 않는 것들도있지만 몇가지를 소개하겠습니다. 코치가 되는 것, 탁월한 코치가 되는 것, 글을 쓰는 것, 책을 발간 하는 것, 자격을 획득하는 것, 더 큰 자격에 도전하는 것, 회사에서 사업부를 경영하는 것, 내 사업을 하는 것, 드론을 배우는 것, 멋진 영상을 촬영하고 공유하는 것 등 이 밖에도 몇 가지가 더 있었습니다. 그 중에서 가장 으뜸이라면 탁월한 리더십 코치로 성장하는 꿈을 실현하는 것입니다.

· 이영훈 | 코치

1. 어떤 신념과 원칙을 가지고 있습니까?

인생에는 늘 2개의 바람이 부는데 그 중 하나는 바람desire이 불고 또 하나는 바람wind이 분다고 생각합니다. 전자든 후자든 바람이 불어야 움직입니다. 또한 리더의 위치에 현재 있다면 그 바람을 일으키는 자가 되어야 합니다. 바람도 일지 않았는데 무언가를 하도록 요청하지 말아야 합니다.

2. 어떤 일을 합니까?

성품 코치, 힐링 바리스타, 휴안 리더로 리더들의 쉼표, 숨표 마침표를 찍어주는 일을 하고 있습니다.

3. 무엇을 가치 있게 생각합니까?

개인은 자기 신뢰를, 조직 구성원들은 서로간에 신뢰를 갖는 것이 인간 삶의 가장 중요한 가치입니다. 나에게 신뢰를 가질 때 나는 존엄한 존재가 되며 자기 효능감으로 목표를 이룰 수 있습니다. 조직원 서로간에 신뢰할 때 권한이 이양되고 책임을 나누어 가지며 자신에게 알맞은 일을 할 수 있습니다.

4. 어떤 사람으로 기억되고 싶습니까?

"그래도 그 친구는 예수그리스도를 따르는 제자였다." 라는 말을 듣고 싶습니다.

5. 앞으로 무엇을 할 계획입니까?

성품을 실천하여 명품 성품사례 만들기, 커피향과 함께하는 힐링 프로그램 개발, 리더의 쉼을 주제로한 집필과 프로그램 개발을 할 계획입니다.

· 이재형 | 경영학 박사 | <나는 인정받는 팀장이고 싶다> 저자

1. 어떤 신념과 원칙을 가지고 있습니까?

남을 돕는 선한 일은 절대 실패할 수 없다는 신념을 내재화하는 중입니다. 돈을 버는 사업과 같은 경우에는 많이 벌고 적게 버느냐에 따라 그 성패가 결정이 되지만, 사람의 변화와 발전, 성공을 돕는 선한 일은 자기 만족과 자기 보람만이 있을 뿐입니다. 내가 아닌 외부의 어떤 것이 그 성패를 예단할 수는 없는 것입니다. 그렇게 선한 일을 하는 과정 속에서 돈까지 따라오면 너무나도 다행이겠지만, 아니어도 어쩔 수 없는 것입니다.

2. 어떤 일을 합니까?

재직 중인 학교에서는 관련 지식과 스킬, 태도를 가르치는 것외에도 어린 학생들의 중요 변곡점에서 꼭 필요한 career coach가 되고자 합니다. 학교 밖에서는 제가 공부하고, 연구하고 발전시킨 컨텐츠를 통해 세상을 바꾸기에 앞서 사람을 변화시키는 강의 및 저작 활동을 하고 있습니다.

3. 무엇을 가치 있게 생각합니까?

지금껏 많은 세월을 남의 일을 해주면서 남의 인생을 살았다면, 이제부터라도 저만의 삶을 살고자 합니다. 그런 삶 안에는 퇴직도 정년도 존재하지 않습니다. 제가 하고자 하는 일과 제 선택, 그리고 제 영향을 받는 사람들의 삶을 소중히 여깁니다.

4. 어떤 사람으로 기억되고 싶습니까?

“We're here to put a dent in the universe.” 라고 말한 적 있는 스티브 잡스처럼 제가 근무하고 있는 곳과 제가 활동하는 영역에서 제 기여를 통해 긍정적인 흔적을 작게나마 하나 이상 남기고 싶습니다. 그런 작은 흔적이라도 남겼던 사람으로 기억되고 싶습니다.

5. 앞으로 무엇을 할 계획입니까?

컨텐츠 포착력이라는 말을 만들어 쓰고 있습니다. 보다 더 쉽게 설명할 수 있고, 적합한 사례를 발굴하여, 제 컨텐츠를 풍성히 하려고 합니다. 내부적으로 담아둔 것들을 밖으로 공유하고 펼치는 지금 이후를 만들려 합니다.

· 이종민 | <완벽한 팀> 역자

1. 어떤 신념과 원칙을 가지고 있습니까?

조직의 성공을 위해 학습과 성장이 필수적이라는 믿음을 가지고 있습니다. 이런 믿음 속에서 조직이 건강해지고 행복한 사람들이 모여 성과를 만들어내는데 좋은 영향력을 주기 위한 고민을 하고 있습니다.

2. 어떤 일을 합니까?

학습의 기반이 되는 기반 지식들을 선택하고 배치하는 지식 큐레이션 역할을 주된 업으로 하고 있습니다. 제대로 큐레이션 된 지식과 경험만이 깊은 성찰을 유도할 수 있습니다. 수많은 학습자들에게 이런 성찰을 나누는 일을 하고 있습니다.

3. 무엇을 가치 있게 생각합니까?

인사이트를 주는 사람과 지혜의 출처들을 가장 가치있게 생각하고 있습니다. 사람의 경우는 만나서 대화하면 성장 체험을 할 수 있는 선한 영향력을 가진 사람을 중시합니다. 지혜의 경우는 주로 책에서 찾아 공유하고 토론하는 것을 가장 의미있게 생각합니다.

4. 어떤 사람으로 기억되고 싶습니까?

균형감각을 가진 사람으로 기억되길 기원합니다. 균형은 사람이면 누구나 가진 각종 편향현상에서 자유로움을 의미합니다. 지혜가 축적되면 이런 균형감은 계속 향상된다고 믿습니다. 다양한 실무경험과 학습의 누적을 통해 가장 지식이 많은 사람보다는 가장 균형감 있는 사람으로 기억되고 싶습니다.

5. 앞으로 무엇을 할 계획입니까?

리더들의 성장과 발전을 계속 도울 예정입니다. 이를 위해서는 리더의 성찰을 지원하고, 학습 컨텐츠를 큐레이션하며, 그 결과를 통해 방향을 제시해줄 수 있는 컨텐츠 큐레이터를 지향하고 있습니다.

· 이진서 | 찰스(Charles)

1. 어떤 신념과 원칙을 가지고 있습니까?

제 의사결정이 많은 연구와 학습 그리고 다양한 시행착오를 통해 얻은 결과라 하더라도, 제가 옳다는 전제는 하지 않습니다. 왜냐하면 주위에 훨씬 더 많은 사람들이 갖은 노력에 의해 도출한 다른 의견이 있을 수 있기 때문입니다. '최선을 다해 깊게 생각하는 것은 좋다. 그러나 그런 나의 생각은 한 가지뿐이고 다른 의견을 가진 여러 명이 있음을 항상 상기하자'. 이러한 저만의 원칙은 상대방의 이야기를 겸손하게 들을 수 있도록 하고, 더 많은 지식과 경험을 탐구하는 자세를 갖게 한다고 생각합니다. 또 그러한 태도는 저의 능력의 한계 안에서 항상 최선의 결과를 낼 수 있도록 한다는 신념을 가지고 있습니다.

2. 어떤 일을 합니까?

현재 프랜차이즈 유통회사에서 16년째 근무 중이고 재무회계팀이 첫 근무 부서였습니다. 8년간 근무 후에 브랜드 변경 프로젝트 등 PI부서에서 3년간, 그리고 전략부서에서 3년, 지금은 인재개발팀에서 인재 양성에 힘을 쓰고 있습니다. 또 회사에서 진행하는 조직문화 혁신 프로젝트를 겸해서 맡고 있습니다. 그동안 일해왔던 것을 돌이켜보면 항상 제 머릿속에는 항상 '변화'가 있었던 것 같습니다. 그래서인지 몰라도 재무파트, 전략파트 그리고 HRD 파트 어느 분야에 있든 간에 시스템과 프로세스의 변화 관련 프로젝트를 이끌었던 것 같습니다.

3. 무엇을 가치 있게 생각합니까?

'시간'을 최고의 가치로 생각합니다. 대략적으로 생각해봐도 한정적이며, 또 그 끝을 알 수 없기 때문에 더욱 가치가 있는 것 같습니다. 그 시간을 저를 배움에 인도하는 것에, 제 후배를 이끄는 것에 또 조직의 성과에 힘쓰는 것에 쓸 때 잔잔한 행복을 느낄 수 있습니다. 그러한 것이 저와 제 가족, 그리고 제 삶을 행복하게 하는 길인 것을 알고 있기 때문입니다.

4. 어떤 사람으로 기억되고 싶습니까?

제가 추구하는 가치와 원칙, 그리고 신념을 공유할 수 있다면, 무엇인가 새로운 변화가 필요할 때 꼭 필요한 존재가 되고 싶습니다. 수많은 사람들의 의견을 정리하고 조율하며, 조심스럽지만 진중하게 제 의견을 더해 언제나 최선의 대안을 제시하고 싶습니다. 더불어 항상 배우려는 자세를 갖은 자로 기억되고 싶습니다.

5. 앞으로 무엇을 할 계획입니까?

우선 제가 몸담고 있는 조직의 변화를 위해 최선을 다하고 싶습니다. 그리고 나인팀에 참여할 수 있게 된 이번 기회에 여러분과 함께 글을 쓰며 제 사고와 생각을 정리할 계획입니다. 이를 바탕으로 좋은 직장에서 훌륭하게 맡은 바 직무를 수행하는 것을 넘어 평생의 '직업'을 찾을 생각을 하고 있습니다.

· 정강욱 | <러닝 퍼실리테이션> 저자

1. 어떤 신념과 원칙을 가지고 있습니까?

'일에는 탁월함을, 관계에는 진실함을, 삶에는 유쾌함을' 추구합니다.

2. 어떤 일을 합니까?

러닝퍼실리테이터Learning Facilitator로서 '개인과 조직'의 '배움과 성찰'을 촉진하고 이를 통해 '변화와 성장'을 돕는 일을 하고 있습니다. 주요 영역은 워크숍 설계와 퍼실리테이션, 리더십 트레이닝, 교육 프로그램 개발입니다.

3. 무엇을 가치 있게 생각합니까?

일에서는 탁월함으로 가치를 제공하는 것, 관계에서는 진실함으로 깊이를 더해 가는 것, 삶에서는 유쾌함으로 함께 행복한 것을 가치롭게 생각합니다.

4. 어떤 사람으로 기억되고 싶습니까?

'의미 있는 일'에 '탁월함'을 추구하며 '다음 세대'에 '유산'을 남긴 전문가로 기억되길 바랍니다.

5. 앞으로 무엇을 할 계획입니까?

재미나게 살 계획입니다. 사랑하며 살 계획입니다. 플랜비와 함께 할 계획입니다.

· 정경희 | 경영학박사

1. 어떤 신념과 원칙을 가지고 있습니까?

HRDer으로서"3S 리더십self leader → super leader → servant leader을 실천하는 사람이 되자. 또한 타인의 리더십 방향성 설정과 실행을 올바르게 안내한다는 교육적인 신념이 있습니다. "긍정적인 말을 하고 약속은 반드시 지킨다" 는 삶의 원칙을 가지고 살아갑니다.

2. 어떤 일을 합니까?

조직성과와 개인성장을 지원하는 실용적인 경영교육 프로그램을 설계하고 강의를 합니다. 10년간의 HRD담당자와 15년간의 전문강사로 활동하면서 차별화된 콘텐츠 중심의 Consultrainer가 되는 노력을 기울였습니다. 전문강사로서 10,000시간 이상의 강의를 진행했지만 수강생들에 미친 강사의 영향력을 확신하기는 쉽지 않았습니다. 현재 현장 핵심리더 대상으로 10개월(160시간)의 리더십 전문과정을 설계 및 운영을 위탁받아 진행하고 있습니다. "장기간의 액션러닝과 트레이닝 및 코칭은 과연 어떠한 변화를 가져올까" 긍정적인 희망을 갖고 과정을 코디하고 있습니다.

3. 무엇을 가치 있게 생각합니까?

공무원이었던 아버지의 영향을 받아서"정직과 성실" 은 온전히 저의 핵심가치로 받아들여졌습니다. 어떤 일이든 정직하고 솔직하게 커뮤니케이션하고 계획한 일은 끝까지 실천하는 의미있는 삶을 살아가려합니다.

4. 어떤 사람으로 기억되고 싶습니까?

대한민국의 HRDer에게 강의와 Facilitation을 잘하는 사람으로 기억되고 싶습니다. 현재 부여된 기회(장기교육)를 성공적으로 완수하고 Consultrainer & Coach의 모델로 회자되기를 기대합니다.

5. 앞으로 무엇을 할 계획입니까?

현재 진행중인 현장관리자 교육프로그램을 성공적으로 정착시키고 현장관리자 리더십 Guide Book을 편찬할 계획입니다. 2020년에는 개인 및 Agile 작가들이 모여 함께 쓴 팀장리더십 출판을 기획중입니다. 향후 70세까지 1일 8시간 이상의 Package 강의를 진행하는 강사로 활동하며 조직 개발 Consultrainer & Coach로 활동하고자 합니다.

· 조남철 코치

1. 어떤 신념과 원칙을 가지고 있습니까?

탁월한 코치로 사람들을 만나는 것이 저의 인생목표입니다. 코칭은 아주 매력적인 변화의 도구입니다. 그리고 코칭의 잠재력이 현실에서 잘 발현되기 위해서는 코칭을 받는 사람에 대한 이해가 중요합니다.

코칭이 사람에 대한 이해와 만날 때, 놀라운 변화들이 초대될 것이라 생각합니다. 이러한 변화를 만드는데 실질적인 도움을 주는 강사, 코치, 멘토가 되는 것이 저의 꿈이자 존재이유입니다. 그것을 위해 제일 중요한 것은 진정성과 전문성이라고 생각합니다. 솔직하게 자기를 직면하는 힘은 진정성에서 나오고, 그것을 가치 있는 방향으로 전환하는 것은 전문성의 힘이라고 생각합니다. 진정성 있게 만나고 확실한 전문성을 갖추자가 저의 신념과 원칙입니다.

2. 어떤 일을 합니까?

기업대상으로는 코칭, 리더십, 팔로워십, 협업과 갈등관리, 소통, 변화관리, 강점개발 등의 핵심테마들을 업체의 구체적인 니즈와 상황에 맞춰 디자인하고, 과정을 실시하고 있습니다. 개인들은 각자 삶의 이슈들을 해결하고, 새로운 삶으로 나아갈 수 있도록 도와주는 일들을 하고 있습니다.

3. 무엇을 가치 있게 생각합니까?

사람의 마음을 움직이고, 감동을 주며, 내면의 가장 좋은 것들을 발견해 실현할 수 있도록 도움을 줄 수 있다는 것이 가장 큰 가치입니다. 부족하지만, 끊임없는 배움과 성장을 통해 그런 사람이 되어가는 과정을 중요하게 생각하고 있습니다.

4. 어떤 사람으로 기억되고 싶습니까?

마음과 인간이해의 전문가로 기억될 수 있으면 좋겠습니다. 진정성과 연민, 전문성을 바탕으로 고객에게 실질적인 도움을 줄 수 있는 전문코치, 강사로 기억되기를 바랍니다.

5. 앞으로 무엇을 할 계획입니까?

사람에 대한 이해와 변화에 대한 노하우를 바탕으로, 변화에 실질적인 기여를 할 수 있는 지혜를 나눌 수 있는 기회들이 확장될 수 있기를 바랍니다. 앞으로 기업뿐 아니라, 일반인, 강사, 전문 코치들을 대상으로 한 변화워크숍과 실전코칭 역량강화 과정을 운영할 계획입니다.

· 조영덕 | <실리콘밸리의 폐기경영> 저자

1. 어떤 신념과 원칙을 가지고 있습니까?

'인간으로서 올바른 일을 추구하는 것'을 모든 행동의 원칙으로 삼고 있습니다. 여기서 올바른 일이란 옳다, 그르다의 이분법적 사고가 아니라, 생명을 가진 모든 것에 대하여 상처입히거나 괴롭히지 않겠다는 것입니다. 나의 신념은 살아있다는 생명력 자체와 살아있다는 것이 선이고, 그런 선을 추구하는 행동이 바로 인간으로서 올바른 일을 추구하는 것이라는 믿음이 있습니다.

2. 어떤 일을 합니까?

가장 우선하고 있는 일은, 정보화 사회로 진입한 21세기의 사회적 바탕으로 신뢰는 더욱 가치가 높아지고 있습니다. 그런 신뢰를 기반으로 하는 공동체 유통사업분야의 신생기업에서 경영을 맡고 있습니다. 두번째 일은 지식노동자로 다른 지식노동자들을 육성하는 일을 하고 있습니다. 그 일환으로 지식 공동체 구성원들을 위한 강연과 글쓰는 일을 하는데 그 출발은 언제나 학습입니다. 지식노동자로서 가장 중요한 일이 학습이기에 그렇습니다. 그 학습의 중요한 목표로 정한 것이 이론 경영의 구루인 피터 드러커와 실천 경영의 구루인 이나모리 가즈오에 대한 두 거목의 경영철학 공약수를 연구하고 책으로 발표하는 일이므로 그 작업을 하고 있습니다. 책 제목은 가칭 '가즈오가 드러커를 만났을 때'입니다. 이것은 영문판과 중국어판도 같이 출간할 욕심을 가지고 있습니다.

3. 무엇을 가치 있게 생각합니까?

행복은 각자 인간의 의무라는 생각에 공감하기에 그 행복의 의무를 다하는 일을 가장 가치있게 생각합니다. 타인의 행복을 위해서 무언가 한다는 오만함은 폐기한지 오래입니다. 단지, 다른 사람들에게 폐기를 통해 더 행복할 수 있는 방법이 있다는 것을 꾸준히 안내하는 역할은 가치있다고 믿고 실행하고 있습니다.

4. 어떤 사람으로 기억되고 싶습니까?

지식노동자로 자유인이자 더 나은 사회를 만드는 데 공헌한 사람으로 기억되기를 바랍니다.

5. 앞으로 무엇을 할 계획입니까?

10년후 한국에서 반드시 많은 사람들의 필요와 욕구로 제공해야 하는 사업을 연구하고 10년 후에 그 사업을 실제로 실행할 생각입니다. 이미 그 사업이 무엇이어야 하는 가는 드러커가 제시한 혁신기회 탐색 가운데 한 가지 방법으로 발견하였기에 연구에 착수했습니다.

· 최영훈 | <체계적 직무분석 방법론> 저자

1. 어떤 신념과 원칙을 가지고 있습니까?

저의 신념과 원칙은 '본질에 충실하자'입니다. 컨설턴트의 본질은 기업이 원하는 모습에 도달할 수 있도록 효과적인 방법을 안내하는데 있습니다. 하지만 실제 컨설팅 비즈니스를 하거나 컨설팅을 수행하는 과정에서 '본질에서 벗어난 다른 가치'로 한눈 팔기를 바라는 다양한 유혹들이 있습니다. 하지만 기업이 원하는 모습에 도달할 수 있도록 효과적인 방법을 안내하는 가치를 성취하는 데에만 가급적 모든 에너지를 집중함으로써 제 직업의 본질에 충실하고자 합니다.

2. 어떤 일을 합니까?

저는 컨설턴트입니다. 그리고 제가 제공해드리는 컨설팅 서비스를 기업 내부에서 자체적으로도 수행할 수 있도록 코칭과 강의를 해드리는 일에 최근에는 더 집중하고 있습니다.이젠 나이가 필드에서 직접 뛰기에는 체력적인 한계가 있기 때문이기도 하고, 무엇보다 회사의 제도를 설계하는데 기업 외부자의 손에만 의지하는 것 보다는 내부자들의 손과 함께 또는 내부자들의 손으로만 설계했을 때의 장점이 있기 때문입니다.

3. 무엇을 가치 있게 생각합니까?

저의 힘을 필요로 하는 사람에게 '도움'을 주는 것을 가장 가치 있게 생각합니다. 비단 저의 지식 뿐 아니라 신체적인 어려움으로 충분한 활동을 할 수 없는 장애인이나 연로한 어르신들에게 제 힘을 빌려드리거나, 최근에는 종교적 성장에 관심있는 분들이 더 좋은 깨달음을 얻을 수 있도록 가이드를 제공해드리는 도움의 활동에도 관심을 갖고 있습니다.

4. 어떤 사람으로 기억되고 싶습니까?

가장 중요한 가치가 '도움'에 있다고 생각하기 때문에, '이 사람은 우리를 정말 잘(열심히) 도와준다'는 기억으로 남기를 바랍니다. 그리고 사람들에게 그러한 사람으로 기억되기 위해서 정말 열심히 돕는 삶을 살고자 합니다. 제 직업은 기업과 조직 구성원들을 '돕는'일을 하는 것입니다. 따라서 국회의원들이 사진 한 장 남기기 위해서 연탄을 나르는 거짓된 도움의 마음이 아니라 진심에서 우러나오는 도움을 드릴 수 있도록 순간순간 노력하고자 합니다.(갑과 을의 마인드로는 절대 제대로 된 도움을 드릴 수 없습니다.)

5. 앞으로 무엇을 할 계획입니까?

지금까지는 기업과 조직 구성원(특히 HRM/HRD 분들을 '도와드리는' 일에 집중을 했다면, 앞으로는 사회적 약자들과 어려운 사람들로 그 도움의 범위를 확장하기를 바라고 있습니다. 그래서 제가 한달의 삶을 살면서 필요한 정도를 제외하고는 그 분들에게 저의 수입이 흘러 들어갈 수 있기를 바라고, 저의 시간 또한 그 분들에게 흘러가기를 바랍니다. (큰 용기가 필요합니다.) 그리고 직업적으로는 현재 접근을 매우 어려워하고 계시는 직무분석이라는 과업에 많은 조직 구성원들이 더 쉽게 다가갈 수 있도록 안내함으로써 조직과 조직 구성원들의 성과를 체계적으로 관리할 수 있도록 도움을 드리는 저만의 프로젝트를 준비하고 있습니다.

· 한창수

1. 어떤 신념과 원칙을 가지고 있습니까?

누구나 자기다운 담대한 목표를 세우고, 자기다운 방식으로 삶을 살 수 있는 자원이 자신들 안에 이미 있습니다. 그 자원으로, 하고 싶은 만큼의 담대함을 경험한 개인과 조직은 무한한 성장을 경험하게 된다.

2. 어떤 일을 합니까?

개인과 조직이 담대한 목표를 바로 세워 본 경험이 다음의 담대함을 촉진 할 수 있도록, 개인과 조직의 자기다운 Identity와의 Gap Closing 할 수 있도록 학습을 디자인 해내고 있습니다.

3. 무엇을 가치 있게 생각합니까?

자기를 바로 세우고, 자기답게 살아본 Inner game을 해본 사람만이, 자기를 넘어 타인과 조직, 사회에 진정된 영향력(변화와 혁신)을 경험하게 할 수 있습니다.

4. 어떤 사람으로 기억되고 싶습니까?

자기다움으로 타인과 조직의 진정한 변화와 혁신을 경험하게 한 사람으로 기억되고 싶습니다.

5. 앞으로 무엇을 할 계획입니까?

이론과 실제를 넘나 들어야 하는 정진력, 개인과 조직의 진짜 성장을 염려하는 긍휼감, 개인과 조직의 담대한 실제적 성장을 돕는 학습디자이너가 될 계획입니다.

· 함병우 | 경영학 박사

1. 어떤 신념과 원칙을 가지고 있습니까?

보는 시각에 따라 하는 행동이 달라지고 그 행동에 따라 결과가 달라진다는 See-Do-Get모델을 주요원칙을 삼고 있고, 효과적인 결과창출을 위해서는 보는 시각을 시공을 초월하여 변하지 않는 원칙에 근거하여 검토해야 한다는 신념을 가지고 있습니다.

2. 어떤 일을 합니까?

리더십 퍼실리테이터Leadership Facilitator라는 아이덴티티를 가지고 조직과 개인의 리더십 개발Leadership Development을 촉진Facilitating하는 일을 하고 있습니다.

3. 무엇을 가치 있게 생각합니까?

지식을 넘어서 지혜를 갖추는 것, 성장을 넘어서 성숙에 이르는 것, 안전지대를 벗어나 과감히 도전하는 것, 의미와 재미를 동시에 추구하는 것, 그리고 신앙인으로서 하나님을 하나님을 사랑하고, 이웃을 사랑하는 것을 가치있게 여깁니다.

4. 어떤 사람으로 기억되고 싶습니까?

3번의 가치를 말이 아닌, 삶으로 살아내었던 사람으로 기억되면 좋겠습니다.

5. 앞으로 무엇을 할 계획입니까?

이론을 탄탄히 하는 연구자Researcher로서, 현업을 돕는 실행가Practitioner로서 양극간을 부단히 왕복하며 연구하고 실천함으로 제대로 리더십개발을 하려고 합니다.

팀, 리더 그리고 문화
플랜비디자인을 쓰다

초판 1쇄 인쇄 2020년 08월 01일
초판 1쇄 발행 2020년 08월 15일

지은이 최익성, 임주성, 홍국주, 김선영, 신현아, 이순미, 임동건, 임정혁, 강송희, 송준기, 류호택, 이금호
펴낸이 최익성
펴낸곳 플랜비디자인

기획 송준기
편집 신현아
마케팅 임동건, 임주성, 김선영, 강송희, 홍국주
마케팅 지원 신원기, 황예지, 박주현
경영지원 이순미, 임정혁
디자인 신현아, 디자인빅웨이브

주소 경기도 화성시 동탄반석로 277
전화 031-8050-0508
이메일 planb.main@gmail.com
출판등록 제2016-000001호

ISBN 979-11-89580-36-0

이 도서의 국립중앙도서관 출판예정도서목록(CIP)은 서지정보유통지원시스템 홈페이지(http://seoji.nl.go.kr)와 국가자료종합목록시스템(http://www.nl.go.kr/kolisnet)에서 이용하실 수 있습니다. (CIP제어번호 : CIP2020030358)